金融营销应用型专业人才培养用书

金融客户关系管理

编　著　杨敬舒

中国财富出版社

图书在版编目（CIP）数据

金融客户关系管理 / 杨敬舒主编．—北京：中国财富出版社，2016.12（2025.8 重印）

（金融营销应用型专业人才培养用书）

ISBN 978-7-5047-6366-2

Ⅰ.①金… Ⅱ.①杨… Ⅲ.①金融—企业管理—供销管理 Ⅳ.①F830.3

中国版本图书馆 CIP 数据核字（2017）第 005037 号

策划编辑 郑欣怡　　**责任编辑** 黄正丽

责任印制 苟　宁　　**责任校对** 梁　凡　　**责任发行** 敬　东

出版发行 中国财富出版社

社　　址 北京市丰台区南四环西路 188 号 5 区 20 楼　　**邮政编码** 100070

电　　话 010-52227588 转 2098（发行部）　　010-52227588 转 321（总编室）

010-52227566（24 小时读者服务）　　010-52227588 转 305（质检部）

网　　址 http://www.cfpress.com.cn

经　　销 新华书店

印　　刷 北京九州迅驰传媒文化有限公司

书　　号 ISBN 978-7-5047-6366-2/F·2705

开　　本 787mm×1092mm　1/16　　**版　　次** 2017 年 3 月第 1 版

印　　张 15.25　　**印　　次** 2025 年 8 月第 3 次印刷

字　　数 334 千字　　**定　　价** 46.00 元

前　言

在经济全球化、金融国际化的时代，我国的金融服务行业正在发生着巨大的变化。

第一，随着全球范围内快速兴起的网络技术的发展，传统金融业原有的在分支机构数量和地理分布上的优势逐步减弱，尤其是新兴的一些网络银行服务提供商，把国内金融企业推向了进一步改革和创新的风口浪尖。

第二，2006 年以后，中国已经全部履行加入 WTO 时的承诺，金融服务领域对外开放程度进一步增强，外资金融机构的涌入进一步加剧了金融市场的竞争激烈程度。外资金融机构由于发展时间长，经验丰富，在资金、管理、技术、服务水平方面都具有明显的优势，给国内金融机构带来了巨大的压力。

第三，国内金融市场的准入政策也进一步放宽，市场上小型的本地金融机构如雨后春笋般地大量涌现，这些小型金融服务企业因其灵活高效的经营管理方式、不断创新的金融产品和以客户为中心的服务优势不断抢夺市场份额，获得了更高的市场增长率和收益率。

第四，客户需求和购买行为发生了明显的改变。金融市场的供求关系较十年之前已经发生了巨大的反转，一方面，客户对金融产品的需求不再仅仅停留于简单的存取款、转账汇款等基本业务，而是趋于多样化；另一方面，客户现在面临更多的选择机会，他们与金融机构进行博弈的能力在增强，同时基于信息技术的发展，他们的鉴别能力也有了大幅提升。有影响力的客户早已经习惯在几家金融服务提供商中进行选择，从而获得更好的交易条件，甚至将自己的需求分配到几家金融机构来维持自己相应的选择权。当新的或是更好的交易机会出现时，客户可以低成本实现品牌转换，从而能享受更优惠的交易费用。

以上这些变化使得市场竞争的激烈程度日益加剧，客户需求的转变和议价能力不断增强，金融企业原有的规模经济效益不再突出，客户成为金融企业最重要的商业资源。树立客户观念、建立长期稳定的客户关系、深度挖掘客户资源的效益、大力开展以客户为中心的营销活动和以优质互动为主的服务活动、实现金融机构与客户在价值利益上的“双赢”，成为金融机构生存与发展的关键。金融服务企业正逐步转向以客户为中心的经营理念，运用客户关系管理的相关理论、方法和工具来为客户提供服务。金融企业通过实施有效的客户关系管理有助于指导其在与客户有关的业务流程中始终坚持“以客户为中心”的理念，从而能够获得客户信任，促使企业与客户建立持久稳定的关系，最终能为企业带来诸如经济利益、品牌形象、客户忠诚等方面的改善与提升，这个也正是众多金融企业垂青客户关系管理的原因。

近几十年来，关系营销学的理论和方法极大地推动了西方国家工商业的发展，深刻地影响着企业经营观念以及人们的生活方式。客户关系管理（CRM）正是起源于关系营销学。它触及企业所有独立的职能部门和各项工作流程，可以完全与企业文化及员工的价值观相结合。在这种理念下，企业可以建立以客户为中心的商业模式，视客户为企业最重要的资源，通过深入的客户分析来不断发现客户需求，并通过企业完善的服务使客户的需求得到最充分的满足，以此来建立和巩固企业与客户长期的关系，确保企业的可持续发展。这些都是该理念的核心所在。

客户关系管理主要集中在市场营销、销售实现、客户服务和决策分析等企业与客户发生关系的业务领域，它通过企业对业务流程的全面管理来优化资源配置。在实际运营过程中，通过对客户信息资料的收集、分析，根据分析结果采取针对性营销，为优质客户设计符合他们需求的产品，并做好销售工作，提供更快捷、周到和优质的服务来吸引和保持更多的客户，增加市场份额，从而降低企业成本，缩短销售周期。

在实践中，客户关系管理是一种专门的管理软件和技术。它集合了很多当今最新的科技发展，包括互联网和电子商务、多媒体技术、数据仓库和数据挖掘、专家系统和人工智能、呼叫中心等。客户关系管理软件将当今先进的信息化技术与企业经营管理模式、营销理论紧密地结合起来，为企业的销售、客户服务以及营销决策提供了一个集成化的解决方案。客户关系管理系统作为企业面向客户的信息管理平台，为企业经营活动的开展提供支持和保障。

目前，国内大多数高校都开设了客户关系管理的课程，可以进一步满足市场对客户关系管理的需求。但是，这些课程是针对全行业企业进行设置的，并没有对不同行业企业加以区分，缺乏一定的针对性。尤其是对于金融企业来讲，作为国内对客户关系管理运用最多也最需要的企业，它们在客户关系管理实施中遇到的很多问题没有得到解决，甚至出现了部分企业实施了客户关系管理，经济效益反而下滑的现象。

在这种情况下，本书以金融企业为研究对象，结合我国金融企业具有的特征和面临的市场环境，有针对性地对客户关系管理的相关理论和具体应用进行系统性的阐述。首先，本书从客户关系管理的理论知识入手，介绍了客户关系管理出现的背景、概念和内涵，并对金融企业实施客户关系管理的必要性进行了阐述；其次，结合金融企业及其客户的特征，详细地阐述了金融企业客户应该如何进行客户满意管理、客户忠诚管理和客户流失管理，这也是客户关系管理的重中之重；最后，对金融企业如何具体实施客户关系管理战略、建立 CRM 系统进行了详细介绍，并对实施过程中的风险控制和绩效评价进行了说明。

作为一本针对金融企业的客户关系管理教材，本书适用于国内高等院校市场营销专业与金融专业本科生、研究生和MBA的教材，也可以作为有志于从事金融行业客户服务与关系管理工作的人员的参考用书之一。本书在编写过程中，对当前学术界和行业界的理论研究和发展现状进行了全面的梳理，引用了大量有关客户关系管理的最新研究成果和行业案例，注重客户关系管理理论在金融行业的实际应用，力图兼顾教材内容的理论性和实践性。在此，对提供了相关学术研究成果和行业案例的各位学术界和行业界前辈致以崇高的敬意和诚挚的感谢！

由于编者水平有限，加之时间仓促，本书的编写难免有不足不当之处。恳请读者与专家学者谅解和批评指正，以使我们在今后的工作中不断进行完善。

编 者

2016年10月20日

目　录

第一章　客户关系管理概论 …… 1

开篇案例：Capital One 公司的 CRM 管理 …… 1

第一节　客户关系管理的兴起 …… 2

第二节　客户关系管理的概念与内涵 …… 7

相关知识与拓展：从此处开始的想法 …… 13

第三节　客户关系管理的起源与发展趋势 …… 15

第四节　金融企业实施 CRM 的意义 …… 19

案例：银行 CRM，有了软件就行吗 …… 22

本章小结 …… 25

思考练习 …… 26

第二章　金融企业客户关系管理的对象和内容 …… 27

开篇案例：失去后才知珍贵 …… 27

第一节　CRM 在国内外金融行业的应用 …… 28

相关知识与拓展：从证券公司的实践与转型所想到的 …… 37

第二节　金融企业客户关系管理的目标 …… 40

第三节　我国金融企业客户关系管理的对象 …… 46

第四节　金融企业客户关系管理的内容 …… 48

案例：泰华国际银行：专注中国的中小企业 …… 50

本章小结 …… 53

思考练习 …… 54

第三章　金融企业客户细分、识别与差异化管理 …… 55

开篇案例：包商银行细分客户拓展小微企业大市场 …… 55
第一节　客户数据信息管理 …… 57
第二节　金融企业的客户细分、层级与差异化管理 …… 63
相关知识与扩展 3－1：基于行为细分变量的证券业客户细分 …… 67
第三节　金融企业客户的选择和定位 …… 69
相关知识与拓展 3－2：中小银行的长尾理论 …… 71
案例：我国商业银行客户细分行为的不同及产品差异化 …… 74
本章小结 …… 77
思考练习 …… 78

第四章　金融企业客户满意度管理 …… 79

开篇案例：手机银行业务对零售银行客户满意度提升效果显著 …… 79
第一节　客户满意度的概念 …… 81
第二节　影响金融企业客户满意度的因素 …… 83
相关知识与扩展：商业银行客户满意度的影响因素 …… 88
第三节　金融企业客户满意度的衡量 …… 92
第四节　金融企业客户满意度的提升 …… 100
案例：VIP 交易通道是证券公司满足客户需求的重要手段 …… 105
本章小结 …… 106
思考练习 …… 107

第五章　金融企业服务质量管理 …… 108

开篇案例：建行以客户为中心提升服务质量 …… 108
第一节　服务质量管理的基本概念 …… 110
第二节　基于顾客感知的服务质量差距模型及测量 …… 112
第三节　我国金融企业的服务质量现状 …… 117
相关知识与拓展：商业银行服务质量竞争的特点和趋势 …… 119
第四节　金融业服务管理体系的完善 …… 123
案例 5－1："315 金融服务质量" 调查保险问题突出 …… 125

案例 5－2：银行网点调查数据显示客户最佳等待时间为 10 分钟 …… 127
本章小结 …… 127
思考练习 …… 128

第六章 金融企业客户忠诚管理 …… 129

开篇案例：万事达卡向国内银行推出客户忠诚度解决方案 …… 129
第一节 客户忠诚的基本概念和内涵 …… 131
第二节 影响金融企业客户忠诚的决定性因素 …… 135
相关知识与扩展：基于客户关系生命周期的客户忠诚动态模型 …… 139
第三节 金融企业客户忠诚度的测评 …… 141
第四节 金融企业客户忠诚度的分类 …… 143
第五节 金融企业客户忠诚的提升 …… 146
案例：中国人保电话车险的忠诚度营销 …… 152
本章小结 …… 155
思考练习 …… 156

第七章 金融企业客户流失管理和服务补救 …… 157

开篇案例：保险商的老客户为何快速流失 …… 157
第一节 正确看待客户流失 …… 158
第二节 客户流失的预防——客户流失预测算法 …… 159
第三节 客户流失的原因 …… 161
相关知识与扩展 7－1：余额宝或分羹银行理财市场，客户流失或难返银行 …… 162
第四节 客户流失管理 …… 164
相关知识与扩展 7－2：商车费改会加重劣质客户逆选择风险 …… 167
第五节 服务补救 …… 170
案例 7－1：保险公司不想再为“劣质”私家车客户埋单 …… 171
案例 7－2：防止客户销卡，银行挽留有招 …… 173
本章小结 …… 174
思考练习 …… 175

第八章 金融企业客户关系管理的实施 …… 176

开篇案例：平安银行对公 CRM：“不一样”的发展历程 …… 176

第一节　金融企业实施客户关系管理的影响因素 …………………… 178
第二节　金融企业 CRM 系统的建立 …………………… 183
相关知识与扩展：招商银行借咨询之力，以 CRM 系统推进转型 …………………… 189
第三节　CRM 系统软件简介 …………………… 193
案例：证券行业客户关系管理系统解决方案 …………………… 202
本章小结 …………………… 206
思考练习 …………………… 206

第九章　金融企业数据仓库与数据挖掘 …………………… 207

开篇案例：大数据艺术：让金融企业“痛点”变“亮点” …………………… 207
第一节　数据仓库 …………………… 208
相关知识与扩展：假如没有数据仓库 CRM 会怎样——美洲银行 CRM 的成功启示 …………………… 213
第二节　联机分析处理（OLAP） …………………… 215
第三节　数据挖掘 …………………… 217
案例：数据挖掘之路保险业还要走很远 …………………… 226
本章小结 …………………… 229
思考练习 …………………… 230

参考文献 …………………… 231

第一章　客户关系管理概论

本章提要

任何一门学科的产生都不是偶然的，而是来自人类社会实践活动的需要，客户关系管理也是如此。客户关系管理由古至今都是人类商业活动的一个重要组成部分，人们在进行商业活动时总要面对如何区分顾客、如何保持有价值的顾客和如何提高顾客满意度等问题。而在对这些问题的思考中，客户关系管理也就产生了。

本章我们将从客户关系管理的起源开始，介绍客户关系管理的一些基本知识，包括客户关系管理的内涵和外延，以便大家对客户关系管理有一个基本的认识。然后，我们将着重介绍客户关系管理在金融行业中的战略地位和运用。

重点难点

- 客户关系管理的兴起与发展
- 客户关系管理的概念与内涵
- 客户关系管理在金融行业实施的意义

开篇案例：Capital One（美国第一资本金融公司）的 CRM 管理

Capital One（美国第一资本金融公司）原来是美国弗吉尼亚州 Signet 银行（Signet Bank）的信用卡部门。从 1994 年成立起，公司就不断地寻求技术创新，到今天，已经发展成为美国信用卡发行机构的第六名。在过去的发展中，Capital One（美国第一资本金融公司）坚持采取多样化策略，发展成为一个全面服务供应商。迄今为止，公司已拥有 4900 万个账户、830 亿美元的已发放贷款，以及包括汽车贷款、储蓄、住宅贷款、医疗保健金融、保险和小企业融资等在内的广泛的产品组合。该公司之所以能获得如此成功，其秘诀就在于充分利用先进的信息技术和管理系统来进行所谓的“知识竞争”，即进行被称为“学习”（learn）和“测试”（test）的大规模收集、分析客户信息的工作，并根据测试的结果做出决策和采取有关行动。当然，所有这些，都必须借助基于 CRM 概念的电脑管理系统。

Capital One（美国第一资本金融公司）的电话中心每周要接听数百万次的电话。从一个客户的电话被接入起，公司的CRM系统就开始工作。这些计算机中装载着1/7的美国家庭资料和数百万计的公司客户数据。通过这个庞大的数据库，CRM系统能够辨认是谁来的电话并预测来电原因；当电话转给适当的人员后，CRM系统会提供客户的相关资料及问题回答的方法；当这次通话完毕后客户所带来的信息还会被CRM系统处理和存储起来。

此外，Capital One（美国第一资本金融公司）的CRM系统的一项更为重要的任务是帮助Capital One用科学的方法设计信用卡和其他产品，即利用大量的客户信息对其产品进行智能分析和测试。它所带来的成果是惊人的，早在2000年一年，Capital One（美国第一资本金融公司）关于新产品、新广告策略、新兴市场和新兴商业模式等的测试就达2.8万次。以信用卡为例，它提供了超过6000种不同的产品，每一种的期限、要求和利益都存在差别。这使公司得以在正确的时间、以正确的价格、向正确的客户销售正确的产品，也是Capital One（美国第一资本金融公司）优质客户群体不断扩大和在竞争中制胜的关键所在。

Capital One（美国第一资本金融公司）实施CRM的成功给了我们这样的启示：在Internet时代，CRM概念的运用，绝不仅仅是某一种市场营销或销售的战略，而是面向各行各业并涉及企业所有业务和流程的一场商业革命。

第一节　客户关系管理的兴起

对于处于新经济时代的21世纪而言，数字革命已经赋予消费者和企业一系列全新的能力，企业可以采取与关键客户（顾客、供应商和分销商）建立长期联系、互惠互利互信的满意关系的方式，保持自身业务与业绩的长期可持续增长。这种被国外企业普遍采用的关注建立客户长期满意关系的市场行为，就是客户关系管理（CRM）。

一、消费者购买行为的转变是CRM兴起的需求方背景

在工业化社会，客户购买行为可分为三个阶段，如表1－1所示。

表1－1　客户购买行为的三个阶段

理性消费阶段	在工业化社会的初期，当社会生产力尚不发达，尚不能完全满足人们的需求，而人们的收入水平也十分有限时，客户的消费行为十分理智，价格和产品质量是决定这一阶段人们消费行为的主要因素。这一阶段人们的价值选择标准是“好”与“差”
感性消费阶段	随着社会生产力的逐步提高，人们的物质生活水平提高很快，客户的消费选择标准不再仅仅聚焦于产品价格和质量，而是转而注重产品的品牌、外观设计和能够提供的便利，有时人们之所以消费仅仅是因为“喜欢”。所以在这一阶段，产品和企业的形象，以及产品能够为客户提供的便利都是决定客户购买行为的主要因素。这一阶段，人们的价值选择标准是“喜欢”与“不喜欢”

续　表

情感消费阶段	进入这一阶段，产品的价格、质量、品牌、便利性等都不再是人们选择产品时考虑的首要因素，企业产品所提供的附加利益，如售后服务、推销员的态度，以及企业在长期的交易活动中同客户之间建立起来的相互信任和企业对客户个性化需求的满足程度等都成为影响客户购买决策的主要因素。这一阶段，人们的价值选择标准是“满意”与“不满意”

资料来源：马刚. 客户关系管理［M］. 大连：东北财经大学出版社，2008.

从表1-1可以看出，在理性消费阶段，消费者的购买重点在产品的质量与价格上，企业竞争的核心在于其能否低成本地提供高质量的产品；在感性消费阶段，消费者更多地依赖于其对产品品牌和外观的偏好来进行购买决策，企业会将注意力更多地放在品牌塑造与维持上；在情感消费阶段，由于人们的消费观念向外在化、个性化的方向发展，精神消费和心理消费的程度越来越高。这就迫切需要企业与客户之间以更多的交流来相互实现各自的需要与利益，这就促使了营销方式的变革。

此外，互联网技术还使客户的选择权空前加大了。互联网为人们提供了一个全新的、快速的、可适时交互的（包括声音、文字、图像、电脑文件等信息载体）、跨地域的信息交流平台。人类首次可以足不出户就获得分布在全世界各地的多媒体信息，还可以利用个人计算机对这些信息进行有效存储、处理和分析。毫无疑问，信息是我们日常生活中唯一可依靠的决策数据。购买者可以获得更多的相关信息；客户很容易比较不同厂商所提供的有关价格和服务条款；更换厂商所带来的损失大大降低；客户的期望值大幅度提升。

因此，如今的企业面对的是更聪明、更主动的客户群体。应该指出的是，企业在对互联网这种新技术的消化和吸收方面明显滞后于个人。企业如果不及时做出适当的战略性调整，最终将离客户越来越远，从而被淘汰出局。

二、经济全球化的快速发展与日益激烈的市场竞争使CRM成为企业必然的选择

另一个催生CRM的宏观经济环境是20世纪80年代以来日益激烈的市场竞争。新的竞争环境迫使企业想方设法保持和扩大自己的市场份额。企业竞争环境的变化体现在如下方面。

（一）竞争的全球化

随着世界经济一体化的发展，一个企业仅仅在国内市场具有竞争力肯定是不够的，必须在国内、国际市场同时都具有竞争力。当全世界的竞争者都被放在同一个起跑线的时候，结果自然是强者更强，弱者出局。企业已经不能再指望过多地得到地方和国家的保护。各国资源将在全世界范围内按效益最大化的原则被重新分配。面对这种激烈的竞争，每个企业、个人都得对自己的竞争能力进行重新审视，利用一切可以利用

的手段来增强自身的实力是企业生存的唯一途径。

（二）竞争力从产品转向服务

在当今快速发展和高度竞争的市场空间中，信息、技术以及生产技术的快速普及使得产品的生命周期大大缩短，新产品层出不穷，产品本身的优劣差距缩小。单纯依靠产品已经不足以使一个企业获得很多的优势。如何让客户在堆积如山的商品中选中自己企业的产品？最好的办法就是注入情感因素，与客户建立长期关系，通过关系纽带去说服客户购买。这样，竞争力从产品转向服务就成为必然的选择，如何从情感上“笼络”客户成为企业在新经济条件下必须磨炼的生存技巧。

（三）企业对客户的争夺战日趋白热化

随着竞争的加剧，越来越多的企业意识到客户资源在企业竞争优势形成中的突出作用，企业对客户的争夺战日趋白热化。要想增加客户为企业创造的价值，可以通过三条途径，即开发潜在客户、优化现有客户的价值和挽留有价值的客户。美国哈佛商学院在1990年对客户整个生命周期内服务于客户的成本和收益进行了分析，并得出结论：各个行业在早期为赢得顾客所付出的高成本使企业无法盈利，但随着服务于老客户的成本不断下降，老客户的购买额不断上升，这些客户关系带来了巨大的收益：回头客每增加5%，利润就会根据行业不同而增加25%～95%。这些研究成果使客户关系在市场竞争中的优势作用得到了肯定，也使企业认识到必须以科学手段对客户关系进行有效的管理，因此，客户关系管理成为企业竞争优势的必然选择。

三、企业内部管理的需求是CRM兴起的原始动力

目前，企业内部的众多低效率、内耗式的业务活动，充分说明了企业内部业务需求是CRM快速发展的原始动力。这主要表现在以下几个方面。

首先，客户信息零散分割导致客户服务效率低下。在企业内部围绕客户的信息分散在各个模块中，比如客户主文件管理、客户地址管理、客户交易文件和客户设备合同管理、客户服务请求管理、应收账款管理等都由不同的模块来管理。在公司里，谁也没有办法对整个客户的情况有一个完整的了解。每个人只负责客户管理的很小的一块，公司越大，功能划分就越细，整个信息链就更无法有效存储和表示，这样就导致了企业内部很多重复的、内耗式的无效劳动。

其次，由于企业内部没有一个有效地采集、存储、处理和输出客户信息并能经常更新的管理系统，销售人员获得的可用性、准确性以及完整性方面都符合要求的基础信息有限。营销经理由于得到的信息不完整，甚至信息错误很多等原因，使得其营销活动的针对性和成功率大打折扣。另外，销售人员花费在一般性事务上的时间过多。相对于企业其他部门（如财务部门），销售人员对电脑的使用明显落后，一是因为市场

上可供销售人员使用的专业软件不多，二是因为销售人员还没有真正意识到技术的重要性，他们在时间管理、潜在客户管理等方面往往还处于原始状态。

最后，销售人员在从事销售活动的过程中，通常自己掌握各种客户资料，他们一般把这些资料看成是自己的重要资产，如果营销人员想要他们手中的资料，他们是不太情愿交出的。这对公司的发展是不利的，而且销售人员一旦离开，就“带走了一大笔业务”，一个新的销售人员加入公司后，对客户的了解又得从头做起，从而形成某种信息断层。很明显，从企业内部的实际需求来看，为了解决这些客户信息分散、客户信息不一致等问题，迫切需要一个能够整合多个客户服务部门的前台系统，以减少内部资源的浪费，提高企业前台的工作效率。

四、现代信息技术的发展是 CRM 兴起的技术保障

技术的进步是客户关系管理兴起并得到飞速发展的一个主要因素。众所周知，20 世纪 90 年代是信息系统领域发生巨变的年代。在客户关系管理领域，也引入了许多革新性的新技术。多个技术领域的结合，如数据仓库、联机分析处理、数据挖掘和其他互补技术等，使得营销人员可以从大量繁杂的顾客数据中找出有用的信息，分析顾客特征和偏好，预测顾客需求和行为，从而积累丰富的顾客知识。同时，技术的进步为企业更有效地管理内部流程创造了条件。流程设计技术使得企业可以很方便地设计自动化处理系统，提高生产力和职员的反应能力，同时提供更高水平的服务。

此外，随着聚类分组算法的日趋精练，企业也逐渐认识到分组工具的重要性。一些企业将这些工具引入自己的系统，在 IT 专家和营销部门的通力合作下，建立起适合自己特定要求的顾客细分模型。这种高度定制化的顾客细分模型也就成了各个企业的核心机密，同时也是企业核心能力的重要组成部分。

因此，可以说，正是因为现代信息技术的飞速发展，才使得客户关系管理成为现实，在短短的几年之内成为企业管理应用系统关注的一个焦点。现代信息技术为客户关系管理的发展起到了最强的推动作用。

五、营销理论和实践的革命是 CRM 兴起的理论基础

如果说市场竞争环境的变化是 CRM 产生的外部推动力，信息技术为 CRM 提供了实施的可能性，那么营销理论和实践的革命则是 CRM 创新的思想源泉。近百年来，营销学作为一门操作性极强的学科，发展始终与时代同步。步入信息时代，数据库营销、关系营销和一对一营销等新营销方法得到普及应用，并在与 CRM 的结合中实现了应用整合，优化了应用效果。

（一）数据库营销（Data Base Marketing）

数据库营销是随着时代的进步、科学技术的发展、数据库技术和市场营销有机结

合后形成的。从20世纪90年代以来，数据库营销一直是一个热门话题。所谓数据库营销就是企业通过收集和积累消费者的大量信息，经过处理后预测消费者有多大可能去购买某种产品，以及利用这些信息给产品以精确定位，有针对性地制作营销信息以达到说服消费者去购买产品的目的。通过数据库的建立和分析，可以帮助企业准确了解用户信息，确定企业目标消费群，同时使企业促销工作具有针对性，从而提高企业营销效率。数据库营销最主要的功用在于，它可以通过数据库提供的客户资料，帮助企业识别有价值的客户，并与他们建立长期的关系，为企业进一步对客户实施一对一营销提供科学依据，同时最大限度地延长客户生命周期，实现客户生命价值最大化。

（二）关系营销（Relationship Marketing）

1982年，贝里（Berry）首次提出了“关系营销”的概念，正式揭开了理论界研究顾客关系问题的序幕。最初，贝里将关系营销定义为“培养、维护和强化顾客关系”，1995年，他重新将关系营销定义为“通过满足顾客的想法和需求来赢得顾客的偏爱和忠诚”。由此，我们可以看出，关系营销的本质在于通过与客户之间的双向沟通，了解并满足客户的需求，与客户建立一种相互信赖的合作关系，并通过这种关系的长期稳定发展，实现客户与企业的利益最大化。关系营销的核心在于通过与客户之间的稳定关系，提高客户忠诚度，从而实现客户价值最大化。作为20世纪90年代进入研究与运用高潮的一种新的营销理论，关系营销理论所提出的维系现有客户的重要性、与客户之间实现双赢、提高客户满意度与忠诚度、零客户背离等思想，为客户关系管理奠定了坚实的理论基石，因此有学者指出，关系营销理论是客户关系管理的理论基础。

（三）一对一营销（One to One Marketing）

一对一营销最早由美国管理大师唐·佩珀斯于1990年在其名为《一对一营销》的演讲中提出，随后在他和马莎·罗杰斯博士于1993年合著的《一对一未来：一次一个顾客地建造关系》一书中完整地阐述了一对一理论体系。一对一营销的核心内容是客户份额，即通过与每一个客户的互动对话，为客户提供定制化的产品，目标是在同一时间向同一个客户推销最多的产品，而不是将一种产品同时推销给最多的客户。概括地说，一对一营销就是以不同的方式对待不同的客户。一对一营销鼓励企业建立客户的基础，而不是追求增加市场的占有率。

典型的一对一营销模式分为四个步骤：第一，识别出企业的目标客户；第二，在识别出目标客户的基础上，对目标客户进行细分，按照客户可能为企业带来的价值，将客户划分为最具价值客户、最具增长型客户和无价值客户；第三，与有价值的客户进行双向式沟通，了解其个性化的需求；第四，针对客户的个性化需求提供个性化的产品和服务。

一对一营销的思想从20世纪90年代开始迅速受到了商界的推崇，再加上近年来互联网及新 IT 的蓬勃发展，使得“一对一”的思想被赋予了实际的价值。一对一营销进一步受到了很多特定企业的推崇，甚至有人认为它会引发新一轮的营销革命。一对一营销与传统营销之间有本质的区别，如表 1－2 所示。

表 1－2　　一对一营销与传统营销之间的区别

营销方式	传统营销	一对一营销
营销目标	市场份额	客户份额
营销对象	群体客户	个体客户
营销组织	产品管理	客户管理
营销重点	规模经济	范围经济

由表 1－2 我们可以看出，一对一营销和传统营销的最大不同在于：传统营销注重的是企业产品或服务在整个市场上同类产品或服务的销售中所占的比例，即其市场份额；而一对一营销注重的是企业产品或服务在某一个客户的同类消费中所占的比例，即其客户的份额。传统营销关注的是市场上整个客户群体的需求；一对一营销更为关注的是客户的个体需求。显然，前者注重产品的优越特性，而后者除了从产品角度来满足客户之外，还更加注重客户的个性化需求，更有利于提升客户的忠诚度。一对一营销是对传统营销满足客户需求的一种深化，也是更为适合个性化消费时代的一种营销模式。

一对一营销理论对于客户关系管理思想形成的理论贡献在于，它们都是在深入了解客户的需求的基础上，通过与客户之间建立相互信赖的双赢关系，提高客户的重复购买率，进而提高客户忠诚度，最终实现企业和客户利益的最大化。

现代营销学中所提出的追求客户利益最大化、提高客户忠诚度等观点，构成了 CRM 发展的理念基石，CRM 是现代营销观念发展的必然产物。随着买方市场的出现，以客户为导向的现代营销观念产生了。在此观念指导下，企业的一切生产经营活动均建立在对市场、对客户的研究基础之上，注重营销战略和策略的系统化。企业在考虑满足客户需求的同时，也认真考虑兼顾客户、企业及社会的长远利益。

第二节　客户关系管理的概念与内涵

一、客户、关系与管理

讲述什么是客户关系管理之前，有必要先对组成客户关系管理的 3 个名词——客户、关系与管理进行解释。

（一）客户的定义和分类

对英文中的“customer”，中文有两种翻译，即“顾客”和“客户”。前者主要是指传统意义上的消费者，即与企业直接进行商业交往的人或群体，仅适用于企业的销售部门和销售环节；而后者的意义则更为广泛，是指所有与企业有互动行为的单位或个人，根据韦伯斯特（Webster）和温德（Wind）的定义，客户是指所有本着共同的决策目标参与决策制定并共同承担决策风险的个体和团体，包括使用者、影响者、决策者、批准者、购买者和把关者。

客户的分类主要包括以下几种；

（1）消费者客户。他们是企业产品或服务的直接消费者，又称“最终客户”或“终端客户”。

（2）中间客户。中间客户购买企业的产品或服务，但他们并不是产品或服务的直接消费者，而是处于企业与消费者之间的经营者。中间客户的典型例子是经销商。

（3）公利客户。公利客户是代表公众利益，向企业提供资源，然后直接或间接从企业获利中收取一定比例费用的客户。公利客户的典型例子是政府、行业协会、媒体。

另外，由于各企业对客户理解角度不同，分类上也会有所区别。例如，有的企业根据客户的利润价值来划分，可以分为有价值客户和无价值客户；有的企业按照客户忠诚度来划分，分为忠诚客户和不忠诚客户；有的企业根据客户的购买行为来划分，又分为潜在客户和现实客户。

关于客户的分类，本书第三章会进行详细的介绍。

（二）关系的定义及对“客户关系”的理解

英文对“relationship”这个词的定义是“A relationship is the way in which two people or groups of people behave towards each other and feel towards each other.”翻译成中文是“两个人或两组人之间彼此的行为方式以及感觉状态”，如图 1－1 所示。

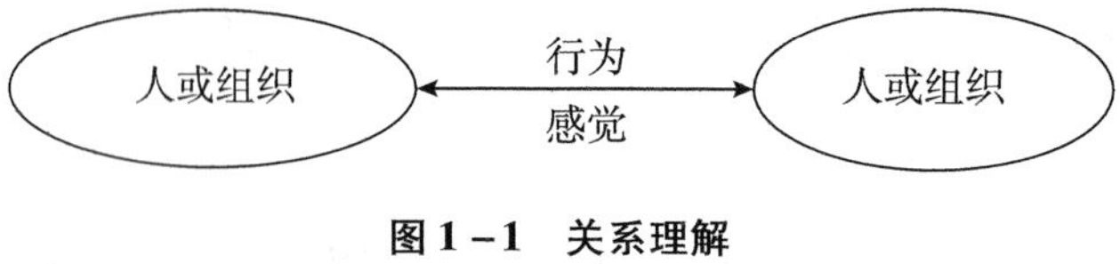

图 1－1　关系理解

按照这个定义，可以得出以下理解要点：

（1）关系发生在人与人之间，这样就排除了人同机器之间或其他事物之间的关系概念。例如，你很喜欢某个事物或某个宠物，但不表明你同它有“关系”。另外，由于组织本身由人组成，因此组织同人的关系从根本上也还是人与人之间的关系。

（2）一个关系同时具有行为和情感两种特性，对于仅有某种行为而没有感觉或只有感觉而没有适当行为的，应该说是“欠缺的关系”，都不能算是严格意义上的关系。

（3）关系本身是中性的，它没有说明这个关系一定是重要的、好的或坏的，这些形容词必须由你自己去判断。

（4）关系有一种“束缚”的作用，或者说对关系双方都会有所约束，使得想脱离关系的一方会有某种程度的“逃离代价”。

（5）关系中的双方地位是非对称的，对建立和保持关系愿望强烈的一方往往付出的资源会较多。

按照这些论点，便可以推理出一些“客户关系”的理解方式：

（1）关系有一个生命周期，即关系的建立、发展、维持，以及破裂的周期。

（2）企业在加强客户关系的同时，不仅要关注关系的行为特性（物质因素），也要考虑到关系的另一个特点，即客户的感觉等其他非物质的情感因素。从效果上说，后者不易控制和记录，但你的竞争对手却很难拷贝。

（3）关系有时间跨度，好的感觉需要慢慢积累，因此，企业要有足够的耐心建立关系。

（4）关系建立阶段，企业即要求建立关系的一方在开始时应主动出击，付出前期投入。关系稳固之后，企业才开始获得回报。不过这个阶段，企业最容易懈怠，以为大功告成，而忽视了维持关系的必要性。

（5）在供过于求的时代，客户一般是比较挑剔的，只要有一次让他感觉不好，就有可能导致企业的努力前功尽弃。

企业的客户关系存在着各种不同的形态，市场营销大师菲利普·科特勒对企业建立的不同程度的客户关系概括为表 1－3 所示的几种类型。

表 1－3　　客户关系的类型

类型	特征描述
基本型	销售人员把产品销售出去以后就不再与客户接触
被动型	销售人员把产品销售出去以后，同意或鼓励客户在遇到问题或有意见时联系企业
负责型	销售完成后，企业及时联系客户，询问产品是否符合客户要求，有何意见，以帮助企业不断改进产品，使之更加符合客户要求
能动型	销售完成后，企业不断联系客户，提供有关改进产品的建议和新产品的信息
伙伴型	企业不断努力协同客户，帮助客户解决问题，支持客户成功，实现共同发展

资料来源：菲利普·科特勒．营销管理［M］．上海：格致出版社，2012.

这五种客户关系类型之间没有优劣顺序，企业应根据自己产品的特色和目标客户的需求来采用不同的客户关系类型以获得最大利润。

（三）管理

英文中“management”这个词的含义是“control and organization”，即管理是对资源的控制和有效组织，以实现特定管理单位所确定的目标。对企业管理，这个管理单位就是企业。

对管理这个词可以有以下理解：管理是有目的的，不是为了管理而管理；管理的本质在于主动去控制目标实现的过程。

对客户关系管理（CRM）中的管理可归纳为以下几点：

（1）CRM中的管理指的是对客户关系的生命周期要积极介入和控制，使这种关系能最大限度地帮助企业实现它所确定的经营目标。注意，客户管理的目标仍然是企业的经营管理目标。一个无法帮助企业实现经营目标的客户关系管理是“无效”的管理，即使客户百分之百满意，企业也没有任何理由和兴趣去管理这种关系。

（2）CRM中的管理是指企业要积极地而不是消极地管理这种关系，没有关系时要想办法“建立关系”，有关系时，应努力培养和发展这种关系，使客户和企业双方建立起良好的互利关系，并使关系永久化。

（3）企业要利用最大的资源去发展和维持最重要的客户关系，即要区别对待具有不同“潜在回报率”的客户关系，而不是面面俱到。

（4）企业都有客户关系。但是，很少有企业能从战略上和具体操作上系统地实践这种管理行为，对客户关系的管理状态总是处于一知半解的“盲目”阶段。这正是客户关系管理中需要解决的企业管理的盲点。

二、客户关系管理的定义

（一）代表性的定义

客户关系管理（Customer Relationship Management，CRM）是20世纪90年代末出现的一种新型的管理理念。目前，对于客户关系管理还没有形成一个统一的定义。不同研究机构从不同角度出发给出了不一样的定义，其中最具有代表性的主要有以下几种。

高德纳咨询公司（Gartner Group）的定义：1993年美国的管理咨询机构Gartner Group提出了客户关系管理的概念。该机构认为客户关系管理就是通过客户细分来组织企业满足客户内在需求、实现客户与企业的联系，提高企业的客户交流能力，进而提高客户满意度，在最大化客户收益的前提下实现企业利润最大化。

卡尔松的定义：卡尔松营销集团（Carlson Marketing Group）对于客户关系管理的定义是：通过培养员工、经销商以及客户对该公司的偏好来提高公司业绩。客户关系管理的主要任务是：第一，评估与公司业务相关客户的价值；第二，了解这些价值对于不同类型客户的重要程度；第三，判断这些价值对公司收益能否产生积极作用；第四，通过客户满意的方式与其进行沟通，满足他们的价值需求；第五，测算结果，考核投资收益。

Hurwitz Group（国际著名网络安全研究公司）的定义：CRM 的焦点是自动化并改善与销售、市场营销、客户服务和支持等领域的客户关系有关的商业流程。CRM 既是一套原则制度，也是一套软件和技术。它的目标是缩减销售周期和销售成本、增加收入、寻找扩展业务所需的新的市场和渠道以及提高客户的价值、满意度、营利性和忠实度。CRM 应用软件将最佳的实践具体化并使用了先进的技术来协助各企业实现这些目标。CRM 在整个客户生命期中都以客户为中心，这意味着 CRM 应用软件将客户当作企业运作的核心。CRM 应用软件简化协调了各类业务功能（如销售、市场营销、服务和支持）的过程并将其注意力集中于满足客户的需要上。CRM 应用软件还将多种与客户交流的渠道，如面对面、电话接洽以及 Web 访问协调为一体，这样，企业就可以按客户的喜好使用适当的渠道与之进行交流。

国际商业机器公司（IBM）的定义：IBM 认为客户关系管理是企业经营策略的整合，客户关系管理包括企业识别、挑选、获取、发展和保持客户的整个商业过程。IBM 把客户关系管理分为三类：关系管理、流程管理和接入管理。

盖洛普（Gallup）的定义：尽管 CRM 最初的定义为企业商务战略，但随着 IT 的参与，CRM 已经成为管理软件、企业管理信息解决方案的一种类型。因此，另一家著名咨询公司盖洛普（Gallup）将 CRM 定义为：策略 + 管理 + IT。强调了 IT 在 CRM 管理战略中的地位，同时，也从另一个方面强调了 CRM 的应用不仅仅是 IT 系统的应用，还和企业战略和管理实践密不可分。

（二）本书的定义

从管理科学的角度来考察，客户关系管理（CRM）源于市场营销理论。从解决方案的角度考察，客户关系管理（CRM）是将市场营销的科学管理理念通过信息技术的手段集成在软件上面，得以在全球大规模的普及和应用。作为解决方案（Solution）的客户关系管理（CRM），它集合了当今最新的信息技术，包括互联网（Internet）和电子商务、多媒体技术、数据仓库和数据挖掘、专家系统和人工智能、呼叫中心等。作为一个应用软件的客户关系管理（CRM），凝聚了市场营销的管理理念。市场营销、销售管理、客户关怀、服务和支持构成了 CRM 软件的基石。

CRM 的理念认为，客户是企业的一项重要资产，客户关怀是 CRM 的中心，客户关怀的目的是与所选客户建立长期和有效的业务关系，在与客户的每一个“接触点”上都更加接近客户、了解客户，最大限度地增加利润和利润占有率。

CRM 的核心是客户价值管理，它将客户价值分为既成价值、潜在价值和模型价值，通过一对一营销原则，满足不同价值客户的个性化需求，提高客户忠诚度和保有率，实现客户价值持续贡献，从而全面提升企业盈利能力。

综上所述，对客户关系管理的完整定义应该包括以下几个基本要求：第一，比较全面地概括目前企业界和理论界对于客户关系管理的各种认识和思考；第二，比较系统地反映出客户关系管理的思想、方法和应用等各个层面的内容；第三，比较科学地界定客户关系管理的应用价值。

在这些要求的基础上，本书对客户关系管理的定义为：客户关系管理是企业为提高核心竞争力，达到竞争制胜、快速成长的目的，树立的以客户为中心的发展战略，并在此基础上开展的包括判断、选择、争取、发展和保持客户所需的全部商业过程；是企业以客户关系为重点，通过开展系统化的客户研究，通过优化企业组织体系和业务流程，提高客户满意度和忠诚度，提高企业效率和利润水平的工作实践；也是企业在不断改进与客户关系相关的全部业务流程，最终实现电子化、自动化运营目标的过程中，所创造并使用的先进信息技术、软硬件和优化的管理方法、解决方案的总和。

三、客户关系管理的内涵

根据以上对客户关系管理的定义，可以将其理解为理念、机制、技术三个层面。正确的理念、机制是客户关系管理实施的指导，信息技术是客户关系管理系统成功实施的手段和方法。三者构成客户关系管理稳固的“铁三角”，如图1－2所示。

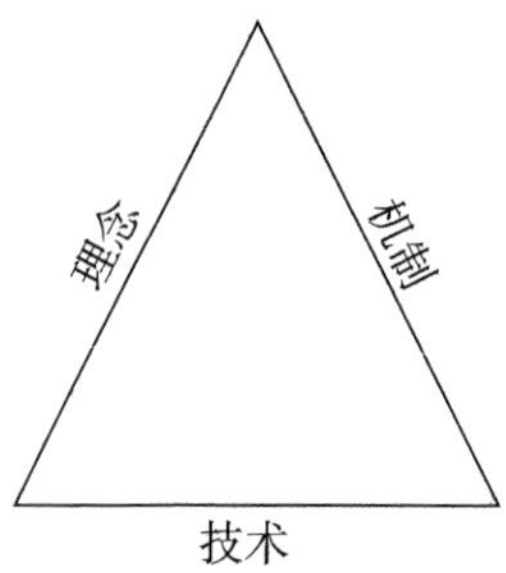

图1－2　客户关系管理铁三角

（一）客户关系管理是一种先进的经营管理理念

近几十年来，关系营销学的理论和方法极大地推动了西方国家工商业的发展，深刻地影响着企业经营观念以及人们的生活方式。作为一种管理理念，CRM起源于关系营销学，产生和发展在美国。它触及企业所有独立的职能部门和各项工作流程，可以完全与企业文化与员工的价值观相结合。在这种理念下，企业将建立以客户为中心的商业模式，视客户为企业最重要的资源，通过深入的客户分析，不断发现客户需求，并通过企业完善的服务，使客户的需求得到最充分的满足，以此来建立和巩固企业与客户长期的关系，确保企业的可持续发展等，这些都是该理念的核心所在。

（二）客户关系管理是一种旨在改善企业与客户之间关系的新兴管理机制

CRM 主要集中在市场营销、销售实现、客户服务和决策分析等企业与客户发生关系的业务领域，它通过企业对业务流程的全面管理来优化资源配置。在实际运营过程中，通过对客户信息资料的收集、分析，根据分析结果采取针对性营销，为优质客户设计符合他们需求的产品，并做好销售工作，提供更快捷、周到和优质的服务来吸引和保持更多的客户，增加市场份额，从而降低企业成本，缩短销售周期。

（三）客户关系管理是一整套解决方案

在实践中，客户关系管理是一种专门的管理软件和技术。它集合了很多当今最新的科技发展，包括互联网和电子商务、多媒体技术、数据仓库和数据挖掘、专家系统和人工智能、呼叫中心等。客户关系管理软件将当今先进的信息化技术与企业经营管理模式、营销理论紧密地结合起来，为企业的销售、客户服务以及营销决策提供了一个集成化的解决方案。客户关系管理系统作为企业面向客户的信息管理平台，为企业经营活动的开展提供支持和保障。

相关知识与拓展：从此处开始的想法

当我 45 年前第一次开始写作市场营销学的时候，工业时代正处于巅峰时期。工厂通过大规模的流水生产线来生产大批量的产品，然后用巨大的仓库来储存产品，接着就耐心地等待着零售商人来订货，并指望着消费者能购买它们。市场领导者通过大批量的生产、大批量的销售，以及大量的广告投入的方式，来抢占很大的市场份额。

工业时代教给我们的知识是，如果一家企业想赚钱，它就需要在大规模的生产和大规模的销售方面很有效率。企业需要生产数以百万计的标准产品，然后以同样的方式将这些产品销售给所有的客户。大规模的生产者依赖为数众多的中介机构帮它们融资、分配、储藏和将产品销售给地理范围不断扩大的市场。不过，在这一转运过程中，生产者通过转向与其终端消费者的直接接触而不断地发展壮大。

生产者通过使用大规模的市场研究的方法，其中主要包括客户分类、集中群体和大规模的客户调查问卷等方法，来了解其终端用户还有哪些需求。这样做的目的并不是要了解单个客户的需求，而是要了解市场内某一群体众多客户的需求，如年龄在 30 ~ 55 岁的妇女的需求。例外情况发生在企业对企业的市场营销中，这时每一个销售人员都了解每一个客户，并把他们当作单个的个体来对待。训练有素的销售人员会掌握每一个客户的购买嗜好、倾向性及其“死穴”何在。不过，即使在这种情况下，这些信息的绝大部分也是从来都不会有规律地被利用的。当一位销售人员辞职或者退休以后，公司也就失去了这些特殊客户信息的绝大部分。只是到了最近，随着销售自动化软件的开发与应用和忠诚度建设项目的实施，才在公对公的业务往来中，将每一位客户的详细信息都输入到公司的主机系统中。

对于消费者市场，消费者作为个人的利益被看作落后于企业对企业的市场情形。例外的情形发生在直接邮购和目录销售者身上，他们收集和分析单个客户的具体数据，直销人员会花钱购买邮件名单，并且保存同每一个客户的交易记录。单个客户的交易记录汇集到一起，就会提供一种分析信息，表明其他的商品也许会引起某些消费者的兴趣。在消费者购买电器的案例中，公司至少会知道，如果价格合适的话，消费者也许会准备好购买新的电器来替代旧的电器。

随着时间的推移，直销人员变得越来越聪明，他们通过使用电话和电话营销方式来联系客户，并用这种方式来补充邮购方式的不足。信用卡使用的不断增加，以及消费者开始愿意将其信用卡号码提供给商家等情况，都极大地促进市场直销。传真机的广泛使用更进一步方便了信息的交换和订单的分配。今天，互联网和电子邮件系统成了直销市场最方便的基础设施。消费者可以亲眼看到产品，做出评判后很容易地下订单或修改订单，收到确认函，并且知道货物什么时候可以送达。现在经过客户之间的交流，更加增强了这种体验，甚至不了解社交网络的公司也意识到它们必须要做出改变了，如果3300万人在一个房间里，你为什么不进去呢?①

不过，一家企业是否在客户关系管理方面已经准备好了，这更多地依赖于它与单个消费者之间的大量的交易往来。公司需要建立起综合化的、多功能的客户数据仓库。公司过去都一直保留着产品数据仓库、销售能力数据仓库和交易商数据仓库。现在，它们需要建立、维护、挖掘和管理客户数据仓库，以便公司自己的销售、营销、借贷、记账，以及完成公司的其他职能。

在客户数据仓库市场营销方式不断发展壮大的同时，先后出现过好几个不同的词语来描述它，包括个性化的市场营销、客户亲近式的市场营销、技术支撑式的市场营销、对话式的市场营销、互动式的市场营销、承诺式的市场营销和一对一的市场营销。

现代技术的发展使得企业有可能更多地了解单个客户，记住他们的需求，并与每一个有价值的客户进行互动，由此形成公司能够提供的条件、服务及有关信息。新技术使得大规模的客户化成为可能。

同时，技术在帮助公司进行一对一的市场营销时是唯一的特定因素，下面的关于客户关系管理的引述，使得这一观点变得更加明确。

“客户关系管理不是一个软件包，不是一个数据仓库，不是一个呼叫中心，也不是一个网络，它不是一个忠诚项目，不是一个客户服务项目，不是一个获取客户的项目，也不是一个最终赢回来的项目。客户关系管理是一整套的哲学思想”（斯蒂芬·施尔弗）。

---

① 朱丽特·鲍威尔.3300万人的房间［M］. 纽约：金融时报出版社，2009：8－9.

“一个典型的客户关系管理项目有45%依赖于正确的高层领导关系，40%依赖于项目管理实施，15%依赖于技术”（埃德蒙德·汤普森。高德纳咨询公司）。

在工业时代，公司都着眼于赢得市场份额，赢得新的客户。而现代的公司则更多地着眼于客户份额（SOC）。也就是说，要与每一个已经存在的客户增加业务往来。这些公司特别注重客户的持续往来、客户的忠诚度和客户的满意度，并把这些当作关键的管理目标。

客户关系管理的内涵比直销市场的扩张和新技术的出现都要宽广得多，它需要有新的技术、新的系统、新的程序，需要员工对此倾注大量的精力。作为互动时代的明显进步，大众化的市场营销必须让位于企业目标、吸引力、赢得优势、服务和使市场满意的新原则。由于广告成本的上升，大众化的媒体也失去了部分效率，大众化的市场营销变得花费更多，也更加浪费了。公司现在已经做了更好的准备去进行有效的市场细分，去寻找市场机会，并对已经锁定的群体中的单个客户进行有针对性的营销。不过，他们现在也越来越清楚地认识到，许多客户由于失去其信息的私密性以及电话和电子邮件使用的大量增加，而感觉到很不舒服。最后公司将不得不从过去那种令人不快的靠近客户的方式，转向对客户的承诺的靠近方式。

客户关系管理的全部潜在的东西，现在才刚刚开始被人们意识到，企业现在的目标已经不再只是为客户提供优秀的产品和卓越的服务，而是要尽可能地去获得、维护和发展最好的客户。现在要做的工作，是要更多地倾注于客户的忠诚度和客户的增长，并不是要花费巨资去说服所有类型的客户。

（资料来源：西北大学肯洛格管理学院 S. C. 约翰逊国际市场营销学教授菲利普·科特勒。）

第三节　客户关系管理的起源与发展趋势

一、客户关系管理的起源

最早发展客户关系管理的国家是美国，在 1980 年年初便有所谓的“接触管理”（Contact Management），即专门收集客户与公司联系的所有信息；1985 年，巴巴拉·本德·杰克逊提出了关系营销的概念，使人们对市场营销理论的研究又迈上了一个新的台阶；到 1990 年则演变成包括电话服务中心支持资料分析的客户关怀（Customer Care）。

1990 年，美国营销专家劳特朋提出了 4C 营销组合，即顾客（customer）、成本（cost）、方便（convenient）、沟通（communication）（见图 1－3）。4C 认为，企业应通过同顾客进行积极有效的双向沟通，建立基于共同利益的新型企业/顾客关系。这不再是企业单向的促销和劝导顾客，而是在双方的沟通中找到能同时实现各自目标的通途。劳特朋认为，如果把一个企业的所有员工和职能部门的具体工作抽象化，那么每个企业的经营目标就变得很简单：获得更多客户、保留住客户、使客户得到成长。一个企业不断地进行创新、降低成本，都是为了更好地满足客户。这一理念的扩展意味着传统的以产品为中心的营销观念正在向以客户为中心的观念转变。

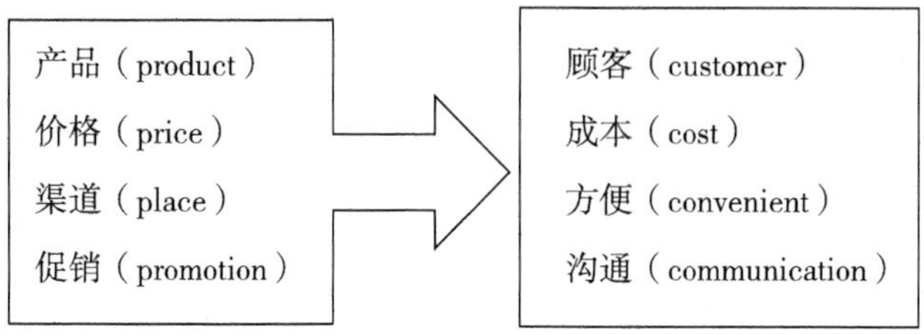

图1-3　“4P”到“4C”

1993年，Gartner Group公司提出了CRM概念（Customer Relationship Management，客户关系管理）并形成了比较完善的体系。Gartner Group在早些时候提出的企业资源计划（ERP）概念中，强调对供应链进行整体管理。而客户作为供应链中的一环，为什么要针对它单独提出一个CRM概念呢？

原因之一在于，在ERP的实际应用中人们发现，由于ERP系统本身功能方面的局限性，也由于IT发展阶段的局限性，ERP系统并没有很好地实现对供应链下游（客户端）的管理，针对3C因素中的客户多样性，ERP并没有给出良好的解决办法。另外，到20世纪90年代末期，互联网的应用越来越普及，计算机电信集成（CTI）、客户信息处理技术（如数据仓库、商业智能、知识发现等技术）得到了长足的发展。结合新经济的需求和新技术的发展，Gartner Group Inc提出了CRM概念。从20世纪90年代末期开始，CRM市场一直处于一种爆炸性增长的状态。

二、客户关系管理的发展趋势

最近几年，客户关系管理的概念已经渗透到了各个领域。实施客户关系管理可以提高客户满意度、维持较高的客户保持率，对客户收益和潜在收益产生积极的影响，这些利益对企业来说都有很大的诱惑力。根据调查显示，在接受调查的企业中，2/3以上的企业期望在未来五年内改变其客户关系的管理模式，3/4以上的企业计划集成“面对客户”的信息管理系统及其组织的其他部分。因此，无论从技术还是从市场方面看，CRM都具有很大的发展空间①。

（一）从技术方面来看客户关系管理的发展趋势

CRM的广泛运用还必须建立在与企业新的管理思想充分整合的基础上。近年来，

---

① 邵兵家．客户关系管理——理论与实践［M］．北京：清华大学出版社，2004.

供应链管理（SCM）、企业资源规划（ERP）等新的管理理念和思想不断提出，许多企业都将 SCM 能力视为一种重要的竞争资源，ERP 系统所反映的系统化管理思想也得到了越来越多企业的肯定。在这种形势下，CRM 只有与 SCM、ERP 充分整合，才会增加企业的核心竞争力，为企业有效利用自身资源，在市场竞争中取胜奠定良好的基础。从技术方面来看，未来 CRM 的发展趋势主要体现在以下几个方面：

1. 客户关系管理与数据仓库、数据挖掘技术的融合

随着数据仓库技术的应用，越来越多的企业拥有了大量的客户数据，当这些数据的规模成为“海量”数据时，数据挖掘技术在 CRM 中的应用就成为必然。如果说过去是因为企业掌握的客户数据太少而对客户行为无从把握，今天则是由于企业获得的客户数据太多而使企业无所适从。很显然，在今天浩如烟海的数据中淘金，仅靠人力是无法做到的。数据挖掘就是从客户数据的“矿山”中挖掘出潜在的、尚不为人知的趋势或模式，从而使企业能更好地进行客户关系管理。数据挖掘能帮助销售人员更准确地定位销售活动，并使活动紧密结合现有客户和潜在客户的需求、愿望和状态。数据挖掘软件能自动地从庞大的数据堆中找出好的预测客户购买行为的模式。统计、邻近、聚类、决策树、神经元网络、规则归纳等数据挖掘技术能在客户盈利能力分析、客户获取、客户保持、客户细分、交叉营销等方面体现出重大的商业价值。

在客户关系管理中，数据挖掘正起着导向作用，只有应用数据挖掘技术，大企业才能将客户数据库的大量数据转变成描述客户特征的一些图像。数据仓库和数据挖掘都是 CRM 中不可或缺的重要内容，没有二者的结合应用，CRM 系统就不可能发挥其全部功效。

2. 客户关系管理与电子商务的结合

电子商务的发展将客户关系管理推到了一个新的高度，弗雷斯特研究公司（Forrester Research）把基于互联网平台和电子商务战略下的客户关系管理系统称作“电子客户关系管理”或“eCRM”。他们认为，eCRM 是一个把跨通信渠道、跨事务功能和跨用户的客户关系统一在一起的网络中心方法。表面上看电子商务与客户关系管理并没有必然联系，二者似乎是两个不同层面的问题，但电子商务与传统的商务模式有着诸多不同，电子商务是建立在现代信息技术之上的“非接触经济”，交易双方越是“非接触”，客户关系管理就越显得重要。而且，电子商务环境下企业的客户不再以地理位置为界限，客户数量远远大于传统商务模式下的规模。电子商务模式下客户访问企业的时间是 24 小时的，客户不再以某一地区的日出日落为作息时间。空前的客户规模和即时对客户行为做出反应，这一切要求电子商务企业必须有良好的客户关系管理系统提供支持。因此，客户关系管理应用在企业电子商务应用架构中承担着关键角色，即客户关系管理的成功与否直接决定企业电子商务实践的成败。客户关系管理与电子商务整合可以实现快捷性、廉价性、普及性、可塑性、自动记录、低边际成本、个性化等优势。

3. 客户关系管理与 ERP、SCM 的集成

随着 CRM 理论的逐渐成熟及在商业中的应用日渐广泛，关于 CRM 与 ERP（企业资源规划）、SCM（供应链管理）集成问题的相关研究也引起人们的关注。CRM 注重改进企业和客户关系，ERP 注重企业的内部作业流程，SCM 注重企业间协调和上下游的供应链关系，三者的结合将更有利于提高企业的核心竞争力。

（1）CRM 与 ERP 的集成问题。在 CRM 诞生之前，很多北美大中型企业已实施了 ERP，而且，正是在独立依靠 ERP 已无法取得独特竞争优势的大背景下，CRM 才在这些国家盛行起来。Alex Berson 等人认为，CRM 与 ERP 的相互渗透十分重要，任何资源分配最终都将成为重要的约束条件融入 CRM 系统，进而优化客户的利润。著名的管理咨询公司 Yankee Group 指出，尽管 CRM 与 ERP 通过不同途径去实现客户的价值，但能把企业前台管理与后台管理完全融合在一起的公司将最终取得成功。

（2）CRM 与 SCM 的集成问题。CRM 与 SCM 的集成范围一般包括销售管理、采购管理、客户管理等多方面，能使企业更有效地管理供应链，从而实现成本的节约和服务的改善，进而使大规模定制成为可能，实现需求和供应链上的资源的最优化配置，获得长久的竞争优势。CRM 与 SCM 的整合，能真正实现企业实时响应客户的需求，能为企业提供创造高附加值的方法和途径。

（二）从市场方面来看客户关系管理的发展趋势

自 1997 年开始，全球的 CRM 市场一直处于爆炸性的快速增长之中。1999 年全球的 CRM 市场收益约为 76 亿美元，年增长率将一直保持在 50% 以上。目前，我国的 CRM 市场也已开始启动。从 1999 年下半年开始，CRM 就开始在中国 IT 业内风风火火地流行了起来。不管是投资商、用户还是国内外软件厂商都开始关注它。经过几年的发展，我国的 CRM 市场已经呈现了自身独有的特点。

1. 国内 CRM 市场处于萌芽时期

由于国内市场启动未久，无论是从产品结构、区域结构、行业结构，还是从销售渠道来看，整个市场形态都还不健全。市场区域主要集中在北京、上海等经济发达地区。据调查，现已拥有 CRM 产品的国内厂商主要聚集在上海。在其他地区还在了解 CRM 概念的同时，上海的很多厂商已经开始开发其产品了。

CRM 的应用行业以邮电、金融等经济实力较强、信息化程度较高的行业为主，这些用户一般都是国家重点行业，拥有强大的资金后盾，而且信息化建设已初具规模。我国进入 WTO 后引发的经济格局的变化，给这些行业带来了巨大冲击，它们在感受新机遇的同时也感到了竞争的压力。在这种机遇与竞争的双重压力下，很多颇具发展眼光的用户选中了能提高营业额、扩展新商机的 CRM 产品。

2. 提供 CRM 产品的厂商较少

目前能够提供功能比较全面的 CRM 产品的国内厂商很少，有些只能提供实现客户

关系管理中的几个应用模块，有的只是在 ERP 的某些模块上稍作修改，并没有真正实现客户关系系统的“以客户为中心”的理念。

3. 市场需求量大

对客户关系管理系统的认识，在国内已有较长一段时间，它所遵从的“一对一个性化服务”的企业管理理念，逐渐被国内众多的用户所熟悉和接受。在竞争激烈的信息化时代，客户关系管理系统提出的“帮助提高本产品用户营业额、扩大市场占有率以及提高客户忠诚度”等功能，使得很多企事业用户对此产品情有独钟，市场需求加大。而因为市场中真正的 CRM 产品很少，适合国情的产品更是少之又少，所以市场上呈现出供不应求的现象。

总之，我国的 CRM 市场正在迅速发展和壮大，其中孕育了较大的商机，已经成为投资商、软件开发厂商和用户共同关注的对象，CRM 的市场前景十分广阔。

第四节　金融企业实施 CRM 的意义

金融企业通过实施有效的客户关系管理有助于指导其在与客户有关的业务流程中始终坚持“以客户为中心”的理念，从而能够获得客户信任，促使企业与客户建立持久稳定的关系，最终能为企业带来诸如经济利益、品牌形象、客户忠诚等方面的改善与提升，这个也正是众多金融企业垂青 CRM 的原因。

一、CRM 能够帮助金融企业更好地将客户分类，提升金融企业的盈利能力

CRM 利用其强大的数据库软件系统为金融企业提供及时、准确的信息，包括资产数量及分布、信贷额度、客户信用风险、客户满意度及投诉情况等，实现对客户各项业务数据的整合，并按照一定的计算规则，量化客户对金融企业的利润贡献度和增长潜力，评定客户的等级，筛选确定优势的客户。未来金融行业的竞争，不能仅以增加客户数量为目的，应该通过客户价值细分，针对不同客户群体进行市场定位，实施“一对一”式的营销服务。对金融企业而言，根据客户的价值和贡献度，我们可以将客户划分为优质客户、普通客户、限制客户和潜在客户。

优质客户：是指那些经营稳定、业绩好、与金融机构密切相关、能够为金融企业带来超过行业平均水平利润的客户。著名的“二八”原则在金融行业同样适用，即金融企业 80% 的利润来源于 20% 的优质客户的创造。麦肯锡公司的相关调查显示，在中国的商业银行，这个比例可能更加极端，只有 4% 的客户为银行带来了 80% 的收益。因此，优质客户虽然比重不大，但绝对应该是金融企业重点进行争取和管理的客户。

限制客户：是指经营业绩下滑、与金融机构关系日益恶化，显示出使金融机构遭受损失的迹象或者使金融机构遭受损失的客户。

潜在客户：是指经营业绩良好，同时对金融机构的产品和服务均表现出高度兴趣的客户①。依据国外商业银行的经验，在100个客户中，25个客户是有利润的客户，45个客户有边际利润，30个客户是亏损客户。

因此，对于金融企业来讲，应该充分利用CRM系统的数据整合和分析功能，找出本企业的优质客户进行重点管理，同时逐渐摈弃限制客户，转化普通客户，发展潜在客户，最终使金融企业的利润获得提升。

二、CRM能够帮助金融企业更好地了解客户需求，减少客户流失率

随着社会经济的不断发展，居民的收入不断增加，金融改革的不断推进，人们也产生了越来越多的金融需求和服务需求。人们已经不再被动地接受金融企业推销的产品和服务，而是开始根据自己的个人情况进行选择性消费，买方金融市场的特征已经形成。同时，伴随着越来越多的境外金融机构加入，客户面临着更多的选择。在这种情况下，金融企业更需要利用CRM系统，对客户交易的频率、次数、使用产品的种类以及相应的服务反馈等进行科学准确的评估与预测，对客户需求及其变化进行跟踪和研究，根据客户需求的变化为每一个客户建立科学的个性化服务档案，从而准确地设计出相应的个性化产品并为其提供优质的服务，并最终实现客户满意度和忠诚度的提高，减少客户流失率，达到维持和保留客户的目的。将客户特别是优质客户由单一交易型转变为长期合作的战略伙伴型，不仅有利于扩大和增强金融机构的营销机会，而且有利于发现和挖掘客户终身的商业价值，拓展金融机构的获利空间（见表1-4）。

表1-4　　通过客户关系管理增加顾客终身价值

某银行每年流失10%的客户，其中大部分是可以避免的。
平均每个客户的保留时间大约是10年。
每个客户平均每年给银行带来100元的利润。
吸收一个新客户的成本是75元（广告费用、申请处理成本和礼品）。
银行决定实施一项基于关系管理的顾客挽留项目，将顾客流失率从10%降低到5%，该项目成本是每位顾客每年20元。
平均每个顾客的终身价值为： 项目实施前：10年×100元/年（利润）-75元（吸收成本）=925元 项目实施后：20年×（100元/年-20元/年）-75元=1525元 通过实施顾客挽留项目，顾客的终身价值增加600元。

资料来源：范云峰，王建国．银行客户关系管理［M］．北京：中华工商联合出版社，2012：23.

① 韩建东．国有商业银行客户关系管理研究［J］．河北金融，2011（7）．

三、CRM 能够帮助金融企业降低服务与销售成本

实践表明，银行留住一个老客户的成本是开发一个新客户的成本的1/5。一方面，对于金融机构而言，其产品和服务创新成果更容易引起现有客户的行为和态度反应。通过客户关系的管理，可以进一步增强客户关系维护、发展与合作的效果；另一方面，传统的客户联系渠道如面对面（柜台）、邮寄等方式，由于其不便利性以及客户信息的不完整性，已经无法满足现在对客户关系进行管理的要求。基于计算机技术、通信技术和互联网的发展，电话呼叫中心、网上银行已经成为最广泛的客户关系管理的联系方式，人们可以借此突破时间和空间的限制随时随地地享受金融企业提供的服务，同时，金融机构的运营成本也得以大幅下降。因此，CRM 管理不仅能够更有效地减少金融机构促销活动的成本，也能降低为客户提供服务的运营成本，为金融企业带来更好的收益率。

四、CRM 能够帮助金融企业有效地防范内部和外部风险

银行面临的主要风险之一是信贷业务中的信用风险。当借款者不能按合同要求偿还贷款本息时，银行会因此遭受巨大损失。而此信用风险主要是由银行所处的信息劣势地位引起的银行的逆向选择和客户的道德风险造成的。长期以来，我国银行面临着存款的硬约束和软约束，不良贷款的比例逐年递增，这既有体制上的原因，也有信息不完备不充分的原因。实施 CRM 后，一方面可以通过观察和分析客户信息和行为，及时对客户状况进行了解并进行动态监测，从而缓解博弈过程中银行的劣势地位，降低信贷风险；另一方面可以与客户建立长期合作关系，通过分析详细的交易数据来鉴别消费者是否正准备结束账户或正将交易转移向另外一家银行，并对其转换银行服务提供商的原因进行分析，对信用卡用户进行分析以得知其是否存在异常的消费和取款行为，从而减少银行经营的风险。

证券和保险公司的风险来源主要分为两大类：股票和客户。对于股票风险，我们可以通过专门的分析方法，如蒙地卡罗或 var 等方法，来推测个别股票公司的可能波动范围，并通过对近期股价的监测和市场消息来锁定较高风险的股票，证券公司人员应及时向这些高风险股票的持有者和潜在购买者进行提醒以规避风险①。客户风险则主要来自市场的外部竞争。由于证券和保险行业提供的核心产品并没有太大的差异，故而客户往往会以价格、服务质量以及和服务提供人员的关系等作为选择金融服务提供商的主要考量。所以，企业更需要建立一套完善的 CRM 系统，并通过对客户信息和消费行为的分析，把握客户的真正需求，为顾客提供比竞争者更好的产品和服务，降低客户的流失风险。

---

① 夏媛媛. CRM 在证券业的应用［J］. 现代情报，2004，6（6）：182 – 183.

案例：银行 CRM，有了软件就行吗

关于 CRM 软件的“神话”

其实从 21 世纪之初开始，不管是 ORACLE、SAP、SIBEL 这些 IT 跨国公司，还是用友等国内软件公司，都在宣传销售客户关系管理软件系统了。

ORACLE 是这样描述自己的 CRM 系统的：“CRM 的焦点是自动化并改善与销售、市场营销、客户服务和支持等领域的客户关系有关的商业流程。它的目标是缩减销售周期和销售成本、增加收入、寻找扩展业务所需的新的市场和渠道以及提高客户的价值、满意度、赢利性和忠实度。CRM 应用软件将最佳的实践具体化并使用了先进的技术来协助各企业实现这些目标。CRM 在整个客户生命期中都以客户为中心，这意味着 CRM 应用软件将客户当作企业运作的核心。CRM 应用软件简化协调了各类业务功能（如销售、市场营销、服务和支持）的过程并将其注意力集中于满足客户的需要上。CRM 应用还将多种与客户交流的渠道，如面对面、电话接洽以及 Web 访问协调为一体，这样，企业就可以按客户的喜好使用适当的渠道与之进行交流。”

几乎是尽善尽美了，只要企业花钱买了一套 CRM 软件，你就会如虎添翼。“原来希望各个数据端口的数据一进去，自己需要的东西像流水一样，就会源源不断流出来，实际上这是根本不可能的。”招商银行客户服务部总经理厉朝阳这样评价当时企业家的心态，他强调：这种不切实际的幻想成了后来 CRM 神话在中国破灭的主要原因。

CRM 的核心是找到客户、找对客户

CRM 系统最终是由 IT 来完成的，银行根据系统软件的技术性能选择理想的供应商，供应商的选择决定系统的技术质量。“CRM 系统本身就是一个现代高科技的产物，同时与之相适应的还要有先进的网络银行和先进的联络中心，辅之以呼叫中心、电话银行等作为功能扩充，增强自动化、电子化运营的能力，才能保障 CRM 系统的正常运行，真正实现从传统银行模式向以互联网和信息技术为基础的现代银行模式的转化。”华夏银行信息技术部总经理张胜这样说。

从另一个角度来理解，CRM 对于中国银行业来说无疑格外重要。众所周知，银行业的“2080”原则，指的是银行业的 20% 用户贡献 80% 收益，另外一个“20300”原则指的是 20% 用户可能给银行贡献了 300% 的利润。麦肯锡的相关报告认为，在中国这个“2080”原则分布可能更加极端，只有 4% 的用户为银行带来 80% 的收益。

中国银行业已经清醒地认识到，外资银行进入中国来说，竞争就在于这 20% 的用户甚至可能是更加狭窄的 4% 的用户上。也就是说，抢的就是高端用户。

但是如何更好地与外资银行竞争，国内商业银行在规模、资金实力都没有明显优

势的情况下，在长期经营服务中维系与众多客户群体的良好关系是最大优势，在激烈竞争中留住客户，并充分利用这些宝贵的客户资源延伸金融服务，将是各银行成功应对外资银行冲击的关键所在，而这些，靠的还将是 CRM。

客户关系管理最重要的就是找到客户，而现在对于中国银行业来说，不仅要找到客户，而且要找对客户。找对客户就是通常意义上对客户进行分级。根据客户在账户存款数量把客户分为不同的级别，从而提供差异性的服务。这部分业务中国的银行业已经开始做。我们通常所见到的就是，存款 10 万元以上的客户和存款 100 元的客户现在在银行享受的服务可能并不完全相同。

银行业采用的以账户为中心的服务体系面临着以客户为中心的服务体系的挑战。简单来说，假设一个有钱人拥有 10 个不同的账号，但是很可能某些账户上只有很小的存款，如果仅仅以账号来区分的话，银行很可能无法为其提供最优质的服务，而如果该用户在服务上得不到保证的话，银行也很可能因此而使客户流失，所以以客户为中心的体系就可能因此而胜出。优秀的 CRM 系统能够充分抓取与该客户有关的所有资料，银行对该客户有充分认识，所以也就能满足客户的需求，提供最好的服务了。

优秀的 CRM 系统还能够充分调动全球的资源为其重要的客户服务。在全球范围内有很多企业家、大客户需要银行的业务拓展到足够多的国家和地区，为其生意的拓展做很好的支持。

“全球范围内都面临着一个重新思考用户价值的问题。对于一个用户来说，不光要看销售额，而且要看用户的成本，除去用户成本后的利润率也是银行业最看重的。有数据表明，在过去几年里，美国银行业个人理财服务年平均利润率达到 35%，年平均增长率在 12% ~13%。所以所有的银行都在大力拓展个人理财业务也是受到这样的驱动。”厉朝阳这样说。

认识渐趋成熟

时间转到 2007 年，几乎所有的软件公司都会发现，中国银行业对于 CRM 的认识已经完全是今非昔比。

仁科公司日本及亚太区 CRM 产品市场总监黄明明说：“我很高兴，当我跟中国银行业的领导在交流的时候，他会告诉我，我去年在渣打银行考察的时候，我看到……”

不仅如此，中国银行业对于外资银行使用软件工具的关注焦点已经不仅是竞争对手用了什么模块这么简单，他们更加看重的是内部管理流程怎么做的？项目内部有哪些风险？项目对银行带来哪些实际收益？中国银行业，终于走出了 CRM 软件一上就灵的错误认识。

尽管 CRM 和任何一个市场一样都是需要时间来培育的，但是对于在国外银行业拥有非常丰富经验的软件公司来说，他们认为，2007 年已经是进入中国银行业的良好时机了。

“我们是有根据的。首先进入 WTO 后中国银行业与外资银行在抢高端客户，中国银行业的领导有很强的危机感，也真的意识到 CRM 对他们的重要性，他们会上一些项目。其次是这两年中国银行业发展比较快，说白了就是比较有钱，所以行长的决心一般会比较大。他们只要有用，就会去买。”

CRM 给银行带来的变革

华夏银行信息技术部总经理张胜先生对 CRM 给银行带来的变革，有自己很深的认识，他认为：

其一是客户信息管理的变革。许多银行引以自傲的就是自己完备的客户档案和数据库，这种整合记录银行各部门、每个人所接触的客户资料并进行统一管理的做法是客户信息管理的一个方面。另一方面则牵涉到银行客户价值评估体系的建立，即以客户对银行的利润贡献度为主要依据和标准，分析、评定不同层次客户的价值度，为其提供相应的价值服务，从而全面提高客户的满意度。如今已有不少中资银行在国内的个人金融市场拓展方面，运用客户贡献度的数学模型、分值评估和黄金客户甄别模型进行客户价值的评定。

其二是银行营销管理的变革。银行的营销渠道已呈现多样化的趋势，从传统的柜面服务到电话银行和网络银行不一而足。而 CRM 营销管理通过对不同渠道和不同营销模式接触的客户进行分辨、记录和辨识，同时对银行营销活动的成效进行综合评价，促使银行实现从“宏营销”到“微营销”的转变。这与银行集约化经营的大方向是一脉相承的。

其三是销售管理。银行目前已全面转向客户经理制度，对于客户经理多种销售渠道的管理，例如电话销售、现场销售以及销售佣金等的管理，同时支持现场销售人员的移动通信设备或掌上电脑设备的接入等，使客户经理能够即时整合和反馈销售信息，并满足客户多方面的要求。

其四是服务管理与客户关怀。诸如网络银行终端软件安装与技术支持，以及银行柜面服务内容、网点设置、收费标准的制定及管理，通过 CRM 系统详细记录服务全程进行情况，支持一般银行、自助银行、电话银行、网络银行等多种服务模式。CRM 在客户关怀方面的重要环节就是集成呼叫中心（Call Center，CC），以其快速响应客户需求。CC 在国内外银行应用上的不同，充分反映了营销理念上的差异。在国内，CC 一般只用于客户方的查讯、咨询等服务，而国外银行 CC 却进一步被用来建立与潜在客户之间的联系并加深与已有客户之间的沟通，换言之，二者之间是一个单向式和互动式的区别。

知识经济时代，银行业 CRM 被赋予了全新的内涵，亦使其体现出与传统 CRM 迥然相异的崭新特征，它必须作为一套完整的系统化方案出现。

（资料来源：武少中，银行 CRM 有了软件就行吗，http：//soft. chinabyte. com/431/3501431. shtml。）

思考题

1. CRM 仅仅是一套软件吗？是或不是，请说明原因。
2. 请论述金融企业在运用 CRM 时易陷入哪些误区。应如何避免这些问题。

本章小结

（1）本章作为本书的第一部分，着重对客户关系管理的兴起与发展、概念与内涵以及其在金融行业运用的意义进行了介绍。市场竞争日益激烈的今天，企业仅仅靠产品竞争已难以留住客户，企业必须积极地为客户创造价值以提高客户的满意度才能真正留住顾客并获得盈利。同时，在经济全球化、消费者角色和行为转变、企业内部管理需求、现代信息技术高速发展和营销理论的进一步演进的综合作用下，客户关系管理也正受到学术界和实业界越来越多的关注。

（2）对“客户”“关系”等进行了深度剖析，并在此基础上提出了本书对“客户关系管理”的定义：客户关系管理是企业为提高核心竞争力，达到竞争制胜、快速成长的目的，树立以客户为中心的发展战略，并在此基础上开展的包括判断、选择、争取、发展和保持客户所需实施的全部商业过程；是企业以客户关系为重点，通过开展系统化的客户研究，通过优化企业组织体系和业务流程，提高客户满意度和忠诚度，提高企业效率和利润水平的工作实践；也是企业在不断改进与客户关系相关的全部业务流程，最终实现电子化、自动化运营目标的过程中，所创造并使用的先进信息技术、软硬件和优化的管理方法、解决方案的总和。并在此定义的基础上，将其理解为理念、机制、技术三个层面。正确的理念、机制是客户关系管理实施的指导，信息技术是客户关系管理系统成功实施的手段和方法。三者构成客户关系管理稳固的“铁三角”。

（3）对客户关系管理的起源和发展趋势进行了梳理。认为客户关系管理在我国仍然处于萌芽阶段，提供 CRM 服务的供应商少，市场需求量大，具有巨大的发展空间。新的发展方向将集中在：数据库与数据挖掘技术的运用、与电子商务的结合以及与 ERP、SCM 的集成方面。

（4）金融行业的发展迫切地需要重视对 CRM 的运用。CRM 能够帮助金融企业更好地将客户分类，提升金融企业的盈利能力；能够帮助金融企业更好地了解客户需求，动态把握客户需求的变化，提高顾客的满意度和忠诚度，减少客户流失率；能够帮助金融企业降低服务与销售成本；能够帮助金融企业有效地防范内部和外部风险。

思考练习

1. 客户关系管理为什么受到了学术界和实业界越来越多的关注?
2. 论述消费者购买角色和行为的变化。
3. 剖析客户关系管理的内涵与本质。
4. 论述客户关系管理的起源和发展趋势。
5. 论述 CRM 在金融行业运用的重大意义。

第二章 金融企业客户关系管理的对象和内容

本章提要

本章对CRM在国内外金融行业的发展状况进行了介绍，对CRM目前在中国金融行业发展遇到的问题进行总结，并提出相应建议。对金融行业客户关系管理的目标进行介绍，在此基础上分析我国金融企业进行客户关系管理的主要内容。

重点难点

- 中国金融企业客户关系管理所面临的问题和解决对策
- 关系成长的维度、客户资产
- 个人客户与企业客户
- 金融企业客户关系管理的内容

开篇案例：失去后才知珍贵

在上海有一对老年夫妇，他们有四个孩子，其中三个孩子已经大学毕业参加工作并都有着不错的发展，最小的孩子也将要取得硕士学位了。这个家庭已经在某家银行办理了将近20年的业务了。

但这对夫妇并没有将他们所有的业务都放在这一家银行里，因为他们并不认为与这家银行存在什么紧密的关系。他们很少收到这家银行的信件或短信，仅有的几封信件也是向他们兜售一些投资产品。当然，在他们这个年纪，似乎应该是有一笔相当大的资产可以用来投资或是安排退休后的生活。

即便如此，他们并没有觉得有必要去改变一些什么。直到两个星期前，他们的女儿在这家银行的一家支行办理业务时，银行的一位高级负责人对他们的女儿说话态度非常不友善，甚至包含一些粗鲁的词汇。他们的女儿一言不发地离开了，她感到自己受到了银行的蔑视，并发誓以后不会再和这家银行发生任何联系。

也仅在三天后，还是那个高级负责人与老先生进行了一笔相当大的交易。这次他报错了外汇汇率，如果不是及时发现错误的话，老先生将要损失1万元。令老先生吃惊的是，当他提醒该员工应该注意避免此类错误时，却遭到了对方的狡辩。他不断地解释，说这个错误是由于银行系统的问题造成的，不是他个人造成的。

这两件事情的发生令家里所有的人都非常气愤。于是，家庭所有成员立刻取消了与这家银行所有的业务，老夫妇也把他们所有的投资和业务账户都转移到别家银行去了。他们清偿了在这家银行的所有住房抵押贷款，在新银行那里办理了一系列的个人信用业务，并且取得了一大笔商业贷款。可以理解，在那里他们获得了非常好的礼遇。

请考虑一下：这间与这个家庭往来了20年的银行到底失去了什么呢？为什么会这样呢？

这家银行失去的不仅是与这个家庭有关的业务，它失去的是与自己的客户分享未来不断增长的业务的权利。更为重要的可能是，这家银行失去了四个孩子以及他们配偶或者朋友的相关业务，如果按照“250”法则，他们失去的客户更多。

（资料来源：范云峰，王建国．银行客户管理［M］．北京：中华工商联合出版社，2012：31－32.）

第一节　CRM 在国内外金融行业的应用

由于客户关系管理在银行的业务发展与市场竞争中具有超强的魔力，因而客户关系管理与营销在世界银行业旋即得到了广泛的应用和超常规的发展，而在证券和保险行业的效用则并没有如此明显。因此我们主要以银行业为例阐述 CRM 在金融行业的应用和发展情况。

一、CRM 在国外银行业的应用

（一）国外商业银行客户关系管理

20 世纪 80 年代中期西方现代商业银行陆续建立了管理信息系统，初步实现了业务交易管理和经营管理信息的一体化；20 世纪 90 年代初期决策支持系统（DSS）陆续建立，实现了信息分析、加工的集成化处理模式；20 世纪 90 年代中期，世界各国大型商业银行先后开始建立了数据仓库（BDW）体系。数据仓库技术的应用使银行业对海量数据的集中分析处理成为可能，并能初步实现客户贡献度、风险集中度的计算。商业银行可通过数据仓库技术整合原有的数据资源，在技术上保证客户关系管理理念的实现。研究表明，通过客户关系管理，约 30% 的美国商业银行能准确识别可为银行带来最多盈利的客户，约 20% 的美国商业银行能在 10 分钟内查明重要的客户购买的银行产品种类和数量，这些主要得益于客户关系管理的应用。根据美国银行家协会（ABA）的调查，排名前 100 的商业银行中已有 50 多家在客户关系管理中实施了数据仓库和数据挖掘项目，剩余银行也正在筹备实施①。其中，美洲银行、汇丰银行、花旗银行和荷

① 李巍．客户关系管理在银行中的应用［J］．合作经济与科技，2009（17）：44－45.

兰银行在客户关系管理方面取得了比较好的效果，各家银行的客户关系管理相对来说也更有侧重点，可作为我国应用客户关系管理的参考①。

1. 美洲银行数据仓库型客户关系管理

在客户关系管理的实践应用方面，美洲银行数据仓库型客户关系管理属于美国银行业中比较成功的一个案例。美洲银行拥有北美地区最大的客户信息数据库，1997 年该行成功地将数据仓库技术运用于客户关系管理的研发，在行内建立了 100 多处数据仓库型客户关系管理的应用终端。通过使用这些终端，1500 名职员每天可检索出 3000 多条有效信息。在数据仓库型客户关系管理的帮助下，美洲银行用较低的成本、更为综合的方式检选出最有价值的信息。在客户关系管理还没有得到应用的时候，6 个多小时花费 30 多美元检选出的信息现在仅需要几分钟的时间和 20 多美元的费用即可实现。此外，利用数据仓库客户关系管理，诸如不同客户的收益性分析、交易成本的分析、ATM 及柜台的平均交易成本以及客户的交易次数等指标都可较便捷地计算出来。目前，美洲银行将客户关系管理的应用重点放在如何更加有效地进行客户选择的方向上来。数据仓库给银行带来了详细的客户信息，这些信息成为美洲银行客户细分的前提。同时，美洲银行利用预测性模型来分析、测量和锁定高利润客户，提高这类客户的利润贡献度。统计发现，在营销成功的客户中有 74% 是借助于数据仓库型客户关系管理的信息分析得到的。为更好地达到营销目的，美洲银行致力于将数据仓库型客户关系管理与电话银行相结合，实时更新数据库信息，充分挖掘数据仓库型客户关系管理的潜力。

2. 花旗银行以电话服务中心强化客户关系管理

在 20 世纪 90 年代中期，花旗银行就引入了客户关系管理的新理念，并借此建立和维持与客户（尤其是高价值客户）的良好合作关系，以技术创新和个性化、差异化服务为手段，力求提高其参与国内外金融市场竞争的核心竞争力。目前，花旗银行在世界 100 多个国家设立了分支机构，拥有 1 亿多个高价值的法人客户和 10 亿多个高价值的个人客户，业已成为一个巨大的“金融百货公司”，几乎可以根据客户需求为其提供所有的金融服务。例如，在日本、韩国、中国台湾等亚洲国家和地区，花旗银行把具有较高收入的中高层管理人员作为自己的目标客户，为其提供支票账户、周转卡、晚餐卡以及特别服务、花旗金卡等一揽子金融服务，以通过差异化服务增强对亚洲新兴中产阶级等大客户的吸引力。为集中资源确保大客户服务到位，花旗银行还对账户余额小于一定规模的小客户实行账户管理服务收费；并通过客户活动周期（CAC）模式对大客户的购买前、中、后期所进行的全部活动进行监管，以便使大客户能够以既创新又切合实际的方式找出其产品和服务的增值潜力。

① 杨林东. 民生银行客户关系管理存在问题及对策研究［D］. 西安：西安科技大学.

3. 汇丰银行客户关系管理

作为世界上最大的银行业金融服务机构之一，汇丰集团在全球拥有超过1亿的客户。为了更有效地进行客户管理，汇丰银行将其客户业务分为五大类，具体包括商业银行业务、投资银行业务、市场个人银行业务、个人金融服务以及客户融资。汇丰银行以“从本地到全球，满足您的银行业务需求”为经营理念，独有的特色使其成为同行业中的佼佼者。汇丰银行借鉴了金字塔模型对客户进行了细分，将其客户划分为顶级客户、大型客户、中型客户、小型客户、非活跃客户、准客户和潜在客户等几个类别。汇丰银行引进客户关系管理的目的在于通过给客户提供随时随地随意类型的服务，给予客户最大的方便。汇丰银行针对VIP（贵宾）客户推出一种被称为HSBCPremier（汇丰银行卓越理财）的服务，无论在世界哪个地方，只要是享受这种服务的VIP客户都可以得到同等水平的优质服务。这些VIP客户拥有专属的客户经理，随时可提供他们想要的解决方案。通过客户关系管理，汇丰银行可整合出更多更有效的客户信息，包括客户对不同产品、服务以及投资组合等的偏好。在数据资料的基础上，汇丰银行可找到潜在的问题，创造新产品或改善服务来满足客户的需求。

4. 荷兰银行差异化的客户管理

为了实现四年计划的战略目标，荷兰银行在2000年进行了一系列的改革措施，其中关键的一项革新措施就是针对客户关系进行管理并采取差异化服务，把优质的业务和服务集中到利润贡献度高的客户身上。荷兰银行分析了不同客户对于银行的利润贡献度，了解到四个不同的客户群在1999年对银行的利润贡献极不对称①（见表2-1）。依据调查结果，荷兰银行及时采取市场细分并依据不同的细分市场，加大了差异化服务的力度（见表2-2）。

表2-1　　荷兰银行客户群利润贡献分析

	顶级客户群	重要客户群	核心客户群	大众客户群
客户数量	约700户	约2500户	约6000户	约7500户
利润贡献度	40%	40%	19%	1%
为银行创造的年均收益	高于300万欧元	50万~300万欧元	10万~50万欧元	10万欧元以下
经济实力	极为雄厚	雄厚	中等	勉强持平
服务需求及潜在需求	很高	中等到高	低但有潜力	低
对中间业务的理财的需求	非常明确	一般、有发展	较低	几乎没有
对银行批发业务的需求	确定	确定	有少类需求	很少

① 徐桂华，浦毅. 商业银行客户关系管理改进研究［J］. 现代金融，2010（2）：42-43.

表 2－2 荷兰银行客户细分

	顶级客户群	重要客户群	核心客户群	大众客户群
客户经理的级别	行长或执行董事	资深副总裁	一级客户经理	资浅人士
单个客户经理负责客户数	5～10	15～20	25～30	50～100
服务内容与重点	按区域派驻客户经理并赋予其行内资源的调配权；维护与顶级客户领导层的良好关系；针对客户需求设计服务及产品	大致与顶级客户相同	审慎归类客户；保持与客户的密切联系	由驻在当地经理进行一般性的服务；借助所在地分支机构的人员来保持与客户的联系

（二）国外商业银行客户关系管理借鉴

从以上四家银行的实践来看，客户关系管理是在继承了以往营销原则的基础上发展起来的，比如说银行应该时刻关注客户的多样性需求，对客户和市场进行细分，用一对一的关系营销代替简单的产品销售，建立与客户双赢的互信机制。

1. 实施客户关系管理应分阶段进行

客户关系管理的实施要求银行无论是从管理层面还是从技术层面都应高度统一，制定一次性的解决方案必然存在潜在的风险和不确定性，这都有可能给银行的客户关系管理带来负面影响。因此，在制定客户关系管理方案时应分阶段实施，在某个阶段着力解决相对应的问题，并对客户关系管理的实施效果定期进行考核，及时发现存在的问题并加以更正。同时，也应保持阶段性方案的连贯性，根据实际情况适时进行调整。

2. 客户细分及差异化服务

从以上四家银行的实践可以发现，他们成功运用客户关系管理的过程中都对客户进行了细分。不同类型的客户具有不同的需求，这就要求银行根据客户的实际情况对客户进行分类，在此基础上制定差异化的营销方案。对于利润贡献度高的高端客户，银行应专门为其配备单独的客户经理或理财经理，同时提供诸如财务管理、投资评估、投资建议等特色化的服务。针对客户差异化的需求提供相应的服务，实现客户的价值最大化是客户关系管理的本质所在。

3. 加快信息化建设，建立适合银行自身的数据库系统

推动客户关系管理的系统建设，优化数据模型以促进数据仓库系统的建设，为实施客户关系管理制定新的技术平台，通过应用智能化软件挖掘客户信息，为客户提供更加个性化的服务①。

二、国内金融业CRM的实施情况

中国的证券公司在1999年前后最先开始CRM系统的实践，我国的海通证券、国泰君安北京知春路营业厅、天同证券、广发证券等相继开始实施CRM项目。但是，我国券商在实施CRM过程中，一方面，在公司导向、组织结构和营销理念上仍然停留在“坐商模式”，缺乏足够的变革准备；另一方面，在实施过程中仅从软件公司提供的技术角度来理解CRM的技术性能和管理功能，忽略了催生和哺育CRM技术变革的思想源头——关系营销和客户忠诚思想在企业内的宣讲。前者是“战略缺失”，后者又是“技术陷阱”，双重的失误直接造成几个券商在1999年前后初期的CRM实践普遍遭遇挫折，投资预算不断追加，不是放缓了进度就是修改了实施战略。但即便如此，证券行业也没有停止对CRM的探索和运用，不断地对其进行尝试和改进②。

在2000年年初，中国银行温州分行运用创智软件园开发的Power CRM系统，为客户提供有价值的客户关系管理解决方案，通过建立完整的客户信息系统和数据仓库，及时了解和跟踪客户信息的变化情况，实行客户信息动态管理；并利用客户信息分析的结果，根据客户的偏好和不同需求，为不同的客户提供不同的产品和服务。2002年6月，中国建设银行正式推出重要客户服务系统。截至2002年12月31日，经批准使用该系统的重要客户已有100多家，正式上线的有50家，其中包括中石化、中国联通、一汽集团、海尔集团、沃尔玛等国内外知名企业。同时，中国工商银行也建立了CIS（客户信息系统）和MIS（管理信息系统），为建立完整的客户关系管理做好了准备工作。招商银行在建成呼叫中心以后，也将工作重点转向客户关系管理的建立。另外，巨通网络科技有限公司开发的银行信贷决策分析系统采用数据仓库和数据挖掘技术对信贷业务的关键问题进行分析，并被交通银行上海分行、江苏省农行所采用。2004年4月，中国农业银行开发并有计划地在全系统分布实施了个人优质客户管理系统，为有效加强对大客户的关系管理提供了强有力的支持。

保险行业客户关系管理系统（CRM）的应用率较低，据《计算机世界》调研结果显示，只有17%的保险公司拥有客户关系管理。其中，平安保险公司北京分公司采用的是TurboCRM（用友），重庆、大连、杭州分公司以及太平洋保险公司大连分公司则采用Oracle（甲骨文公司）的CRM。另外，太平洋保险太原分公司采用的是东大阿尔派的客户关系管理系统。中国人民保险公司广州分公司选择了与中科软合作开发的CRM系统。57%的保险公司计划在近期内实施CRM，包括中国人民保险公司、中国人寿保险公司、泰康人寿保险公司等。另有26%的保险公司近期暂没有实施CRM的计

① 李志雄．我国商业银行客户关系管理的问题及对策［J］．现代营销（学苑版），2010（8）：23－24.

② 严晓燕．商业银行客户服务管理［M］．北京：中国金融出版社，2009：242－244.

划。中国平安保险公司、太平洋保险公司、中国人寿保险公司和中国人民保险公司已经在全国的大部分省市实施了呼叫中心系统；而华泰财产保险公司、华安财产保险公司和瑞士丰泰保险公司还没有建立呼叫中心系统。调查显示，保险行业过去三年 IT 的年平均投入额为 9.36 亿元人民币。这个数据是根据国内最具代表性的 9 家保险公司的 IT 花费和预计投资得出的，它们分别是中国人民保险公司、中国人寿保险公司、中国平安保险公司、中国太平洋保险公司、新华人寿保险公司、泰康人寿保险公司、华泰财产保险股份有限公司、华安财产保险公司和天安财产保险公司。2001 年保险行业对 IT 投入的力度最大，这与保险业数据集中的趋势有关①。

综上所述，客户关系管理在金融行业的运用一直在不断发展并越来越受到重视，目前已经取得了初步成效。

（一）以客户为中心的业务流程初步建成

我国以银行为代表的金融企业的发展经历了以产品为中心、以市场为中心，正在逐步过渡到以客户为中心。为此，各家金融机构尤其是银行，均在加快内部改革步伐，通过管理创新、制度创新、产品创新来提高服务质量和管理水平，构建以客户为中心的业务流程和组织架构。一是调整业务结构，从单一的金融产品为核心向以综合金融服务为核心转变；二是重组业务流程，按照以客户为中心的经营理念调整业务流程，简化客户申办手续，提高服务质量。

（二）金融业务的信息化与网络化基本完成

目前，各种信息广泛而又零散地分布在金融企业的各种业务系统中，分别由不同机构和不同层次的人员所掌握，因而具有极其分散的特点。要把这些大量而分散的信息集中起来并进行有机利用和深度加工，依靠手工操作是不可能的。因此，金融业务的信息化和网络化是一个前提条件。要通过对现有各种互相分割、无法共享的系统进行有机整合，形成一个统一的信息化系统，通过各种转化途径对以各种方式存在的信息进行数字化加工，形成数字化、标准化、系统化的信息。

我国金融业的信息化建设起步较晚，在 20 世纪 80 年代中后期才开始酝酿出现。随着改革开放和国家信息化建设步伐的加快，我国金融业的信息化建设从无到有、从小到大、从单项业务到综合业务，已有较完整的前台业务处理系统，支撑业务流程再造、实施客户关系管理的 IT 层面的基本条件已经具备。

（三）构建数据仓库整合客户信息取得初步成效

金融机构通过数据仓库的构建，可以把以账户为核心或以产品为核心的数据按照

---

① CIOAGE. COM. 保险公司 CRM 及 IT 应用［EB/OC］http：//www. cioage. com/art/201009/89800. htm.

统一的规则进行清洗、转换，充分地加以利用，形成以客户为中心、全面集成客户信息的数据库。目前，已有部分银行和其他金融机构着手进行数据仓库的建设，并取得了一定的成效，这表明，我国金融企业已经具备了将信息技术应用于客户服务和产品创新的能力。

（四）用于实施客户关系管理的客户经理制度已经建立

客户经理制度是指金融机构为了开拓市场、争取目标客户、规避资金风险、实现利润最大化，而为客户配备专职经理的制度。它具体由客户经理对客户实行一对一、面对面的服务，负责与客户联系，了解、跟踪客户的生产、经营、财务、发展等状况，受理客户提出的服务要求，以及负责金融业务的拓展、宣传及信息收集等工作。客户经理制度的实质是金融机构把以产品为中心的经营模式改革为以市场为导向、以客户为中心的经营模式，它可以减少工作环节、提高工作效率，培养高素质的营销队伍，是金融机构为了全面满足客户的金融需求、有效实施客户关系管理的有力举措。近年来，我国的商业银行以及其他金融机构已经普遍建立客户经理制度，有效地巩固和扩大了优质客户群体。

三、我国金融企业实施 CRM 的特点及存在的问题

（一）我国金融企业实施 CRM 的特点

我国金融行业在 CRM 的应用上取得了一定成效，但也有很多不足，和国外金融机构实施 CRM 的情况相比较而言还存在较大的差距，难以令人满意。对 CRM 的理解仅仅停留在表面上，很多金融机构对外宣称已经开始实施客户关系管理，但实际上也就是花钱购买或者开发一套 CRM 系统，有些甚至只是实现了过去手工操作的自动化，而并没有真正从管理理念上实现“以客户为中心”。具体表现为以下特点①。

（1）客户关系管理只是管理客户档案和工作进程，而不是管理关系。

（2）金融企业只根据小部分客户的数据进行简单的分析，无法与客户形成整体关系。

（3）CRM 的应用是内部导向的、基于工作任务的、记录事件的，无助于公司与客户形成个性化的、全方位的关系。

（二）我国金融企业实施 CRM 存在的问题

（1）我国金融企业的客户意识与服务意识还很淡薄，特别是国有商业银行，其具有“国家背景”的官商作风使得这些企业不能形成真正的客户意识和服务意识；员工

---

① 付晓蓉．金融业客户关系管理［M］．北京：机械工业出版社，2010：31－33.

缺乏全心全意为客户着想的素质，未能将这种意识融入到中国商业银行的企业文化中；中国商业银行的很多管理者还未真正理解 CRM 的内涵，认为 CRM 主要就是技术，银行购买或开发一个软件，搭建一个平台，企业的 CRM 就成功了。

（2）由于组织结构仍然按照业务类型来划分，致使客户信息缺乏而且分散，无法形成前线员工与接触点所需的客户知识。中国金融企业组织机构的设置已经不能适应 CRM 的需要。从目前金融企业内部机构的设置和职能划分看，大多以业务种类为标准，多个业务部门参与经营，客户的多元化、一体性需求被分割，造成市场拓展中条块分割、多头管理。同时，金融企业的管理体制是“一级经营，多级管理”，各级在机构设置上存在不尽一致的情况，从而造成部门业务职能交叉、责权不明晰，在公务处理中相互推诿、扯皮，本位主义思想严重，工作信息相互沟通少，业务处理速度慢、效率低。

（3）客户信息收集、整合难度大，缺乏对客户数据的深入挖掘和分析。目前中国金融企业建立客户分析系统的很少，对客户信息的重视程度不够，企业系统中存在的客户信息仅限于姓名、证件号等基本信息，客户的资产状况、风险偏好、个人爱好、消费特征等个性化信息一片空白。加上企业各部门的客户信息不统一且各成体系，不能为金融企业决策提供有效、完整的客户信息基础分析。以客户为标志的统一的客户数据库虽然建立，但系统的稳定性、准确性不够，客户等级的评价结果与客户实际情况还存在较大差异。也有相当部分的客户信息至今仍处于闲置状态，客户信息的价值并未被开发出来。

（4）缺乏有效的客户价值管理方法。多数金融企业也在区分客户价值，以期把最好的服务提供给最有价值的客户，发挥出客户服务的最大效率。但客户价值的判定方法过于简单。以银行为例，仅仅以客户在本行的存贷款数额为衡量标准，日益增长的基金、保险、理财产品等中间业务尚未涵盖在内，客户在他行的资产状况、其他资产拥有情况由于受到信息采集的限制，无法全面纳入衡量。结果，花大量服务费留住的往往并不是最有价值的客户。

（5）缺乏高素质的客户经理人才。金融机构客户关系管理的宗旨是为客户提供周到、细致、个性的服务，因此与客户发生直接关系的客户经理发挥着举足轻重的作用。现代商业银行要求客户经理有强烈的敬业精神和角色意识，更要有较高的综合业务水平。但实际情况是，在国内很多金融机构中，银行与员工只是简单的雇佣关系，员工仅仅被看成是管理使用的对象，企业也较少考虑对员工的工作引导和职业规划，双方缺乏情感的纽带联系。在这种情况下，客户经理很难有饱满的工作热情和士气，也常会出现高素质人才频繁流失的现象。同时，由于缺乏系统的员工培训体系，也导致了客户经理无法及时提高自己的专业技能来提高服务质量和工作效率，从而影响到顾客满意的获得。此外，传统的绩效考核体系也不适应 CRM 的需要。中国金融企业现有的绩效考核体系过分偏重于财务指标（如存款数量、利息收入、中间业务收入等），这很容易导致员工为了实现自己的目标而不去考虑客户的需要和利益。综合以上种种因素，国内很多金融机构没有能建立起与其发展相适应的高素质的客户经理人才队伍，从而阻碍了金融机构客户关系管理的有效实施。

四、改善我国金融企业客户关系管理的措施

（一）转变经营理念，正确理解CRM的内涵

随着金融自由化的不断发展，金融行业的垄断格局已经不复存在，竞争日益加剧。客户尤其是客户资源现在已经成为各金融机构最重要的战略资源，能够获得长期稳定客户的企业将在竞争中处于绝对优势。客户关系管理理念的普及和发展，更要求金融机构以客户为中心，集中所有资源为客户服务，满足客户需求，挖掘客户潜力。实施客户关系管理要从细节抓起，在为客户服务的过程中发现问题、提出问题并解决问题，鼓励服务创新。企业从中高层管理者到一线员工，都要真正树立以客户为中心的经营理念，提高对客户关系管理的认识水平，深刻理解客户关系管理的内涵，把握好客户关系管理的本质和功能，从而更好地指导金融机构的经营管理工作，客户满意度、忠诚度的提高及企业的效益改善也将指日可待。

（二）完善结构组织

客户关系管理作为市场化、信息化的产物，对金融机构的组织结构提出了新的要求。首先，要摈弃传统的以产品和职能为中心的组织机构设计和部门划分，全面推行扁平化管理，减少上下层级数量，从而加快信息的传递速率，提高政策措施的执行效率。其次，在部门之间设置交叉小组，加强部门间的横向联系，对客户信息实行最大限度的共享，充分挖掘客户的潜在需求，并在部门合作的基础上设计开发个性化的金融产品，从而加大产品的创新力度。最后，可以将前台部门按照不同的客户群划分为不同的客户部门，将同一客户的相关业务纳入同一部门并有同一客户经理或服务小组，最大限度地提高为客户服务的质量和效率。

（三）加强信息技术系统建设

信息技术系统的支持是金融机构顺利实施客户关系管理的重要基础，对金融机构来讲，首先，要建立“以客户为中心”的客户关系管理数据库。金融机构虽然掌握大量的客户信息，但通常是割裂和分散的。金融机构需要对内部资源进行整合，对有关客户领域进行全面管理，将各种各样的客户数据集中和整理起来，通过数据挖掘和数据分析，对客户进行分类，并为优质客户建立一套个性化档案，从而能更好地利用企业资源为客户提供更优质的服务，并降低企业成本，提高企业效率。其次，金融机构要加强信息网络的建设，它不仅可以将企业各级机构、各职能部门有机地联系起来，

而且还可以让它们更充分地利用信息，不同层次地满足客户、辅助决策的需要，从而提高银行的运作效率。最后，金融机构要培养一支熟悉金融业务的信息网络技术人才，确保在信息网络技术上具有强大的支撑。

（四）加强对客户价值的认识

随着社会财富的增加，客户的需求发生了根本性的变化。财富的保值增值、私密性服务以及交易的便利性和快捷性成为了客户的基本要求。金融机构需要对客户的需求变化、心理动态、竞争环境以及其他相关因素进行深入的了解，采用科学的方法对客户进行分类和加以区分，根据其业务种类、对企业的贡献率及需求变化趋势来判断客户价值，有意识地控制资源对不同客户的分配比例，从而最大限度地提高企业资源的资本回报率。

（五）培养高素质的人才队伍

金融行业归根结底属于服务行业，人员的因素在很大程度上决定了产品和服务的质量。金融机构想要顺利实施客户关系管理，首先，要培养高素质的人才，加强人才队伍的建设应先配备良好的工作环境，并提供制度保障，因此金融机构应当进一步深化人事制度、工资制度和福利制度改革，建立适应现代金融业经营管理需求的激励约束机制，同时做好员工的职业生涯规划，培养员工的归属感，以企业文化为纽带充分调动一线客户经理的工作积极性。其次，金融机构的客户经理管理部门作为相关的培训管理机构，应根据实际情况制订培训计划，并在培训需求分析的基础上，制订一定时期内的具体方案，进行课程设计，然后组织培训。培训结束后要对培训效果进行评估，并且要根据市场的变化和产品的创新，不断对客户经理进行有针对性的培训和再培训，使客户经理的水平能适应市场竞争的需要①。只有具备了高素质的客户经理队伍，金融机构才能真正做到客户关系管理。

相关知识与拓展：从证券公司的实践与转型所想到的

我们把有关券商 CRM 实施的内容按照战略、营销和技术三个层面来阐述，分析如何从以上三个层面同步推进 CRM 战略的实施。

1. 战略层面转型：从营业部战略到客户战略

Rigby（里格比）教授等指出 CRM 项目实施失败的四个主要陷阱中有两个是与公司战略层面滞后相关，一是公司在实施 CRM 前没有创建客户战略，二是安装 CRM 系统却没有创建以客户为驱动的组织，研究表明 87% 的失败来源于缺少足够管理的变革。

---

① 任颖．我国商业银行客户关系管理现状及对策［J］．合作经济与科技，2012（4）．

在访谈调查中，实施CRM系统券商认为最重要的是“公司以客户为中心的战略调整”，其次是“员工工作方式的变革”，后者其实反映的是公司服务文化的问题，这同样属于战略层面。至于实施CRM系统需要哪一个领导层参与，超过一半的访谈对象认为需要“总裁（首席执行官）”直接参与。

因此，我国证券公司的CRM实施首先也应从战略层面转型开始，在物理组织上看更多的是在券商的总部层面实现，主要通过实施企业级的数据仓库，构建统一CRM技术平台和网络交易系统来促进券商从营业部为中心的经营模式转向以客户为中心的经营模式。我国券商多年来所奉行的营业部战略在整体市场不景气的环境中正面临严重的挑战，客户对券商的选择因素由于网络交易的兴起正从以前的地理位置和佣金转向服务。而券商要从价格竞争转向服务竞争，必须从营业部扩张转向顾客资产经营，公司要开始识别不同价值的顾客，并明确哪些为自己高价值的目标顾客群体，然后再投资建设和发展这些顾客关系。为实施此客户战略，我国证券公司首先要通过总部层面的顾客数据大集中来改变原先各营业部占地为王、各自为战的商业模式，整合全公司的顾客资源和优化服务资源配置，从而强化公司统一规范的服务品牌和顾客管理模式。

2. 营销层面转型：从价格竞争转向顾客管理

当券商开始推行客户战略和实施CRM项目后，接下来需要营业部层面和IT架构来具体贯彻和执行以客户为中心的理念，因为营业部是顾客与券商最直接和互动的接触层面，也是客户关系管理最细节的执行环节。由于投资者机构化的趋势，以及网上交易等远程交易方式的普及，营业部作为一种传统交易场所、中介信用的功能正在逐渐退化，将演变成一个客户服务中心，完成从“产品导向”到“客户导向”的转变。证券公司客户关系管理的核心是建立一对一的服务架构体系，它和当前某些券商正在实施的建立在“全员营销”基础上的与大客户之间的亲情营销有着本质的区别（见表2－3）。

表2－3　CRM基础上一对一营销和传统券商经验式的大客户营销区别

	CRM基础上的一对一营销	传统经验式的一对一营销
营销对象	建立在数据准确分析基础上的高价值高利润顾客	传统以客户资金持有量为基础的机构客户以及大众客户
营销目标	客户满意和忠诚	客户利润贡献
关系性质	公司整体和客户之间的关系	经验式的个人之间的关系
营销手段	规范科学系统的顾客忠诚计划，以满足客户需求为出发点	多用请客、人情、回扣及带有很大个人色彩的社交手段
营销特征	人员服务和信息技术力量（顾客数据库、CRM软件等辅助）相互配合	原始人员服务
营销考核	客户交往及关系发展皆有记录，并有明确的考核机制激励员工行为	由于没有准确量化的测评体系，建立员工考核机制很难

调查中发现，当前证券公司对客户了解普遍处于一种盲目臆测状态，对客户的区分也只停留在经验判断基础上的机构客户、大客户和散户几个粗浅层面。国泰君安北京知春路营业部实施创智公司的 CRM 后发现，传统的根据客户资本持有量静态划分的方法是非常模糊和不精确的。一些大型客户如果交易频率不高，他的价值反而不如一些散户，而且在忠诚度方面也不是最高，但他们占有了公司相当多的服务资源和优惠措施。券商利用 CRM 软件和数据仓库可以形成一套有效的测评指标体系，能够根据客户的资料、动态交易记录等测算出最有价值的前 20% 的客户，然后根据其投资习惯和偏好等提供高价值的个性化服务，从而获得真正的顾客满意度，而并不是建立在价格佣金基础上的虚伪忠诚。

调查中访谈对象普遍强调一对一服务架构体系中经纪人是建设和发展客户关系的重要组成部分，CRM 系统中的经纪人必须完成从“拉客户”向“职业经纪人”角色转变，以自己的职业知识和技巧来维护和发展客户关系，但是由于受经纪人素质和当前整个制度环境的影响，这个转变还十分困难。

3. 技术层面转型：从通道技术到关系技术

这一层面是指券商信息技术系统的基础架构，完成从通道技术到关系技术的信息化转型来支持营销功能和客户战略的转型成功。整个 20 世纪 90 年代券商对 IT 的应用可以说基本处在“通道技术”阶段，主要目标是保证交易通道顺畅，提高交易效率和辅助日常运营。这也是和券商普遍地扩展营业部，争取新客户的经营模式相呼应的。调查访谈中，证券界人士认为当前券商最为需要的是能够辅助券商“辨别出高价值的客户群”的客户关系管理类软件，从而能够对不同客户提供个性化投资理财建议。相对于以前的“通道技术”，客户关系管理（CRM）、CALL－CENTER 和数据仓库等相关技术称之为“客户技术”或“关系技术”（Relationship Technologies）（见表 2－4）。如果从系统软件 CRM 的角度看，这些技术都是实施客户战略的组成部分，数据仓库用来集中收集和分析顾客的信息和资料，是 CRM 后台运营部分；CALL－CENTER 作为公司集中的客户呼叫中心统一客户的服务系统；然后通过 CRM 的其他组件（前台与客户的沟通协作系统）将公司的委托、服务、理财、咨询等各个环节统一起来，形成一个快捷、周到、贴心、个性化的服务系统，凸显出公司独特的服务优势。

表 2－4　　IT 和 RT 的区别

	IT	RT
技术思想	交易营销	关系营销
技术目标	辅助运营	管理客户
技术特征	收集、管理、保护和提供各种数据，以速度和效率为特征	将各种信息扩展为知识，形成客户知识库

续 表

	IT	RT
沟通支持	单相交流，模糊的客户细分形成目标市场	互动交流，实现与客户个性化的一对一营销策略
技术代表	运营型数据库、交易/清算系统、管理信息系统等	跨组织数据仓库、CRM、商业智能分析软件
中国券商应用	20 世纪 90 年代	21 世纪初

技术层面的转型首先表现为公司在信息技术投资和应用上转到顾客关系管理（CRM）、CALL - CENTER（呼叫中心）和数据仓库等“客户技术”或者“关系技术”上；其次，建立唯一版本的企业级客户数据仓库，将财务、交易、服务等各部门数据库都统一结合起来，并利用各种商业智能和建模技术将交易信息（源数据）转化为具有共同特征的信息（客户知识），并提供机制将知识融入到运营系统中；最后，建设以客户知识库为中心的公司信息结构，其核心是公司能够分析市场客户行为和迅速对竞争对手做出反应的决策支持系统，它拥有详尽的历史数据，能提供多样化的复杂查询、各种信息访问和知识发现工具，供各管理部门和相应业务用户访问使用。但在具体实施和应用中，券商普遍采取的是循序渐进的策略，最为看重的还是“满足企业目标需求”，如海通证券首先建立客户呼叫中心，再实施知识管理系统；而青海证券等则首先实施网上交易系统。而实施 CRM 项目的方式上绝大部分券商选择的是“与软件厂家合作开发”。

（资料来源：楼天阳．证券公司客户关系管理（CRM）实践的反思与转型方向［J］．江西财经大学学报，2006（1）．）

第二节　金融企业客户关系管理的目标

一、阶段性目标——关系成长的三个维度

关于客户关系管理的主要目标，目前也尚无统一的说法，谈得比较多的、也比较公认的有：挖掘、获得、发展避免流失有价值的现有顾客，更好地认识实际的/潜在的顾客，避免或及时处理“恶意”顾客等。我国学者杨永恒、王永贵、钟旭东（2002）在总结文献的基础上认为客户关系管理就是对关系的管理，并大致将关系的发展划分为三个维度：宽、远、深，而客户关系管理的目标就是使企业与客户之间的关系朝着更宽、更远、更深的角度发展，如图 2 - 1 所示。

“更宽”意味着客户关系数量的增加，即通过获取新的顾客、赢回（Win - back）流失的顾客或者识别出新的关系细分群体等来增加企业所拥有的客户关系的数量。

“更远”主要是针对现有顾客而言，意味着客户关系生命周期的延长，即通过培养

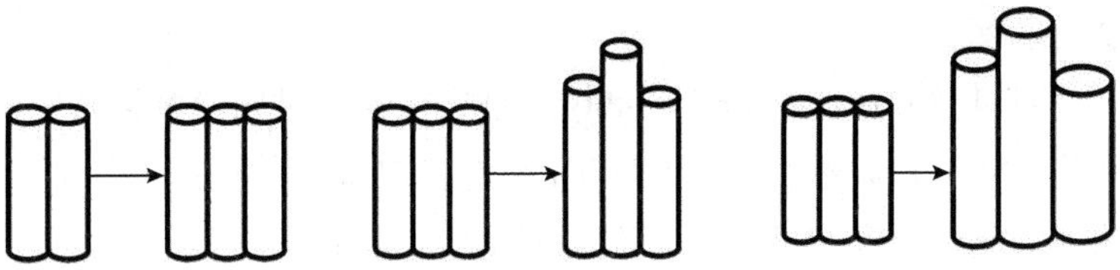

图2-1 客户关系发展的三个维度

注：一个圆柱代表一个客户关系，圆柱的高度代表客户关系的生命周期，圆柱的粗细代表客户关系的质量。

资料来源：杨永恒、王永贵、钟旭东，客户关系管理的内涵、驱动因素及成长维度［J］．南开管理评论，2002（2）．

顾客忠诚、挽留有价值的客户关系、减少顾客叛逃和流失、剔除不具有潜在价值的恶性关系等来提高关系生命周期的平均长度，发展与顾客的长期关系。

"更深"也是针对现有客户而言的，意味着客户关系质量的提高，即通过交叉销售和刺激顾客的购买倾向等手段使顾客购买的数量更多、购买的范围更广，从而加深企业与顾客之间的客户关系，提高每一个客户关系的质量。

通过关系在三个维度上的延伸，使得客户关系朝着更宽、更远和更深的方向发展，实现客户关系体的不断膨胀，也意味着企业拥有更多、更好的良性客户关系，而这些又都是企业核心竞争优势的重要组成部分。客户关系这三方面的发展，最终会实现客户资产的最大化。所以，发展新客户、延长客户生命周期、挽留老客户和交叉销售都是客户关系管理的目标。

二、终极目标——客户资产最大化

王永贵（2004）也提出，发展新客户、延长客户生命周期、挽留老客户和交叉销售等目标都是阶段性的，客户关系管理的终极目标应该是客户资产的最大化。所谓客户资产，就是企业所有客户终身价值折现净值的总和。

（一）客户终身价值

客户终身价值（Customer Lifetime Value，CLV），是指客户在其关系存续期间能够为企业带来的收入和利润折现值的总和①，即客户的价值不仅仅是当前通过客户关系而具有的盈利能力，也包括企业将从客户关系存续期间获得的贡献流的折现净值，把企业所有客户的这种价值加总起来，称为客户资产。

1. 客户终身价值的影响因素

在对顾客终身价值的早期研究中，Reichheld（雷奇汉）（1996）的观念较有代表意义，他认为顾客终身价值主要取决于三个因素：一是客户盈利率；二是顾客保留的时

① 罗兰·拉斯特，弗莱丽·奇森尔，凯瑟琳·勒门．驾驭顾客资产［M］．张平淡，译．北京：企业管理出版社，2001：54.

间长度；三是贴现率。

（1）客户盈利性（Customer Profitability）是指在特定时期内维持特定的客户关系所能给企业带来的利润，在数额上等于特定时期内客户带来的收入减去成本，反映了客户关系的利润创造能力。客户盈利性和客户生命周期结合在一起，就可以计算出客户在其关系存续期间能够为企业创造的现实或潜在价值的总和。

（2）客户关系生命周期（Relationship Lifetime/Relationship Longevity）是指企业与客户的关系持续时间。根据 Dwyer、Schur 和 Oh（1987）的研究，客户关系生命周期可分为考察期、形成期、稳定期和退化期四个阶段①。

考察期是关系的探索和试验阶段。在这一阶段，双方考察和测试目标的相容性、对方的诚意、对方的绩效，考虑如果建立长期关系，双方潜在的职责、权利和义务。双方相互了解不足、不确定性大是考察期的基本特征。

形成期是关系的快速发展阶段。双方关系能进入这一阶段，表明在考察期双方相互满意，并建立了一定的相互信任和交互依赖。在这一阶段，双方从关系中获得的回报日趋增多，交互依赖的范围和深度也日益增加，逐渐认识到对方有能力提供令自己满意的价值和履行其在关系中担负的职责，因此愿意承诺一种长期关系。在这一阶段，随着双方了解和信任的不断加深，关系日趋成熟，双方的风险承受意愿增加，由此双方交易不断增加。

稳定期是关系发展的最高阶段。在这一阶段，双方或含蓄或明确地对持续长期关系作了保证。这一阶段有如下明显特征：第一，双方对对方提供的价值高度满意；第二，为能长期维持稳定的关系，双方都做了大量有形和无形投入；第三，大量的交易。因此，在这一时期双方的交互依赖水平达到整个关系发展过程中的最高点，双方关系处于一种相对稳定状态。

退化期是关系发展过程中关系水平逆转的阶段。关系的退化并不总是发生在稳定期，任何一阶段客户关系都可能退化。引起关系退化的可能原因很多，如：一方或双方经历了一些不满意、发现了更适合的关系伙伴、需求发生变化等。退化期的主要特征有：交易量下降、一方或双方正在考虑结束关系、开始交流结束关系的意图等。

客户关系的生命曲线以时间为横轴、以利润为纵轴，可以形象描述客户生命周期模式的曲线（见图 2-2）。客户利润随生命周期阶段发展而不断提高，考察期最小，形成期次小，稳定期最大，退化期快速下降，整个利润曲线呈倒“U”形（陈明亮，2004）。

典型的客户利润曲线揭示了最优客户生命周期模式。最优客户生命周期模式描述的是一个理想的客户生命周期模式，包含生命周期的四个阶段，并且考察期和发展期较短，而稳定期较长。

但实际上，不同质量的客户，其客户生命周期可能存在不同的模式。如前所述，

---

① 陈明亮．客户忠诚与客户关系生命周期［J］．管理工程学报，2003（2）：91.

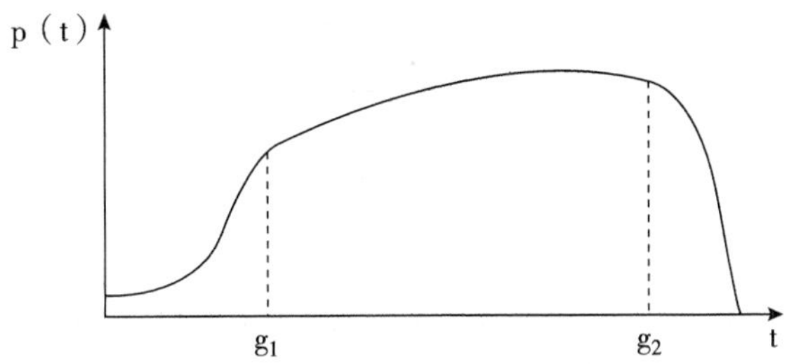

图 2－2　客户利润变化趋势

资料来源：陈明亮．基于全生命周期利润的客户细分方法［J］．经济管理，2002（20）：43.

客户关系的退出不一定理想地在衰退期才出现，也可能在考察期、形成期和稳定期三个阶段发生。根据客户关系退出时所处的阶段，可将客户生命周期模式划分为四种类型：早期流产型（客户关系在考察期退出）、中途夭折型（客户关系在形成期退出）、提前退出型（客户关系在稳定期前期退出）、长久保持型（客户关系在稳定期后期退出）。

客户关系生命周期模式是可以控制的。金融企业可以通过考察客户的生命周期，对不同的客户群实施相应的策略，使客户的生命尽快进入稳定期，并保持长时间的高利润状态，来实现最优客户生命周期模式①。

（3）贴现率。企业的贴现率越高，客户的终身价值就越小。贴现率高，企业未来销售收入对企业的贡献率就小，只有当前的销售才能纳入计算，因此当前销售就是客户的终身价值，由此企业便没有动机与客户建立长期的客户关系；贴现率低，未来销售收入会有很大的净现值，未来销售对客户终身价值的影响很大，企业才会关注长期客户关系带来的未来收益。

一方面，由于客户盈利率是由企业在一定时期内的成本控制能力决定的，营销努力在短期内难以对其发生作用；另一方面，贴现率与政府的宏观政策紧密相关，因此，企业要力求使客户终身价值达到最大，就只有通过利用各种营销手段与客户建立长期联系，使顾客流失率降到最低。

然而，很多企业在现实操作中陷入了另一个误区，就是只注重了与客户建立长期联系，却忽视了这段关系的质量，也就是说，并不是所有与企业保持长期联系的客户都能为企业提供最优的利益。因为现实情况中，不同的客户给企业带来的价值是不同的，也就是说，顾客资产不是均质的，即便有相同的生命周期，但不同的客户所产生的价值也有着显著差异，因此对客户类型的研究就成为学者们的另一个研究方向。

2. 客户终身价值的构成

汪涛（2002）等对客户终身价值的构成要素给出了较为全面的概括（见表 2－5）。

① 谢守祥，骆涛涛．CRM 的客户生命周期价值与测度方法探讨［J］．现代管理科学，2007（8）：71.

表 2－5　　客户终身价值的构成

价值构成	定义	计算方法
客户购买价值（Customer Purchasing Value，PV）	客户由于直接购买为企业提供的贡献总和	PV＝客户消费能力×客户份额×单位边际利润
客户口碑价值（Public Praise Value，PPV）	客户由于向他人宣传本企业产品品牌而导致企业销售增长、收益增加时所创造的价值	PPV＝影响力×影响范围×影响人群的平均购买价值 注：客户影响力有正有负
客户信息价值（Customer Information Value，IV）	客户为企业提供的基本信息的价值，基本包括两类：一类是企业在建立客户档案时由客户无偿提供的信息；二是在与客户的沟通中，由客户以各种方式（抱怨、建议、要求等）提供的各类信息，包括客户需求信息、竞争对手信息、客户满意度信息等	基本是一个常量，因为在企业的既有规范和处理流程下，每一个客户都可能为企业提供此类信息，企业对这些信息的处理没有选择性，每个客户提供的信息价值可视为相同
客户知识价值（Customer Knowledge Value，KV）	客户信息价值的特殊化，不是每一个客户都具有，不同客户的知识价值也有差异	取决于客户知识的可转化程度、转化成本、知识贡献率以及企业对知识的发掘能力
客户交易价值（Customer Transaction Value，TV）	企业在获得客户品牌信赖和忠诚的基础上，通过联合销售、提供市场准入、转卖等方式与其他市场合作获取的直接或间接收益	受产品关联度、品牌联想度、客户忠诚度、客户购买力以及交易双方讨价还价等因素的影响是以上 5 种价值的总和

资料来源：汪涛，徐岚．顾客资产的构成与测量［J］．经济管理，2002（24）：49－50.

因此，客户终身价值可以看成是上述五种价值的总和。

（二）客户资产中的客户类型的划分

关于客户资产中客户类型的划分，常见的有两种思路，一种是将客户划分为忠诚客户和一般客户。这种思路以客户对企业的忠诚程度作为划分标准，然而在现实中却不易操作，因为忠诚度往往难以衡量，而且也是在动态变化的。

另一种思路是根据客户终身价值的大小，将客户划分为高价值客户、一般价值客户和无价值客户。例如，Ronald T. Rust（勒斯特）（2000）将客户划分为铂金层级、黄金层级、钢铁层级和重铅层级①。此种思路虽然在划分上易于操作，但也存在不足。

① RONALD T RUST，ZEITHAML V A，LEMON K N. Driving customer equity：how customer lifetime value is reshaping corporate strategy［M］. New York：The free press，2000：57.

最显著的莫过于你虽然知道顾客的价值高，但却不知道内在的原因是什么，也就不知道如何去保留、开发和利用这些价值。

由上述两种思路的缺陷认识到，对于客户类型的划分应遵循两个原则：第一，客户类型的划分标准应该以客户价值为导向，并具备可操作性；第二，区分客户差异的目的是为了有选择地去采取不同的营销策略，在细分过程中应尽量结合客户的行为特征和心理特征，这样才会使企业的营销策略有较强的针对性和准确性。

根据这两个原则，将客户大致分为以下四类①。

1. 灯塔客户

他们对新生事物和新技术非常敏感，喜欢新的尝试，对价格不敏感，是潮流的领先者。他们的基本特征是：收入高，受教育程度高，具有较强的探索和学习能力。对产品相关技术有一定了解，在所属群体中是舆论领导者或希望成为舆论领导者。他们不仅会率先购买，而且积极鼓动他人，并为企业提供可借鉴的建议。他们的这些优秀品质使他们成为众企业愿意投资的目标，也提升了交易价值。

2. 跟随客户

他们最大的特点就是紧跟潮流。他们不一定真正了解和完全接受新产品和新技术，但他们会将灯塔客户看成自己的参照群体。他们是感性消费者，在意产品带给自己的心理满足和情感特征，对价格不一定敏感，但十分注重品牌形象。为企业提供除客户知识价值以外的四种价值。

3. 理性客户

他们在进行购买决策时小心谨慎，在意产品的性价比，对产品（服务）质量、承诺以及价格都比较敏感。他们对他人的建议听取而不盲从，会相信自己的判断，而且每一次购买决策都会需精密的计算，不依赖某一品牌。因此，他们基本不具备交易价值，只能为企业提供购买价值、信息价值和口碑价值。

4. 逐利客户

这类客户对价格十分敏感，只有在企业与竞争者相比较有价格上的明显优势时才有可能选择购买该企业产品。这可能是由于这部分客户通常收入水平较低，经济条件较差，可能处于社会较底层，对他人的影响力十分有限，因此其口碑价值可以忽略不计，只能为企业提供购买价值和信息价值。

企业中以上 4 种类型客户的终身价值总和构成客户资产，从中可以清楚地解释为什么有的企业拥有庞大的市场份额却在竞争中感到力不从心，为什么一些看似不起眼的小企业会迅速成为市场中的巨人。正是由于不同类型的客户终身价值不同，同样数量的客户群体、不同的客户结构，可能会导致客户资产的巨大差异。两家企业可能在市场规模上不相上下，但一家企业客户资产中灯塔客户和跟随客户比例高，而另一家

---

① 汪涛，徐岚．顾客资产的构成与测量［J］．经济管理，2002（24）：50－51.

企业客户资产中多数为逐利客户，两个企业在收入、利润、未来销售增长率以及市场竞争地位方面完全不一样就很容易得到解释了。

（三）客户资产的计算

在分析了客户资产的客户类型后，可以对客户资产进行计算。计算步骤如下：

（1）将现有客户分为灯塔客户、跟随客户、理性客户和逐利客户。企业根据客户行为特征与心理特征对客户进行划分，常用的指标有：客户收入、消费习惯、受教育程度、职业、生活形态、影响力等。企业可以根据自身的需要对这些指标加上一定的权数作为划分的标准。此外，观察客户在生命周期的何种阶段发生首次购买，也有助于划分不同的客户类型。如灯塔客户往往在产品导入期就会首次购买，跟随客户可能在产品成长期发生首次购买，理性客户的首次购买可能发生在产品成熟期，而逐利客户则可能在产品成熟后期或者衰退期才进行首次购买。

（2）根据每一类客户提供价值的能力，分别计算每一类客户的终身价值。

（3）将四类客户的终身价值进行加总。

第三节　我国金融企业客户关系管理的对象

金融企业的客户是由个人客户和企业客户共同构成的。个人客户依据其价值不同，也可以分为贵宾客户（高价值客户）、潜在贵宾客户（成长型高价值客户）、大众客户和负效客户；企业客户依据业务类型、规模和金融服务需求差异，可分为生产商或制造商、经销商、代理商、政府及事业机构客户和金融同业类机构客户。个人客户和企业客户具有明显的交易特征和显著的需求差异（见表2－6）。

表2－6　　个人客户和企业客户的金融市场与交易特征

企业客户市场特征	企业客户交易特征	个人客户市场特征	个人客户交易特征
客户数量相对较少 地理上相对集中 企业客户间关联度高 需求具有派生性 交互式合作关系 实行权限管理 存在一个关系网络 追求技术支持、高效	客户交易规模大 交易频率低 产品与服务标准化 交易过程复杂 产品主导 持续很久的协商 风险相对集中 专业购买为主 相对固定	客户群体庞大 地理上较分散 客户需求差异化 需求具有直接性 良性互动式合作 客户满意度影响大 追求情境关怀 追求尊贵、便利	客户交易规模小 交易频繁 产品与服务个性化 交易方式简便 需求主导 购买方式灵活多样 购买决策快捷 风险相对分散 综合购买为主 变动性大

资料来源：蒂娜·哈里森．金融服务营销［M］．北京：机械工业出版社，2004：180.

相对而言，个人客户单笔交易规模小、交易频繁、客户数量众多且交易过程简单，购买方式灵活，具有显著的个性化和差异化特征，这就要求金融企业在实施客户关系管理时，以客户为中心，实行需求主导型管理与营销模式，切实加强与客户的沟通与协调，在按照客户价值细分客户的基础上，为客户提供灵活多样的服务渠道与差异化产品；个人客户转移成本低，金融机构应从提高客户满意度入手着力培养和提高客户忠诚度；同时，由于个人客户经营风险相对分散，金融机构应将风险防范与控制重点放在制度建设、岗位制约、跟踪监督及系统监管上。

另外，企业客户交易规模大、专业性购买居多、交易过程复杂、产品定制化程度高、风险相对集中，因此，金融机构在对企业客户实行客户关系管理时，应注重产品的研发与创新，在有效防范经营风险的基础上尽可能地简化交易程序，密切关注企业经营与市场动态，按照审慎原则切实加强风险防范与管理；企业客户的交易活动相对固定，这并非是因为企业客户天生具有较高的忠诚度，而是因为其转移成本高，企业购买决策需要经过长时间的思考与磋商；且企业客户更倾向于将更多的注意力放在产品与服务的技术水平、产品标准、服务效率和支持条件上。

与个人客户及企业客户的金融市场和交易特征紧密相关的是，个人客户与企业客户对金融服务的需求也存在一定的差异。以银行为例，见表2－7。

表2－7　　个人客户、企业客户和银行的需求期望比较

个人客户需求期望	银行需求期望	企业客户需求期望	银行需求期望
品牌及品牌效应 诚实守信 安全性要求 合理的价格 专业知识 交易的便利性 信息 产品功能与增值能力 灵活多样的营销渠道 个性化服务 客户尊贵 售后服务	诚实守信 品牌 产品功能与增值能力 合理的价格 交易的便利性 灵活的营销渠道 体现客户尊贵 个性化服务 安全性要求 售后服务 专业知识 信息	长期的关系 有竞争力的价格 高效动作 满足借贷需求 商业知识 个人关系 便利的位置 服务交付 快速做出决策 财务良好 创新 新技术 团体声誉 低于市场利率 朋友推荐	有竞争力的价格 长期的关系 个人关系 服务交付 高效动作 满足借贷需求 快速做出决策 商业知识 创新 朋友推荐 团体声誉 便利的位置 低于市场利率 新技术 财务良好

资料来源：李国峰．银行客户关系管理［M］．北京：企业管理出版社，2013：29.

在金融企业与客户的交往过程中，虽然存在着企业与客户对需求的明显差异，但他们都希望合作关系是长期的密切的，这就为金融企业加强客户关系管理奠定了基础。

因此，金融企业在研究和了解客户需求时，必须充分理解和把握客户—金融机构关系的不同阶段和不同需求特征，以便于明确客户关系管理的阶段性目标并清晰制定客户关系营销策略。

第四节　金融企业客户关系管理的内容

客户关系管理主要包括四个方面的内容：明确客户策略、制定营销策略、制定产品与服务策略、加强客户维护管理。

一、明确客户策略

明确客户策略，是金融机构实施客户关系管理的基础，是客户关系管理的首要环节。

（一）发现客户

在正式启动客户关系管理之前，金融企业必须与大量的客户进行直接或间接的接触，利用柜面营销、客户服务中心、网络和电话等渠道发现客户，了解客户信息，了解客户与金融机构进行产品与服务交易的基本动因，回答谁是金融机构的客户这一最基本的问题。

（二）对客户进行差异化分析

依据金融机构对客户进行精细化管理的要求，根据顾客的特征对客户进行差异化分析，全面了解不同客户群的价值特征，对客户进行分类。

（三）客户需求分析

客户需求分析的目的在于有的放矢实行客户个性化、差异化服务，提高高价值客户的满意度和忠诚度，有效优化金融机构的客户结构，提高客户的创利能力。客户需求分析主要包括：

（1）采集和分析客户的基本信息，如客户的财务收支情况、资产负债情况、交易情况、行为偏好与动机；

（2）分析保守型、稳健型、积极型等客户的风险承担能力与资产增值目标；

（3）分析客户的产品与服务需求和营销渠道选择；

（4）依据客户的风险承受能力、增值期望、产品与服务需求、产品开发与创新成本，分析和把握客户的定价需求。

二、制定产品与服务策略

客户策略明确之后，制定产品和服务策略就成为金融机构客户关系管理的关键环节。制定产品与服务策略的主要内容包括：

（1）依据不同层次客户的产品和服务需求，明确现有产品和服务的整合和创新目标。

（2）依据产品和服务的整合和创新目标，实施产品开发与服务创新，产品开发要体现高价值客户的个性化要求和大众客户的标准化要求；服务创新要形成体系，体现不同层次客户的差异化。

（3）依据产品开发和服务创新的成本水平、预期收益和资源配置情况，合理确定产品和服务的价格。

（4）产品开发与服务创新要尽量避免同业同质化，尽最大可能提高科技水平，体现科技最新成果的应用，尽可能丰富内涵、完善功能、提升品牌价值，尽可能以竞争对手无法或很难模仿的方式提升产品和服务的核心价值。

（5）产品开发与服务创新在充分满足客户需求的基础上，应具有一定的预见性和超前性，将需求适应与需求引导结合起来，以提高金融机构的市场竞争力。

三、制定和实施营销策略

制定和实施营销策略，目的在于将明确的客户策略与合理的产品和服务策略有机结合起来，以便在满足客户需求的基础上实现金融机构自身的经营与效益目标。

1. 制定客户关系营销的总体规划

即主要明确客户关系营销的目标、营销的基本思想、营销计划、营销方法以及客户关系营销网络的建立。客户关系管理的主要任务在于现有客户满意度和忠诚度的提高、新客户的获得和客户结构的优化，而营销计划的重点则是确定在一定时期内不同产品与服务的销售业绩。

2. 制定营销渠道规划

利用科学技术的最新成果不断地拓展营销渠道。依据不同层次客户的需求，选择和整合营销渠道，提高客户关系管理的效率，为客户购买企业产品和服务提供便利。

3. 建立分层次营销体系

分层次营销体系必须有效解决不同层次客户的需求与渠道、实践、产品和服务的合理组合问题，使企业能够在正确的实践、运用正确的渠道、将正确的产品和服务营销给正确的客户。

4. 组织实施客户关系营销

按照客户关系营销总体规划所确定的目标、计划，进行有效实施。

5. **总结评价客户关系管理工作**

一方面，要认真总结客户关系管理工作中取得的成绩与经验教训，实事求是地反映客户关系管理方面存在的问题，深入分析导致这些问题的原因，为下一阶段的客户关系管理工作提供必要的指导；另一方面，加强市场调研，加强与客户的沟通，向客户征询意见和建议，适时提出切实可行的改进措施，不断完善、充实和提高。

四、加强客户关系的管理与维护

客户关系管理是一个通过积极使用和不断地从信息中学习，从而将客户信息转化成客户关系的循环流程。因此，加强客户关系的管理和维护是金融机构与客户建立长期的、动态的、良性互动的、战略性合作伙伴关系的内在要求，既是客户关系管理的基础环节，也是客户关系管理的日常工作。具体内容包括：

（1）加强客户信息的收集、整理、分析与更新，实现客户信息管理制度化、规范化，将客户信息有效地转化为客户关系。

（2）定期或不定期主动征询和虚心接受客户的意见建议，加强与客户的有效沟通，积极回应客户。

（3）及时了解客户需求的变化情况，向客户通报产品研发和服务创新信息，有效实现与客户的良性互动。

（4）适时与客户探讨合作的新领域，不断拓展服务渠道，提高客户满意度与忠诚度。

（5）依据客户价值合理制定和调整营销价格，努力提高客户的贡献率和挖掘客户的潜在价值。

（6）不断研发创新适应客户需求的个性化产品，健全和完善客户差异化服务体系，将客户资源提升为金融机构的竞争优势。

（7）关注客户的交易变化状况与财务收支状况，为客户提供必要的风险预警服务，进一步提升金融机构与客户的合作能力。

（8）给予客户必要的情境关怀，有效化解与客户的冲突，积极处理与客户的分歧，与客户重建个性化体验，防止客户关系的破裂与客户流失，使金融机构服务趋于完美。

案例：泰华国际银行：专注中国的中小企业

泰华国际银行于1992年在广东汕头创立，是经中国人民银行批准的在中国设立的首家外资独资银行。在2001年年底之前，泰华国际银行一直在做外商投资企业的业务。2002年6月，泰华国际银行全面开展对中国的中小企业业务，银行业务实现了彻底转型。

在现今中小企业融资难的背景下，这一举措无疑为中小企业带来了福音。可是，从银行本身的角度来讲，中小企业融资难实际上也反映出银行对中小企业贷款的风险是巨大的，那么，为什么泰华国际银行这家规模并不大的银行要独树一帜，成为服务于中小企业的专业银行呢？

迈克尔行长说，主要是经营效益方面的原因。银行作为企业，利润是第一位的。泰华国际银行的股东主要来自于泰国，所以，以前主要服务于泰国的企业或者股东的企业集团。这种经营方向银行注定是不能赚钱而且不能发展的，银行这几年的经营状况使这个问题日益凸显出来，股东也认识到了这点。所以，董事会提议银行的经营战略应当发生转变。那么，转向哪个领域呢？

为此，董事会特意邀请了德国复兴开发银行的有关专家进行了精密的分析研究。专家们认为，泰华国际银行是一家中小银行，资本金仅为6000万美元，这种规模的银行没有能力和大型的外资银行竞争。第一，没有大型银行拥有的大客户，这些客户往往是母公司带过来的，银行和公司之间的了解和交往颇深。第二，由于经济实力不如大型银行，所以无法打价格战，利率水平高于这些大型银行，对客户没有吸引力。另外，在争夺国有企业方面，由于政策的原因，也难以同中国的国有商业银行进行竞争。

针对这两个原因，专家们认为，应当选择不太受其他银行重视的领域，而且还要发挥出泰华国际银行的专业性。自然而然地，他们的目光瞄向了中小企业市场。中小企业这些年在中国的发展势头很猛，据统计，它们对中国经济增长的贡献率超过了50%，可是只获得了全国贷款总额的2%～3%，这是一个被忽视的，但是市场潜力巨大的群体，应当有人来填补这个空缺。

经过再三考虑，董事会决定将业务全面转向中小企业。对此，迈克尔行长也深表赞同。他说，在未来5年内，泰华国际银行的资本回报率至少为1%。这是一个非常高的回报率，一般国有银行的资本回报率在0.35%～0.75%，上海银行为0.88%。

迈克尔行长一直强调他们有能力做到这一点，因为他们在为中小企业提供金融服务这方面有专长。

专长之一：控制信贷风险的能力。

中小企业融资难并不是中国独有的现象，而是一个世界性的问题。一个重要的原因是，中小企业的管理和信用都比较差，对它们的财务状况进行评估十分困难，从而对它们进行贷款的信贷风险也十分巨大。针对这种情况，泰华国际银行有自己不同的见解。从科学的角度讲，要得出正确的结论必须进行基于事实的研究，用数据说话。

泰华国际银行在确定转型之前，进行了大量的研究。他们认为，判断一个公司财务状况的好坏，主要是看两个指标，一个是净利润比销售额，另一个是负债比率。为此，他们把1997—2000年的所有公司同中小企业进行了比较，根据这两个指标，做出了相应的柱形图。根据图表，他们发现，关于净利润比销售额，所有的公司都要高于中小企业，但高出的幅度不大，而且，很有可能是中小企业不太愿意多报利润，所以才使这个指标偏低。而关于负债比率，两类公司不相上下。因此，他们得出结论：大公司同中小企业从总体上讲，信贷风险水平差不多。

至于为什么别的银行不这么认为，迈克尔行长分析，主要是因为中小企业的数目巨大，即便违约概率同大公司相差无几，但是表现出来的数量就要多一些，这样，银行碰到违约中小企业的机会要大一些。一旦碰上，通过媒体效应就会广而告之。另外，银行在投资时更愿意团体作战，所以，大家的贷款目标往往就都针对大型公司。

对此，泰华国际银行破除了迷信，大胆面向中小企业。但这并不意味着他们对中小企业没有选择。只有选择了好的客户，才能保证信贷风险降到最低。事实上，选择是严格的，而且，选择方式是独特的。

首先，他们要大量收集客户公司的财务数据，然后再利用银行自己开发的财务软件进行分析处理，以此来评估客户的信贷风险水平。据称，这种软件十分先进，别的商业银行都还没有开发出来。其次，他们要确认客户提供的数据是真实的。泰华国际银行虽然是外资银行，但很注重本土化发展，因此，他们很了解中国的国情，知道许多中小企业经常做假账。怎么避免这个问题呢？一个办法是与客户公司的股东、管理层进行交往，从各方面来判断他们是否是合格的商人。例如，他们对自己的行业是否有足够的认识？他们是否知道自己市场的大小、竞争者的情况以及为什么消费者需要他们的产品？如果他们连这些问题都回答不上，就说明他们不能很好地经营公司，就不能把钱贷给他们。另外，泰华国际银行还很看重客户的诚实性，要考察他们是否关注企业的信誉，是否能按时还款。

迈克尔行长说，对于客户的品行考察是非常困难的，但通过某些方式，还是可以判断的。目前，银行的副行长有4位，两位是德国人，两位是中国人，员工也主要来自于上海，目的就是要更好地判断中国中小企业客户的各方面情况。迈克尔行长还告诉记者，在经营中，他们比较愿意将钱贷给那些专注于一个行业的客户。他认为，在一个行业中能够坚持20年以上的企业，一定是最厉害的，这些企业的风险也是最小的。对于那些追逐潮流，不断转行的企业，他们不太相信，因为这些企业之所以转行，很可能是经营出了问题。对于一个好的企业家来说，聪明固然重要，但经验是第一位的。

专长之二：降低交易成本的能力。

中小企业融资难的另一个原因是交易成本过高。交易成本是为使交易达成而花费的成本，主要包括管理成本、搜寻成本和谈判成本等。中小企业贷款额度一般都比较低，这就造成了管理成本相对过高，而过高的交易成本往往使交易对银行没有利益，所以很多大银行不愿意贷款给中小企业。

泰华国际银行要抢滩中小企业市场，必须解决交易成本过高的问题。对此，他们也有对策，那就是进行标准化的管理。首先是使客户标准化。他们将客户定为在年销售额在人民币5000万元到5亿元的中等规模企业，包括各类民营企业和三资企业。过大或过小的企业都不在他们的视线之内。这样，他们管理起来也更有针对性，许多信息可以共享，从而降低了交易成本。其次是向客户提出标准化问题，并要求客户做出全面回答。他们将这些问题设计成详细的企业调查表。在表中，分别就投资人情况、管理、市场、生产、计划的实施、投资效果的预计、提供的抵押、担保和风险的估计和消除等方面进行了细致的询问。每个客户都必须填写企业调查表。对于这些问题的回答方式也非常简洁，便于阅读和分析。这样，烦琐的调研就标准化为十几页问题和回答，电脑处理起来非常迅速，大大节约了交易成本。同时，前面所说的对客户品行方面的考察也使这些资料的可信度增强。总之，由于具备这两方面的专长，使得泰华国际银行在成为面向中小企业的专业银行方面具有相对优势。

最后，迈克尔行长还告诉我们，他们将长期专注于中国中小企业市场，就像他们要求客户专注一样，他们也会将所有的精力投入到这一领域中，因为这个领域是他们能够驾驭的。

（资料来源：李路阳，张霞．泰华国际银行：专注中国的中小企业［J］．国际融资，2002（11）：12.）

思考题

1. 对于中资银行而言，泰华国际银行的做法有何启示？

2. 转型不仅仅意味着泰华国际银行从银行同业对相同客户群的竞争中解脱出来，更加重要的是泰华国际银行找到了真正适合自己的客户对象。那么，金融企业应该如何判断真正适合自己的客户呢？

本章小结

（1）国外金融行业的 CRM 发展较国内要早，有很多值得借鉴的经验。国内金融行业 CRM 发展目前存在以下问题：我国金融企业的客户意识与服务意识比较淡薄；客户信息缺乏而且分散，无法形成前线员工与接触点所需的客户知识；客户信息收集、整合难度大，缺乏对客户数据的深入挖掘和分析；缺乏有效的客户价值管理方法。经过分析，提出了相关的解决对策。

（2）发展新客户、延长客户生命周期、挽留老客户和交叉销售是客户关系管理的阶段性目标。“更宽”意味着客户关系数量的增加；“更远”主要是针对现有顾客而言，意味着客户关系生命周期的延长；“更深”也是针对现有客户而言的，意味着客户关系质量的提高。客户关系管理的终极目标应该是客户资产的最大化。所谓客户资产，就是企业所有客户终身价值折现净值的总和。客户终身价值受到客户生命周期的长度以及在生命周期内每个相关时期的客户营利性和贴现率的影响。

（3）金融企业的客户是由个人客户和企业客户共同构成的。个人客户单笔交易规模小、交易频繁、客户数量众多且交易过程简单，购买方式灵活，具有显著的个性化和差异化特征；企业客户交易规模大、专业性购买居多、交易过程复杂、产品定制化程度高、风险相对集中。对待个人客户和企业各户，金融企业应运用不同的客户关系管理方法。

（4）客户关系管理主要包括四个方面的内容：明确客户策略、制定营销策略、制定产品与服务策略、加强客户维护管理。

思考练习

1. 以某金融企业为例，分析其客户关系管理中存在的具体问题，并提出可行的改进措施。

2. 以某金融企业为例，分析其客户结构的情况。并请分析企业应如何对这些客户进行管理。

3. 什么问题是金融企业客户优先考虑的？

4. 金融企业应该保留什么样的客户？

第三章　金融企业客户细分、识别与差异化管理

本章提要

客户细分是一切营销活动的基础。由于金融行业个人和企业客户数量庞大，为客户关系的管理带来了巨大的挑战。因此，企业必须根据自身需要对客户进行分类和管理。本章首先介绍了如何建立信息数据库，在数据库建立的基础上，介绍了金融行业应当如何对客户进行细分，如何将客户分层并选择客户，并提出对不同客户的差异化管理解决方案。

重点难点

- 客户数据库的建立
- 客户细分、客户服务的差异化管理
- 客户的选择和定位

开篇案例：包商银行细分客户拓展小微企业大市场

在包商银行客户经理们的眼里，小微企业是一片蕴藏着无限商机的“蓝海”，通过细分客户，“单人全流程”模式发放贷款，这家银行正在快速地进入小微企业大市场。

截至2011年9月末，包商银行500万元以下的小微企业贷款余额219.36亿元，比年初增长30.86%，不良贷款率仅0.46%。2006—2011年年末，已累计发放小微企业贷款1200多亿元。

越做越小：细分小微企业客户

“得益于较早关注小微企业客户、较早引进小微企业信贷技术，包商银行较早地走出了‘中小企业’这种分类在信贷实践中遇到的难题。”包商银行行长王慧萍说。

2005年11月，包商银行引入德国IPC公司小企业贷款技术，发展新型小企业贷款业务。随后，包商银行积极探索建立在客户细分基础上的机构调整。当别的银行笼统地服务中小企业时，包商银行已经成立了小企业专营机构；当别的银行开始设立小企业专营机构时，包商银行已进一步细分小型和微型企业客户，从而在细分市场中走出

了一条差异化经营之路。

在明确以小微企业为核心客户的市场定位基础上，包商银行于2006年3月成立了微小企业金融部。2009年9月，包商银行进一步细分出“微小企业金融部”和“小企业金融部”，分别服务于贷款3000元至100万元（宁波、深圳、成都、北京分行上限为300万元）的微小企业和贷款100万元至1000万元的小企业。

包商银行小企业金融部总经理朱晓明说，机构分设提高了银行的市场敏感性，为打造以客户为导向的商业模式提供了保障。

“我们现在是越做越小，3000元的贷款都可以做；同时也是越做越好，为广大小微企业提供源源不断资金来源的同时，银行贷款本身也保持了很低的不良率和良好的盈利性。”包商银行董事长李镇西说。

越做越快：“单人全流程”贷款新模式

打算在包头市青山区振华小区集贸市场经营麻辣烫及饮品销售的李彩霞，本月中旬须交付明年的店铺租金，由于流动资金不足，因此前来包商银行振华支行申请贷款。她没有想到的是，申请后的第三天便拿到了4万元贷款，同时银行还为自己量身订制了按月等额本息的还款方式。

包头市久力机械制造有限公司董事长郭俊兰谈到2007年的第一次申请贷款，也同样印象深刻。她告诉记者，当时，久力公司刚签下为一家龙头企业配套生产汽车轮毂的合同，然而公司刚买进两台先进数控设备，采购原料的资金存在缺口。自己跑了多家银行，都因租赁厂房不能抵押而借贷无门。当她向包商银行提交150万元贷款申请后，没想到第六天便获得了贷款。

此后，久力公司又陆续向包商银行贷款4次，从申请到获得贷款的时间均未超过一周。截至目前，久力公司在包商银行已累计贷款810万元。同时，久力公司也快速成长，资产由当初的500万元增至3000多万元。

没有完整的财务报表、合适的抵押物和规范的管理，是小微企业难以得到贷款的主要障碍。包商银行小微企业贷款的快捷便利，在于实行了新的“单人全流程”贷款模式。

据王慧萍介绍，包商银行的“单人全流程”业务模式满足城市和城乡结合部从事服务、贸易、生产、运输等行业的个体工商户、微型和小型企业的融资需求。同时，根据客户生意的季节性和资金周转特点，制定满足不同需求的灵活的分期还款计划。重视借款人现金流分析，满足微小客户群体无正规抵押品和银行认可的保证人的特点。

“只要求客户提供必要的资料，主要工作由我们信贷员来完成。”王慧萍说，在差别授权和矩阵组合管理模式下，一般在3~5个工作日内完成从申请到发放贷款的全过程。贷款利率充分考虑收益覆盖成本和风险，既反映当地市场资金供求状况，又使银企双方在合理交易成本基础上获得可持续的利润空间，客户普遍能够认可和接受。

越做越大：与小微企业共成长

作为一家总部位于包头市的城市商业银行，几年前其业务还仅限于包头市，如今包商银行不仅在内蒙古境内开设了赤峰、呼伦贝尔、呼和浩特等10家分支机构，而且在宁波、深圳、成都、北京设立了分行，并在内蒙古、四川等地发起成立了30家村镇银行和1家贷款公司。支撑包商银行快速发展的，正是小微企业金融服务。

据包商银行小微企业金融部总经理赵梦琴介绍，目前，包商银行有服务小微企业的员工1800多人，推出了面向小企业、个体工商户和农牧民的15个产品，并针对小微企业发展需要设计了联保贷款、循环贷款等30种产品。

告别以往银行间同质化的竞争格局，专注于小微企业这片“蓝海”，包商银行业务不断增长，盈利水平不断提高，并与数万小微企业同呼吸、共命运，共同成长。

截至2011年6月末，包商银行总资产达到1341亿元，各项存款余额963亿元，各项贷款余额375亿元；贷款不良率为0.46%；实现利润11.69亿元。

在做小微企业信贷专家的同时，包商银行已进一步提出做最好的小微企业金融服务集成商的发展目标，把小微企业信贷提升为小微企业金融，成为全面的金融服务集成商，由“卖产品”向“为客户量身定制金融服务解决方案”转变。

（资料来源：新华网，包商银行：细分客户拓展小微企业大市场，2011年11月15日，http://news.xinhuanet.com/fortune/2011－11/15/c_ 111169627.htm。）

第一节　客户数据信息管理

在信息化到来之前，管理大量客户数据是一件非常困难的事情，但是随着互联网的普及、信息技术和电子商务的迅猛发展，我们现在已经处于大数据时代。在这个时代，虽然客户数据更多、信息量更大，但技术的发展使得金融机构进行数据的收集、储存、共享和管理的效率有了明显的提高。在客户数据达到一定规模的情况下，建立与开发客户信息数据库就成为金融机构提高经营效率的关键。

一、收集客户信息

（一）内部数据来源

金融机构业务系统中的所有客户数据都是内部数据来源。当客户填写开户申请表或保险申请表时，金融机构一般都会设计一些客户基本信息的空格项，在客户办理其他业务时，也可以在业务申请表上设计追加更加详细的信息。例如，客户在购买保险产品时，请客户填写个人基本信息、购买的具体险种、投保期限和投保金额、投保目的等。除了客户自己填写的信息之外，更为大量的信息来源于金融机构交易系统中对客户交易情况的记录。

金融企业在对内部数据进行管理时，应该注意，数据应该能在各个部门之间达到共享，这样可以避免重复性的数据统计给信息管理效率带来的负面影响，也可以减少重复索要信息给客户带来的麻烦。例如：美国一家银行的个人信贷客户抱怨说："贷款审批时间太长，其中一个很重要的原因就是银行内部信息没有共享。一周之内，有3个部门的工作人员分别打电话给我，问同样的问题。"这样的问题在我国金融业也普遍存在，因此更要加强内部数据的整合，数据库的建立需要在各部门通力合作的基础上达成，以达到数据的统一、精准和全面。

（二）外部数据来源

客户数据不能只靠企业自身的积累，金融企业内部系统中能够收集到的数据往往来自于现实客户，对于潜在客户的数据是无法收集的。因此，需要寻找一些外部途径来获取客户信息，主要包括一手数据和二手数据。

1. 一手数据

（1）通过调查法获得信息。即金融机构的工作人员通过面谈、问卷调查、电话采访、网络调查等方法获得客户的一手数据。当然，也可以通过特定的设备或者仪器进行试验，对客户的反应进行观察并进行记录。

在金融机构，与客户直接接触的往往是客户经理，成功的客户经理特别善于收集、整理、保存和利用各种有用的客户信息。

（2）在营销活动中获取客户信息。越来越多的金融机构开始注重多途径对公众的营销活动，通过街头宣传、广告、社区金融服务、理财沙龙等营销活动，寻找新客户，与客户建立联系，获取客户信息。营销活动不应该只是停留在企业向客户的单向输出，而应该成为双向交流的有效途径。在企业向客户传递金融产品和服务信息的同时，也要通过有效的沟通，获取客户对本企业产品和服务的需求信息和对企业形象评价等各类信息。

（3）从客户投诉中收集信息。处理投诉其实也是获取客户信息的重要途径。在处理投诉的过程中，企业不仅可以发现客户未被满足的需求，了解客户对企业及产品和服务的评价，还可以得到客户对企业关于改进产品和服务的建议。

2. 二手数据

二手数据是指金融机构从公开的各类信息中或通过向第三方购买等方式获得客户数据。一般有以下数据来源：

（1）公开媒体：如各类权威报纸、杂志、图书、电视台、网站等发布的相关信息。

（2）新兴社会化媒体：如微博、微信、电子商务平台中汇集的信息。

（3）权威机关：指国家有关部门及驻外机构发布的信息。

（4）中介机构：公信力较高的国内外咨询公司、评级公司都能提供专业的客户信息。

（5）其他金融机构：金融企业之间可以相互合作，共享金融类客户信息。

（6）其他。

二、客户数据类型

客户数据是指金融机构信息系统中关于客户的自身特征及行为的数字化描述。这意味着金融企业要对客户的属性以自己的方式进行获取和描述，并将这些描述数据进行整理，录入金融企业的数据库，以便企业对数据进行有效的管理和利用。客户数据类型可以分为描述性数据、营销型数据、交易性数据[①]和关联性数据。

1. 描述性数据

描述性数据让我们知道“客户是什么人”。它包括客户最基本的信息，这类信息的内容大多是描述客户基本属性的静态数据，其优点是大多数的信息内容比较容易采集到。但是一些基本的客户描述类信息内容有时缺乏差异性，而其中的一些信息往往涉及客户的隐私，如客户的住所、联络方式、收入等信息。对于客户描述类信息最主要的评价要素就是数据采集的准确性。

个人客户的描述性信息包括但不限于以下几个方面：

（1）基本数据：姓名、年龄、电话、住址、身份证信息等。

（2）职业数据：职业、工作单位、职务等。

（3）风险偏好：是否有过投资经历、对金融产品的选择偏好（收益率、安全性、功能多样性等）。

企业客户的描述性数据包括但不限于以下几个方面：

（1）基本数据：企业的名称、注册地、分支机构、法人代表、员工数等。

（2）经营数据：经营范围、所处行业发展前景等。

（3）财务数据：资本规模、资产状况、资产负债率、盈利状况等。

（4）市场数据：产品品牌知名度、产品市场份额、竞争者情况等。

2. 营销型数据

营销型数据让我们知道“我们曾对客户做过什么”。以往的客户数据采集中，金融机构往往会忽略此类数据。但实际上，对这类数据的掌握可以使金融机构更加有序地开展客户管理、减少服务偏差、避免重复性工作。

这类数据包括但不限于以下几个方面：

（1）员工对客户营销时做出的承诺。

（2）服务人员在服务过程中为顾客提过的建议。

---

① 安贺新，苏朝晖. 商业银行客户关系管理［M］. 北京：清华大学出版社，2013：30－31.

（3）分销商对客户的宣传和承诺。

（4）其他以本机构名义向客户传递的信息。

3. 交易性数据

交易性数据让我们知道“客户在我们这里做过什么”。这类数据往往是金融机构十分重视的数据，也常常是金融机构对客户进行分类和业务调整的基础。

交易性数据一般都来源于企业内部交易系统的交易记录、企业呼叫中心的客户服务和客户接触记录，营销活动中采集到的客户响应数据，以及与客户接触的其他销售人员与服务人员收集到的数据信息。有时企业从外部采集或购买的客户数据，也会包括大量的客户交易性数据。

与客户描述类信息不同，客户的行为类信息主要是客户在消费和服务过程中的动态交易数据和交易过程中的辅助信息，需要实时的记录和采集。在拥有完备客户信息采集与管理系统的企业里，客户的交易记录和服务记录是非常容易获得的，而且从交易记录的角度来观察往往是比较完备的。

但是需要认识到的是，客户的行为信息并不完全等同于客户的交易和消费记录。客户的行为特征往往需要对客户的交易记录和其他行为数据进行必要的处理和分析后得到的信息汇总和提炼。

这类数据包括但不限于以下几个方面：

（1）开户记录、业务频率、业务金额、账户余额、金融资产总值、消费金融产品种类等。

（2）客户投诉信息、关闭账户原因等。

（3）对金融产品及服务的申请信息、售后服务内容等。

（4）金融机构网站访问情况。

（5）客户的渠道选择情况等。

（6）客户对金融产品和服务的建议和要求。

4. 关联性数据①

这一类数据让我们知道“客户接下来会怎么做”。这类数据是指与客户行为相关的、反映和影响客户行为和心理等因素的相关数据。企业建立和维护这类数据的主要目的是更有效地帮助企业的营销人员和客户分析人员深入理解影响客户行为的相关因素。

对于很多企业来讲，尤其是金融类服务企业，有效地掌握客户关联类信息对于客户营销策略和客户服务策略的设计与实施是至关重要的。一些没能很好地采集和应用这些信息的企业往往会在竞争中丧失竞争优势和客户资源。客户关联性数据经常是客

---

① 百度百科，客户信息 http：//baike. baidu. com/link？ url = sOTXEOQtf – FetwbNBc3bhyqBA3wK2Sg0Fc6qUiPyXcF51ntkP396tXzBN6m5YUhrY3uroa5ayxPT – zO – eClrga。

户分析的核心目标。

这类数据包括但不限于以下几个方面：

（1）客户的终生价值；

（2）客户忠诚度；

（3）客户流失倾向；

（4）客户联络价值；

（5）客户呼叫倾向。

三、建立客户数据库

（一）建立客户信息档案

在收集信息工作完毕后，就需要建立客户信息档案。客户信息的质量决定着客户关系管理的质量，建立高质量的客户信息档案是客户关系管理的基础。

与一般企业不同，金融企业的业务系统在客户开户时就会留下每位客户的基本信息，但对于客户信息档案来说，这是远远不够的。要进一步了解客户，必须要补充更为详尽的客户信息，建立尽可能完善的信息档案。由于金融机构的客户数量庞大，一般会选择企业客户及个人大客户来建立较为详尽的客户信息档案。

1. 接触客户，建立客户档案

金融机构在开始对新客户进行营销之前，就应该开始建立潜在客户档案。金融企业可以设计一对一的“客户基本信息记录表”，对客户的一些基本信息进行描述和记录。这些基本信息可以帮助营销人员接触客户、寻找面谈话题并打开局面。

另外，还需要建立客户信息档案的附属资料——营销任务卡，这样做可以使营销人员有目的、有针对性地开展营销接触工作。每次与客户进行接触后，营销人员需要将和客户接触的情况、直接获取的客户信息记录在客户档案中，然后，在此建立新的营销任务卡，对与客户约定的下次见面的方式、时间、地点进行记录，必要的话可以设置成任务提醒模式。

2. 跟踪客户，收集、补充客户信息

金融营销人员在开发新客户时，常常需要对潜在客户进行多次的跟踪回访。但如果过度频繁地登门或者电话拜访会让客户反感；如果隔的时间太长，会使客户遗忘之前与金融机构的接触。统计显示，与客户的第一次接触往往不会达成销售，很多成功的营销是在不断地对客户进行跟踪回访的过程中完成的。企业需要建立“客户跟踪信息表”，记录每一次与客户接触的情况。表中的内容包括：客户的约见方式、洽谈时间、客户的金融需求、客户对其他金融机构的态度、在洽谈中为客户推介的本企业的产品、客户对产品的接受程度及客户的拒绝方式等。

每一季度需要对客户跟踪信息表进行以下总结。

（1）判断客户喜欢的交流方式：面谈、电话洽谈、电子邮件、短信、微信等。

（2）该客户青睐的产品特点：是否具有保值要求、收益率高还是低、风险偏好还是风险规避、短期投入还是长期投入等。

（3）影响该客户金融需求的主要因素：个人客户常受家庭、年龄、就业状况、知识水平等的影响；企业客户常受企业自身发展、经济状况变化、管理层变动等影响。要通过对客户的跟踪对这些因素进行具体的分析。

（二）客户数据的电子化

金融企业需要将客户数据进行电子化管理，开发基于电子平台的客户信息管理数据库系统，将客户信息进行录入，并根据对客户的跟踪实时对客户信息进行完善和更新。而且最重要且我们多次提到的一点就是，企业内部的不同部门可以共享该数据库信息。

该数据库系统除了可以忠实地记录一线工作人员获得的客户信息外，还应该具有进一步对客户进行深度分析的功能。例如，以获得的信息为基础，对客户进行分类，帮助企业筛选合适的客户，以进行个性化营销；利用客户已有信息对客户进行交叉销售等。通过对信息的积累、分析、加工，最终使该系统成为客户分类、客户分析及产品营销的有效平台之一。

正如我们之前提到的，目前我国绝大部分金融机构已经都进行了 CRM 系统的电子化建设，以对客户数据进行系统性管理。建立客户信息档案系统的过程与步骤，如图 3－1所示。

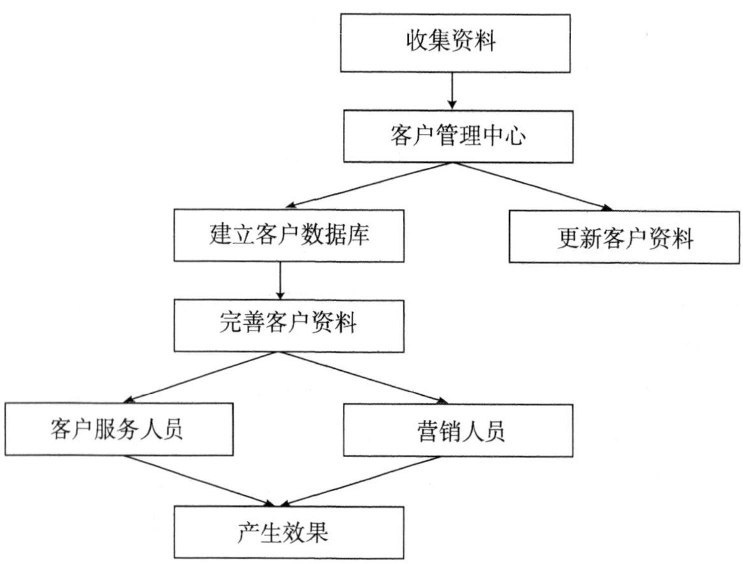

图 3－1　建立客户信息档案系统的过程与步骤

资料来源：李文龙．客户关系管理实务［M］．北京：清华大学出版社，2010.

第二节　金融企业的客户细分、层级与差异化管理

客户细分，是指根据任何一个客户属性划分客户集合的过程。客户细分是客户识别、开发和保持的基础工作之一。2002 年，美国的管理咨询公司 Bain & Company 对来自世界各地的 451 位高级管理人员的一项调查表明，客户细分工具已经成为全球使用率最高的 10 大管理工具之一①。

一、金融企业常用的客户细分指标

基于行为的客户细分的依据是客户企业的统计学特征或购买行为特征。对于金融企业来讲，其客户细分常采用的指标主要如下：

第一类是交易类指标，包括：交易次数、交易额/利润、毛利率、平均单笔交易额、最大单笔交易额、退货金额、退货次数、已交易时间、平均交易周期、销售预期金额等。这通常是销售部门经常使用的指标。

第二类是财务指标，包括：最大单笔收款额、平均收款额、平均收款周期、平均欠款数、平均欠款率等。这通常是财务部门经常使用的评价指标。

第三类是联络类指标，包括：联络次数、联络频率、平均联络周期、客户表扬次数/比例、投诉次数/比例、建议次数/比例等。这通常是客户服务部门常用的指标。

第四类是特征类指标，主要是客户的一些自身特征，比如企业规模、区域、行业、年销售额、是否为上市公司等；如果是个人客户，则主要考虑年龄、学历、婚姻状况、月收入、喜好、是否有车、有无子女等。这些特征能反映客户的潜在价值。

同一客户各类指标的得分会存在冲突，即客户可能在某一指标上得分很高，而在其他指标上得分很低。因此，金融企业内部必须建立一个综合、统一的指标体系，以便于不同部门尤其是一线部门能对同一客户有相同的评价，使他们与客户的关系能够保持高度的一致性。

金融企业可以根据这些指标的重要性来确定其在客户评价中的权重。经过加权后得出的数据也能在一定程度上反映该客户在整个客户基础中的重要性。总而言之，金融企业可以根据企业的自身情况与客户情境，结合各方面的指标体系（如表 3－1 所示），确定潜在客户的价值高低，达到有效识别客户的目的。

---

① DOWLING R G RAHAME，UNCLES MARK. Do customer loyalty programs really work? [J]. Sloan Management Review，1997：4.

表 3－1　　不同行业的客户评价

<table>
<tr><th colspan="2">指标</th><th>得分（分）</th><th>评分标准描述</th></tr>
<tr><td rowspan="5">客户行业</td><td>金融行业</td><td>15</td><td rowspan="5">产品最适合的行业、最有竞争力、最有潜力的行业价值最高</td></tr>
<tr><td>政府行业</td><td>10</td></tr>
<tr><td>教育行业</td><td>8</td></tr>
<tr><td>电信行业</td><td>12</td></tr>
<tr><td>其他</td><td>5</td></tr>
<tr><td rowspan="4">客户规模</td><td>超过 300 人</td><td>15</td><td rowspan="4">规模越大，价值越高</td></tr>
<tr><td>100～300 人</td><td>10</td></tr>
<tr><td>30～100 人</td><td>5</td></tr>
<tr><td>30 人以下</td><td>2</td></tr>
<tr><td colspan="2">累计销售额</td><td>15</td><td rowspan="5">销售额、利润越高，价值就越高</td></tr>
<tr><td colspan="2">累计利润额</td><td>20</td></tr>
<tr><td colspan="2">本年销售额</td><td>5</td></tr>
<tr><td colspan="2">本年利润额</td><td>10</td></tr>
<tr><td colspan="2">平均交易金额</td><td>5</td></tr>
<tr><td colspan="2">平均欠款额</td><td>10</td><td>欠款额越低，价值越高</td></tr>
<tr><td colspan="2">已交易时间</td><td>5</td><td>交易时间越久，价值越高</td></tr>
</table>

资料来源：付晓蓉．金融业客户关系管理［M］．北京：机械工业出版社，2010：50－51.

二、客户细分的维度

范志国、付波（2010）在对前人研究进行综述的基础上认为，目前客户细分的视角大致分为三类，分别是基于行为的细分、基于价值的细分和基于行为、价值的细分。主要的客户细分维度详见表 3－2。

表 3－2　　客户细分的研究成果

年份	学者	细分维度	视角
1989	Jay Curry	客户价值	价值
1994	Hughes A.	RFM	行为
1995	Griffin	忠诚度	行为
2001	Verhoef P．C． & Donkers B.	客户价值	价值
2001	陈明亮	当前价值、潜在价值	价值
2002	Werner & Kumar V.	利润贡献度、关系可持续性	行为—价值

续　表

年份	学者	细分维度	视角
2002	Valarie A. Zeithaml & Ronald T. Rust	利润贡献度、忠诚度、消费量	行为—价值
2002	汪涛、徐岚	客户生命周期、客户价值	行为—价值
2003	张国方、金国栋	相对当前价值、相对增值价值	价值
2003	马辉民等人	客户份额	价值
2004	Hyunseok 等人	客户历史贡献、潜在贡献和流失率	行为—价值
2005	李弘等人	消费总额、顾客份额	价值
2006	赵保国	顾客忠诚、顾客价值	行为—价值
2006	夏维力、王青松	顾客忠诚、客户当前价值和潜在价值	行为—价值
2006	冯兵、罗新星、周永生	客户关系可靠性	行为
2008	孟庆良、邹农基、陈晓君	面向资产的三维细分	价值
2008	张亚梅	客户当前价值、潜在价值、口碑价值	行为—价值
2009	张国政，王芳	CLV、客户满意度	行为—价值

资料来源：根据范志国，付波．基于客户利润贡献度、贡献增长率和关系可靠性的客户细分研究［J］．华北电力大学学报（社会科学版），2010（2）：32 整理。

三、常见的客户层级

基于众多学者对客户细分的研究，发现用于客户分层的维度主要集中在客户价值（客户贡献度）、客户忠诚、客户生命周期及关系可靠性几个方面。基于这些维度的研究，发现较为常用的客户分层方法是 Valarie A. Zeithaml（隋赛莫尔）、Roland T. Rust（勒斯特）和 Katherine N. Lemon（兰荣）于 2002 年提出的客户金字塔模型（如图 3－2 所示），主要包括以下几种客户类型：铂金级客户、黄金级客户、钢铁级客户及乌铅级客户。在此基础上，陈明亮（2002）将客户当前价值和客户增值潜力作为客户价值细分的两个具体维度，每个维度分成高、低两档，由此可将整个客户群分成四组，细分的结果用一个矩阵表示，成为客户价值矩阵（Customer Value Matrix），如图 3－3 所示。

上述四类客户中，Ⅰ类客户对公司最有价值，为公司创造的利润最多，称为“白金客户”；Ⅱ类客户对公司的价值次之，也是公司的利润大户，称为“黄金客户”，根据 Pareto 原理，Ⅰ、Ⅱ两类客户在数量上不大，约占 20%，但为公司创造的利润却要占到公司总利润的大约 80%，常说的“最有价值客户”指的就是这两类客户；Ⅲ类客户属于有潜力的客户，未来有可能转化为Ⅰ类或Ⅱ类客户，但就当前来说带给公司的利润很薄，称为“铁质客户”，Ⅳ类客户对公司价值最小，是公司的微利或无利客户，称为“铅质客户”，Ⅲ、Ⅳ两类客户在数量上占了绝大多数，约占公司客户总数的 80%，但他们为公司创造的利润大约只占公司总利润的 20%。

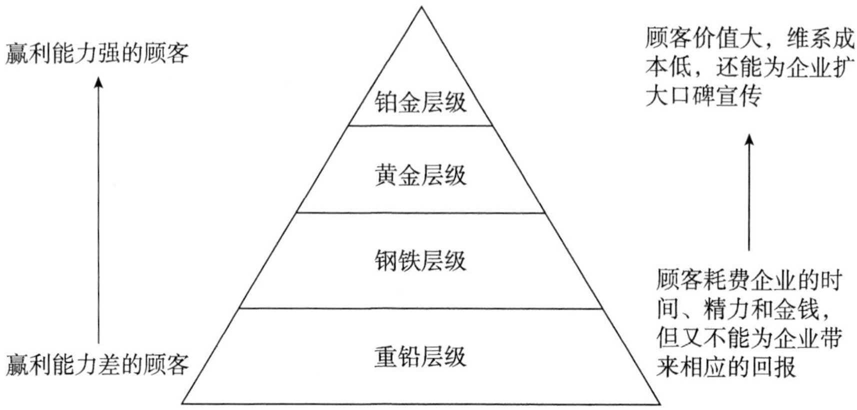

图 3－2　客户金字塔

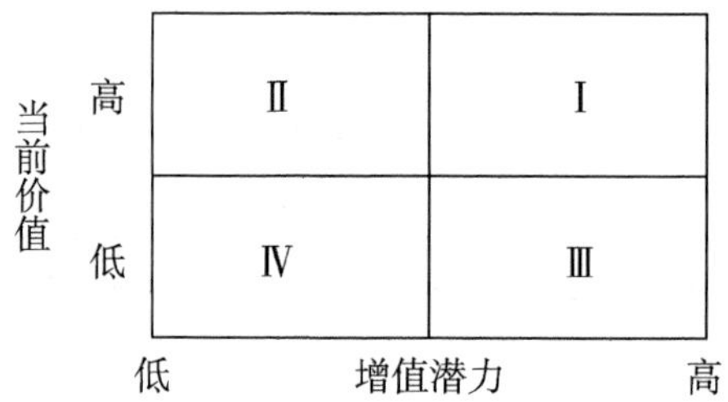

图 3－3　二维客户价值矩阵

资料来源：陈明亮，基于全生命周期利润的客户细分方法［J］．经济管理，2002（20）：44.

四、不同客户层级的差异化管理

由此可见，较常用的价值细分方法将公司的客户群分成了四种类型，作为客户价值细分的一种应用，陈明亮（2002）同时也提出了针对每一类客户应采取的资源配置与保持策略。

1. 白金客户

既有很高的当前价值又有巨大的增值潜力，是最有吸引力的一类客户。这类客户对公司高度忠诚，已将其当前业务 100% 地交给了本企业。与黄金客户不同的是，白金客户本身具有巨大的发展潜力，他们的业务总量在不断扩大，因此这类客户未来在增量销售、交叉销售等方面具有巨大的潜力。白金客户是公司的基石，如果失去这类客户将伤及公司的元气，因此公司需要将主要资源投入到保持和发展与这类客户的关系上，对每位客户设计和实施一对一策略，不遗余力地做出各种努力保持住他们。如充分利用包括网络在内的各种沟通手段不断主动地与这类客户进行有效沟通，真正了解他们的需求，不仅为他们优先安排生产、定制化产品或服务、提供灵活的支付条件、安排最好的服务人员，而且为他们提供能为其带来最大增益的全套解决方案。总而言之，金融企业必须不断地向他们提供超期望价值，不仅让他们始终坚信本公司是他们最好的产品或服务提供者，而且最好能和他们建立合作伙伴关系，实行公平基础上的双赢。

2. 黄金客户

有高的当前价值和低的增值潜力的客户。从客户生命周期的角度看，这类客户可能是已经进入稳定期的高度忠诚客户。他们几乎将业务100%地交给了本企业，并一直真诚积极地为本企业推荐新客户，因此未来在增量销售、交叉销售方面已经没有多少潜力可挖。但是，这类客户对企业十分重要，是仅次于白金客户的一类最有价值客户。企业是花了大价钱才使客户关系进入稳定期的，现在正是从他们身上获取回报的黄金季节。根据生命周期经济学的分析结果，稳定期客户创造的单位时间利润是最高的，因此企业应保证足够的资源投入，千方百计地保持这类客户，不能让他们转向竞争对手。当然，保持这类客户并不容易，要持续不断地向他们提供超期望价值，让他们相信本企业是他们最好的产品和服务提供者。

3. 铁质客户

有低的当前价值，但有高增长潜力的一类客户。一个业务总量很大，但本企业目前只能获得其很小的业务份额的客户就属于这一类。从客户生命周期的角度看，这类客户与企业的关系可能一直徘徊在考察期或形成期前期，双方没有建立足够的信任和交互依赖关系。如果改善与此类客户的关系的话，在未来这些客户将有潜力为企业创造可观的利润。对这类客户，企业应当投入适当的资源再造双方关系，如：通过不断地向客户提供高质量的产品和服务、有价值的信息、个性化解决方案等，提高对客户的价值，让客户持续满意，并形成对本企业的高度信任，从而促进客户关系顺利越过考察期和形成期，最终进入稳定期，从而获得客户的增量购买、交叉购买和新客户推荐。

4. 铅质客户

是最没有吸引力的一类客户，当前价值和潜在价值都很低。如下客户便属于这一类：偶尔办理一些小额业务的客户、经常延期支付甚至不付款项的客户（高信用风险客户）、提出苛刻要求的客户、定制化要求过高的客户。企业应该对其不投入任何资源，宜采用“关系解除”策略，如：高于市场价格的定价策略、拒绝不正当要求等，放弃此类客户，甚至鼓励其转向竞争对手。

相关知识与扩展3－1：基于行为细分变量的证券业客户细分

客户细分是客户关系管理重要的实现手段之一，针对证券业庞大的客户群，通过一定的划分方法，将客户分为优质客户、潜力客户、一般客户等类别，有利于证券公司提供差异化的服务以及CRM的成功实施。

本文通过 K－means 算法对某证券公司厦门地区营业部 2010 年 144662 条客户历史交易数据进行客户细分，提出了一种对聚类的评价方法，达到客户细分的目的。结合证券业自身的行业特点和划分目标，根据聚类结果，证券公司为不同细分群的客户提供差异化服务，从而实现证券公司有限资源的合理配置，做到挖掘潜力客户、提高忠诚客户、挽留优质客户，企业获得稳定利润。

在证券公司的日常运营过程中，客户属性一般包括静态属性和动态属性两种。动态属性是指与客户交易行为相关的属性，主要包括：时间累加资产、总佣金、总交易量、盈亏金额、A 股佣金、换手率、盈亏率、佣金率等。客户动态属性体现了客户对证券公司的价值和贡献度，是进行数据挖掘的主要对象。

经过数据挖掘，本文将证券业客户划分为以下层级：

第一类客户代表最优质客户。这类客户股票操作频率较频繁，平均 954 次/年，资金量很大，总佣金很高，换手率很高，佣金贡献非常大，客户数量不到 1%，但总佣金却占到了佣金总量的 22.28%。这表明，这类客户资金雄厚，热衷于股市，是证券公司获得利润的重要客户，证券公司可以从这类客户身上获得颇丰的收入。对于最优质客户，企业要积极与这部分客户沟通，了解客户的需求，进行细致入微的访谈，必要时进行“一对一”的服务。优质客户可以优先享用证券公司的资源，如信息提前通知、高频率的电话回访等，最终达到客户满意、公司盈利，并维系客户、挽留客户的目的。

第二类客户代表散户中的激进型客户。这类客户的平均资产不到 10 万元，交易次数较频繁。相对于总资产 7 万元多，平均每次交易量将近 3 万元，这个比例相对较大。这类客户的最大特点是佣金贡献率非常高，高于大资金量的客户，是平均贡献的 4 倍多。由此可以推测这类客户多属于风险偏好型，潜在价值较高，证券公司应控制成本和适度开发，可提供佣金优惠等措施增加其活跃度，使其发展成优质客户。

第三类客户代表潜力客户。这类客户资金量大约在 50 多万元，属于中等资金规模，操作频率可观，交易次数最多，总佣金占到总收入的 12%，但是盈利状况很一般，表明这类客户缺乏一些技巧，所以证券公司要注重一些交易技巧、选股技巧的推荐。有数据表明，这类客户有发展成为优质客户的潜质，如果公司服务不到位也可能面临着这部分客户的流失。因此，证券公司要通过问卷调查等方式获取这类客户的喜好、购买习惯、心理特征等，提供有针对性的服务策略，让客户有被尊重的感觉，最终达到客户满意公司提供的服务、信任公司，发展成优质客户。

第四类客户代表保守型客户。这类客户的平均资产达到 130 多万元，算是较大资金规模的客户。但是交易次数却低于平均数，佣金贡献只有 1.2 万多元。相对于投资规模来看，这类客户的佣金贡献较差，佣金率仅 2.25%。证券公司要掌握这类客户的有效信息，如个人爱好、购买特点，抓住客户的心理需求，多刺激这类客户交易，激活他们，可以多推荐一些好的股票，勾起他们购买的欲望，以增加其交易量和活跃度，从而发展为优质客户。

第五类客户代表着小资金量客户。这类客户的资金量规模在20万左右，比散户多一些。交易次数、换手率和佣金贡献率都很低，盈利情况不佳，对于这类客户，证券公司可以在缩减服务成本之上以引导为主，可适当安排面向大众的投资讲座。

第六类客户代表着一般散户，从表中可以看出这类客户的股票交易次数、换手率和佣金贡献率都很低，总佣金也较低，股市参与度相对较低。一般客户对公司的利润贡献不大，公司大不必把精力过多地放在一般客户身上，必要时可以放弃一些长期沉寂的客户，减少公司运营成本。不过，证券公司要注意提取有价值信息，辨别一般客户是否有成为优质客户的潜力，对症下药，为其提供与之相适应的服务。

客户细分不仅仅是一个静态的过程，更是一个动态的长期过程。证券企业需要定期对客户进行访谈、问卷和细分，了解掌握及时的客户动态，并时刻发现同一客户在不同的客户细分群之间的移动或变动，迅速调整对公司客户的服务、管理策略。

（资料来源：王园．证券业客户细分模型构建及实证研究［J］．上海管理科学，2012（4）：30－35．）

第三节　金融企业客户的选择和定位

一、金融企业客户的选择

金融企业所面临的各种类型的客户中，有些客户所需的管理策略是企业可以低成本提供的，而有些策略由于企业自身的背景与核心能力的差异是无法提供的。这时金融企业就需要根据市场环境和自身能力的高低对最适合自己开发、最能带来成本收益的客户进行选择。

（一）二八定律

在市场细分、忠诚客户识别和客户价值评估方面最常用的就是“二八定律”，即20%的客户购买或消费了某项产品或服务的80%。而剩下的80%的客户只购买和消费了余下的20%。这20%的优质客户是最有价值的客户资源，是品牌忠诚者，企业可以通过他们影响周围的人，使另外80%中有更多的人能转化为忠诚者，并吸引更多的人加入到80%的行列中。

在这一定律的指导下，企业把精力都集中于最有价值的20%的客户，关注其需求导向，建立良好关系，并根据其需求调整产品、服务和营销策略，最终实现预期的回报。但这一选择同样也会面临一些问题，如各金融机构对高价值客户群体的争夺将是十分激烈的。

（二）长尾理论

随着市场的规范、营销和传播手段的丰富、购买成本的降低以及销售渠道的拓宽，“二八定律”在一些市场上失效。于是，理论界提出了与“二八理论”背道而驰的长尾理论。相比较而言，长尾理论认为，如果能把大量市场价值相对较小的部分汇集起来，将有可能创造更大的市场价值。

图3-4中横轴代表客户数量的增加，纵轴代表客户为金融机构创造的价值的增加，“短头”的阴影部分代表少数大客户为金融企业带来的回报，“长尾”部分代表大多数普通客户为金融企业带来的回报。如果把“短头”看作是曲线的头部，“长尾”看作是曲线的尾部，那么，当尾部足够长的时候，一样可以带来丰厚的回报。

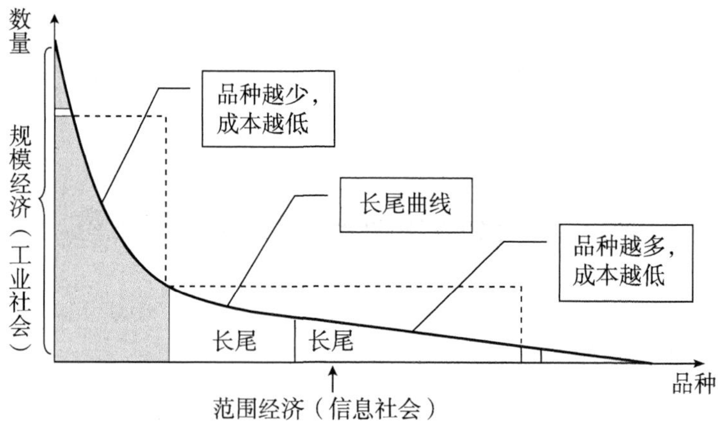

图3-4　长尾理论示意图

Chris Anderson（克里斯·安德森）认为，长尾理论所讲述的是我们的经济管理从为数较少的主流产品和市场（头部）向数量众多的狭窄市场（尾部）转移的现象[①]。当产品的成本被降低，发行渠道被拓宽，尤其是当消费者追求个性化和情感体验的新型消费时代的到来之后，企业已经无法用整齐划一的产品或服务来满足所有的用户需求，市场的差异化和细分化趋势越来越明显，我们很少能找到一个只依赖于20%核心客户就能成功的企业经营方式。尤其是在“互联网+”的时代，小众的产品和服务也能同主流品一样，焕发出惊人的经济魅力。

因此，长尾理论认为，只要存储和流通的渠道足够大，需求不旺或销量不佳的产品所占据的市场份额可以和那些少数热销产品所占据的市场份额相匹敌甚至更大，即众多小市场可以汇集成能够与主流大市场相匹敌的市场能量。由此可见，长尾理论是互联网时代由于网络技术发展所带来的用户的个性回归，市场已经可以细分成小众市

① 安德森．长尾理论［M］．乔江涛，译．北京：中信出版社，2006：20.

场，只有生产差异化的产品和服务才能满足小众市场的需求。长尾理论可以看成是一种不断挖掘潜在市场机会的蓝海战略。

那么金融企业在进行客户识别的过程中适用什么理论呢？仔细分析发现，长尾理论较适用的企业形态更多是与互联网紧密相关的企业，长尾理论的成功在于低成本的市场营销和丰富的产品组合。

实际上。无论是“二八定律”还是长尾理论，都只是为我们提供了一种企业经营的理念和思路。在实际的生产和运作中，企业应该根据自身的特征去进行客户的细分和选择，以决定采取什么样的市场策略去满足不同客户的需求。

相关知识与拓展3－2：中小银行的长尾理论

互联网行业新秀的兴起往往满足克里斯安德森的理论，一本《长尾》也成了业界言必称之的畅销书。通过信息技术的引用，银行业大幅度降低了包括客户成本、运营成本等内容。根据业内人士透露，一个分行开铺成本在一亿左右，而为了达到相同规模，台湾的一家网络银行则只用了130万元。这对即使不差钱的银行业而言相比较而有的区别也是巨大的。

但仅把互联网作为降低成本、提高效率的技术，对IT就有些大材小用了。在互联网行业开始发现自己的金融能力之后，逐步向金融行业渗透，银行业也开始逐渐觉醒，特别是一些在规模上与四大行相比并不占优势的中小银行，更是在创新角度试图占据先机。利用信息技术，可以弥补中小银行在营业网点经营范围方面的不足，也可以为这些银行在扩大客户范围方面做出贡献，让长尾理论在中小银行身上得到更充分的体现。

庶民的胜利

网上银行的诞生并不是最近发生的事情，但近期各商业银行纷纷推出基于互联网技术的新服务。究其原因，除了技术进步外，恐怕更多的要归因于来自于互联网企业介入金融领域带来的竞争。归根结底，互联网金融时代决定胜负的不是技术，而是服务，不仅是服务本身，还包括服务的精神。总之，谁能够透过新兴业务的表面现象，真正理解所谓的“互联网思想”，依托互联网，为用户提供更好的服务，谁才能在竞争中生存下去。

同时，网络技术的发展让小微客户的权益开始更多受到关怀。在互联网的推动下，银行成为庶民的银行，业务围绕庶民的需要而展开，这也是银行业为了更好的服务客户而对于技术的又一次成功普及。

银行背靠国家，手握重金，在个人客户面前是庞然大物，在各种业务中都具有不可撼动的权力。但互联网的发展让小微客户有机会挑战银行业的霸王意识，小微客户的权益开始更多受到重视，这也是技术推动传统行业的意识改造。

当然，作为资本主义世界以来的核心行业之一，银行业在接受新事物方面从来不遗余力。当互联网公司在金融领域频频出击，把基金与储蓄有机结合，形成大量余额宝类的产品时，银行也不甘落后，为利息的市场化做出了自己的努力。比如国内某出身保险业又新近将一著名城市银行纳入麾下的银行就与另一著名基金共同推出了自己的类余额宝类产品。细心观察就会发现，这类产品定位互联网，存入、取出方便，资金实时到账，相当于用户既拥有活期的便利，又有定期的收益。虽然近日有专家认为某某宝是吸血鬼，但用户得到的实惠确是有目共睹的。而广大中小银行的投入其中，也是为自己的行业发展带来的新的契机。

最初的或是最好的

任何事情都不是一马平川的。信息技术在行业的充分调动下，各大银行都在此领域有紧密布局，大型银行基本都在网上业务方面有大动作。在金融业各式各样的论坛上，大银行的董事长和行长们依然是人们瞩目的焦点，其演讲内容也成为业界和媒体竞相传播的趋势性预言。一旦大型银行完全投入此间，信息技术由最初的一种工具成为了一种模式，相关项目依次展开，那么中小银行的劣势将在网络世界重现。

在之前互联网产品的定义下，这类产品都有着存入取出零手续费的优点，在没有形成垄断之前，谁搭上免费的班车也不敢轻易断言，一分钱起购的低门槛谁也不敢抬高，T+0的形式遂成一时之规。这一点让今天的消费者不由想到来自不同打车软件之间的竞争，很多出租司机都和客户形成了同时使用多种软件打车的默契。试图以蝇头小利争取垄断客户资源的小把戏成了无底洞，一时不知将要如何收场。

同时，在现有环境下，银行业参与这种“活期基金”的收益，对于一些大行而言并无可观之处。拥有巨额存款收益的大行对于所谓的小微贷并不感冒，而其参与其中会产生的巨额成本在原本已有的收益面前则显得更加突出。但是对于大量的以城市商业银行为代表的中小银行而言，银行的变革一直在如火如荼地进行着，据业内研究报道，国内银行多已提高开放式理财产品收益率，并多可以通过网上和手机银行购买。这是银行界对于互联网时代的应答。

同时，虽然在多年的接触中与广大消费者留下过一些不愉快的经历，但是家大业大的银行毕竟让手里有着多年积累的存款的老百姓更加信任，更愿意相信大型国有银行的消费者一旦在互联网公司长期市场培养下对此领域有所了解，或者大规模涌入银行相关业务，让其奋起而成也未可知。

完全融入是王道

已经有不少银行投入电商领域，虽然业内很多人并不看好，但却是银行对于互联网行业的一次重要渗透。当然这有些不务正业的嫌疑，却可以成为银行对于互联网精神的小演练。在相关体验中，用户们也可以发现这些银行所做的电商，从来也没有成为业务重头的可能，更多的则是对于用户长期使用积累积分的一些回报。在银行业的电商尝试中，更多的是用户对于银行服务的体验以及银行对于用户的认识，这种认识，是银行通过电商活动中，与用户互动后带来的数据积累。

需要看到的是，银行数据中心的建设也是银行信息业务发展的重要内容。银行业对于安全要求的一贯苛刻对数据中心的安全保障存在巨大需求，而作为商业机构，行与行之间对于客户争夺带来的激烈竞争也让数据分析处理的能力成为银行在行业中获得主动权的重要保障。

同时，数据中心的整合特别是云计算技术的发展也让银行在此领域的成本有机会获得大幅度降低，而私有云的发展则让大型银行有机会同时在安全和有效两方面的能力得到充分的补充。

中小银行在物理网点建设中，囿于资金的关系难以实现广撒网，进而由于人工耗费的原因，也无法在数据收集处理上与大行抗衡。但通过网络技术的深度引入以及相关业务的实现，足以让中小银行在这一短板上获得补益。自然，跨行合作的实现也是中小银行业务扩展重要环节，这也是整个银行业需要面对的问题。

当然，数据中心的发展对于银行最大的帮助在于业务的智能化处理方面。在技术的支撑下，银行既有业务获得的大量数据将有更好的用武之地。

（资料来源：互联网周刊，2014 年 3 月 19 日，http：//bank. hexun. com/2014 -03 -19/163172061. html。）

二、金融企业的定位

金融企业在进行客户细分和选择之后，需要向目标客户传递价值主张，以吸引目标客户群进而获取这些有价值的客户。按照菲利普・科特勒的定义，定位是一种对企业的产品和形象进行设计，从而使其能在目标顾客心中占有一个独特位置的行动①。它简单明了地阐述了为什么目标客户会购买该产品。

（一）定位应该建立在差异化的基础上

金融企业通过一系列有意义、有价值的差异化，从而将本企业的产品和服务与竞争对手区分开来。而当前我国金融业所面临的问题之一就是：大多数金融企业提供的产品和服务是无差异的。所以，各金融机构定位的关键在于如何将目标客户的产品或服务有效差异化。

（二）差异化的有效性原则

所有的产品和服务都可以进行某种程度的差异化。然而并非所有品牌的差异化都

① 菲利普・科特勒．营销管理［M］．11 版．上海：上海人民出版社，2003.

是有意义的或者有价值的。有效的差异化应该满足以下各原则：

（1）重要性原则：该差异化对于客户而言是相对重要的或者有意义的。

（2）独特性：该差异化是其他企业所没有的，或者是该企业可以以一种突出、明晰的方式提供的。

（3）优越性：该差异化明显优于通过其他途径获得的相同的利益。

（4）专利性：该差异化是其他竞争者难以模仿的。

（5）可承受性：消费者有能力购买该差异化。

（6）盈利性：企业可以通过该差异化获得利益。

（三）企业定位要保持连续一致性

企业在定位时必须决定要向它的目标客户宣传多少其产品差异（如利益、特色）。许多营销者竭力主张向同一类目标客户只推出一种利益，这样会使企业更加容易与目标客户进行市场沟通，也使得员工对企业的目标理解得更清楚，从而更加容易实现企业的定位重点。这就要求企业在进行客户关系管理和营销的过程中，企业各部门之间应该目标统一，相互配合和兼容，以向客户传递前后一致的营销信息和内容。

（四）所有的定位应建立在价值分析的基础上

Crogo（克罗格）和Schiffrin（希夫林）建议，建立以客户为中心的组织研究客户价值，然后提供一个客户期望的价值主张①，从而保证目标客户的获取和位置，以提升客户资产。这个过程包括的步骤如前所述：首先，界定顾客价值模型，对客户进行细分；其次建立客户价值等级；再次，研究目标客户的需求；最后，提供能比竞争对手更好地满足客户需求的产品和服务解决方案。

案例：我国商业银行客户细分行为的不同及产品差异化

我国商业银行在构建分析型CRM时侧重点有所不同，表现为四大国有银行倾向于将更多的资源配置于公司客户细分上，而新兴股份制商业银行则更看重在零售市场上的发展。商业银行要对客户细分，就必须使用一定的模式对客户资料进行挖掘。我们以工商银行和招商银行为例来分析银行对于公司客户和个人客户细分行为的不同。

一、公司客户的市场细分

长期以来，四大国有商业银行都将大型公司、跨国公司及优质客户作为自身的重

① EDWIN T, CREGO JR, PETER D SCHIFFRIN. Customer Centered Reengineering [M]. Homewood, IL: Irwin, 1995.

点发展方向，这类客户不仅拥有相关产品的较大市场份额，而且在价格升降、新产品导入及促销强度方面都占据同行业的主导地位，资金流量大，效益好，是银行效益增长的主要来源。为了在对公业务市场中占有较高的市场份额，四大国有银行不同程度地开展了对公司客户需求分析。

工商银行是我国法人客户关系管理的领跑者，也是国有银行中唯一拥有法人客户关系管理系统（CCRM）的银行。工行的法人客户关系管理系统中，将客户基本信息分为五类，包括：

（1）账户类型：分为基本户、一般户、临时户、专用户、集团二级户、协定存款户、单位定期、机关团体共8类账户。

（2）单位类型：分为证券、财政、商业个体、机关团体、工业、保险、房地产、合资共8个类型企业。

（3）经济类型：分为国有、集体、乡镇企业、私营、个体、联营、股份制、股份制合作、三资、其他共10种类型。

（4）资金来源：分为国家拨款、上级拨款、集体股份、外资、中外合资、私人投资、其他共7种来源。

（5）客户标志：无贷户和有贷户。

此外，对于账户的行为数据CCRM也分项进行了统计，包括：年/月初余额、上日席假日/本期余额、日/旬/月均余额、较年/月初、较上/上N日、存款比例和流动资金贷款等共20类。

系统对客户基本信息和行为信息分析之后，可以自动生成重点系统大户五日统计表，对公存款及同业存款变化分析表、重点系统行业存贷款月报表、各支行中间业务收入统计表、对公存贷款分项目统计表等25种银行系统常用报表，以供工行内部业务部门随时调用。相关授权部门还可以通过CCRM的高级查询功能，对挖掘维度和挖掘条件进行设置，生成需要客户信息的统计图。

通过对客户的需求分析，工商银行为法人客户提供了一系列的高品质个性化服务：在网络银行上提供了“集团理财”服务，借助遍布全国的分支机构，为大型公司、跨国公司实时监控子公司的资金流，并实现其资金的快速调拨；开辟了“网上银行直连模式”，为优质法人客户提供更加安全、快速的网络资金通道；在融资产品方面加大了创新力度，开发出异地贷款、免担保、母公司担保、行内银团贷款、法人账户透支等业务；在客户接触渠道上，对重点的跨国公司实行客户经理制，建立重要问题直通车制度、结果反馈制度等。

二、个人客户的市场细分

招商银行成立于1987年，经过二十年的发展，招行以占国内银行业千分之四从业人员、千分之二的机构网点，创造了全行业1.6%的资产和6%的利润，被业内誉为

“招银模式”。招商银行是我国最早运用分析型 CRM 对个人客户资料进行挖掘的银行。通过对个人客户需求的分析归类，招行不断开发、完善个人业务产品，使其零售银行业务成为我国银行业的典范。

招商银行对客户进行了概况、忠诚度、利润、产品、渠道、营销渠道等多维度的分析，将市场划分为一卡通普卡、一卡通金卡、金葵花客户三类客户群体，进行有针对性的个性化的产品开发和客户维护，从而最大化客户价值，实现零售银行服务由大众化向品牌化、同质化向个性化、单一化向综合化的转变（见表 3－3）。

表 3－3　　招商银行客户细分和产品创新

客户分层	产品类别	提供产品和服务
一般客户	一卡通普卡	通存通兑、自助转账、银证转账、商户消费等 30 余项功能
中档客户	一卡通金卡	外汇买卖、银证通、银基通、银保通、网上个人银行专业版
高端客户	金葵花理财	提供一对一的客户经理服务、设立专门的服务空间、制定贵宾客户的专属优惠以及开通多种通常的服务渠道

通过市场细分，招商银行在目标客户群中取得了较大的市场份额。2004 年年底，招商银行个人客户中年收入在 18 万元以上的占比达到 19%，而行业的平均水平仅 2%，从职业分布看，高层主管、专业人士和商人在招行的个人客户中占比为 61%，而行业的平均水平为 41%，一卡通卡均存款为 3468 元，而行业的平均水平为 1574 元。

三、产品差别化行为

银行业务中的理财业务与证券、保险、基金等多个金融市场有着非常强的交叉性和互补性，业务创新的空间广阔。同时，由于个人理财业务具有服务对象分散、业务规模庞大、风险小等特点，因此，近些年，我国商业银行纷纷大力开拓个人理财市场，个人理财产品层出不穷，遍地开花，如：工行的“理财金账户”、中行的“中银理财”、建行的“乐当家”、交行的“交银理财”、民生的“民生贵宾理财”，广发的“真情理财”、光大的“阳光理财”等。

四大国有银行长期以来经营受到政策干预，客户群体庞大，客户价值差异巨大，根据二八定律，国有银行应该将资源更多地配置在其优质客户上。而国有银行进入中端理财市场时间晚，品牌优势不如新兴股份制银行，因此，四大国有银行选择将目光定位在高端的客户群体中。2005 年，建行针对高端客户推出黑金卡，要求持卡人必须在该行月均金融资产 500 万元以上；2006 年，工行将“理财金账户”全面升级，只有在工行金融资产达到 200 万元以上的客户方能涉足；2007 年，中国银行私人银行正式挂牌成立，将目标市场锁定个人金融资产在 100 万美元以上的客户。

区别于中端市场的财富管理，四大国有银行的私人银行为客户提供更高品质的服务，包括为客户提供单独的理财室进行咨询交流，使客户信息的私密性得到保证；专门在各行零售业务部成立高端市场部，根据客户的风险承受度和金融需求，为每个客户量身定做单一理财产品；成立私人银行家团队、为高端客户提供规划，教育、税务和房地产等各种领域的专业咨询以及利用自身庞大的国外分支机构，为客户提供境外投资理财服务等。在四大国有银行大力推行私人银行的同时，新兴股份制银行在原有市场细分的基础上，加强产品创新，通过增加客户的保持率，来提高银行收益。

各新兴股份制商业银行则改变了以往以客户资产作为市场细分唯一手段的策略，从客户家庭和年龄段着手，对市场进行多维度细分，进行产品创新，其中广发银行、兴业银行、民生银行都推出了"家庭理财账户"以多种储蓄方式实现组合理财，招商银行的"伙伴一生"更是我国银行业首次按客户不同生活阶段的消费特征和需求开发的理财业务。招行将客户人生分为五个阶段，针对性的推出五大主题理财套餐，为客户群体提供了有针对性、差别化的产品。

（资料来源：潘甜．我国商业银行客户关系管理差别化研究［D］．南京：南京农业大学，2007.）

思考题

1. 银行企业实施客户关系差别化管理的关键什么?
2. 请分别对国有银行和股份制银行的客户关系管理状况做出评价。
3. 请以某银行为例，分析说明如何对其客户进行差别化管理。

本章小结

（1）客户信息库的建立是金融企业进行客户细分、选择和差异化管理的基础。本章介绍了客户信息的来源、客户数据的类型以及客户数据库建立的步骤。

（2）金融业客户关系差异化管理的基础是客户细分。本章介绍了金融业客户细分的细分指标、维度以及客户层级。基于客户价值评价和客户生命周期将客户分为白金客户、黄金客户、铁质客户和铅质客户，其中白金和黄金客户是最有价值的客户；提出了针对每一类客户可以采用的资源配置和差异化策略。针对以上四类客户，企业投入的资源应该是依次递减的。

（3）客户的选择依据的主要方法，目前比较普遍的就是二八原则和长尾理论。二八原则认为，企业应将资源和经历投入在20%的最优质客户身上。长尾理论则正好相反，认为最优质客户的竞争是异常激烈的，企业应该在剩下的80%的客户群体中寻找蓝海。无论是哪种理论的指导，金融企业都应该根据企业自身实力、资源的情况来进行选择。

（4）金融企业的定位应该建立在差异化管理的基础上，并且要注意保持连续一致性。有效的差异化必须遵循以下原则：重要性、独特性、优越性、专利性、可承受性和盈利性。

思考练习

1. 假如你是一个农村信用社的业务经理，站在业务经理的角度，应该如何管理你的客户？

2. 你的客户对你的服务评价是满意的，但没过多久他就被竞争对手抢走了，你认为问题可能出在哪儿？应该如何补救？

3. 假如你是一个保险业务员，你如何根据客户的生命周期向其提供产品与服务？

4. 选择一家证券公司，对其现有的客户价值进行分析，并提出改进建议。

5. 请对中国四大国有银行的市场定位进行分析和比较，并做出评价。

第四章　金融企业客户满意度管理

本章提要

在竞争日益激烈的金融市场环境中，金融企业客户的需求已经发生了明显的变化，客户已经成为金融企业的战略性资源。为了能够获得并保持客户，客户满意战略已经被各大金融机构纳入到它们的日常管理工作当中并且被赋予十分重要的战略地位。本章首先对客户满意度的基本概念和内涵进行了介绍，总结了会对金融企业客户满意造成影响的各种因素。其次介绍了如何进行满意度调查和分析，对主要的客户满意度测量模型进行了说明。最后为金融企业如何提高客户满意度提供了建议。

重点难点

- 影响金融企业客户满意度的因素
- 客户期望
- 客户感知价值
- 客户满意度指标体系的建立
- 满意度的提高

开篇案例：手机银行业务对零售银行客户满意度提升效果显著

随着利率市场化进程的推进，商业银行的利润空间不断被挤压，目前中国银行业的同质化竞争激烈，打破同质化将成为商业银行未来发展的关键。

“用户对银行产品和服务的满意度将影响用户对银行的忠诚度，可以说满意度对一家银行的竞争力有着不可忽视的影响。”J. D. POWER 中国区联合研究团队总监谢娟在接受《国际金融报》记者专访时表示，在变革的时代，用户需求正在发生变化，客户对银行的态度也在发生变化。银行不再是客户想要去的地方，而是实现客户需求的场所。

手机银行显著提升满意度

通过网络购买产品、足不出户、大幅减少光顾实体店面的时间和频次是信息时代一个明显的变化。

“现在银行所面临的是虚拟世界中向所有的用户来提供产品和提供服务，甚至于说不分时间、不分地点、不分距离的给客户提供服务。”谢娟告诉记者，手机银行在所有业务办理渠道中满意度仍位列第一。而银行网点虽然提升幅度最大，但仍是目前各业务办理渠道中满意度较低的。

J. D. POWER 2016 年中国零售银行客户满意度研究 SM（RBSS）显示，使用手机银行的客户比例从 2014 年的 21% 上升到 2016 年的 55%，而使用网点的客户比例从 2014 年的 92% 降到了 2016 年的 88%。

相较美国市场，“中国对手机银行更加看重，对网上银行依赖轻微收缩，根据客户的打分，从 J. D. POWER 的模型研究上来看，网上银行的权重在 2012 年达到高点 29%，2016 年收缩至 21%，”谢娟表示，根据调研结果，美国市场“手机银行”近几年未看到发力迹象，但是互联网的影响对中国市场日益深化，“手机银行不仅提升客户满意度，还能为银行节省开支，重新划分资源配备。未来手机银行的权重可能会继续提升。”

“交易/业务办理”对满意度的影响最大

从 J. D. POWER 的模型研究上来看，对于零售银行来说，客户的满意度通过六个因子衡量：“交易/业务办理”“产品供应”“账户信息”“设施”“费用”和“问题解决”。“‘交易/业务办理’在权重中占 37%，占比最大。紧随其后的就是‘账户信息’，占 17%。”谢娟告诉记者，这两方面是客户最为重视的部分。

另外，根据 J. D. POWER 的研究报告显示，客户使用的渠道（包括传统的银行网点、自助终端、网上银行、电话银行以及手机银行）越多，对银行的满意度越高。高满意度群体（满意度得分为 879 分）使用的渠道平均为四个。而低满意度群体（平均分为 637 分）使用的渠道平均为两个左右。

美国市场的手机银行满意度一路提升，2016 年高于所有其他“交易/业务办理”因子下的渠道，在中国市场它自出现以来就一直保持较高的满意度，且同样一直在进步。谢娟透露，数字化业务的成长使得零售银行缩减了网点的数量，雇用更少的员工，提升高满意度的同时也能节省成本和开销。

对于民众较为关注的银行账户安全性问题，谢娟认为，随着中国市场快速的网络建设和智能手机的普及，尤其用户对手机、网络越发依赖，目前各家银行都在努力升级加密，提升账户信息的安全性。银行已经看到了用户这种行为的变化，所以对这方面也极为重视。

（资料来源：国际金融网，2016 年 7 月 28 日，http：//www. gjjrb. cn/finance/20160728/32294. html。）

第一节　客户满意度的概念

客户满意度是指客户对企业以及企业产品/服务的满意程度。它是客户的一种主观感受，是客户对产品/服务或者企业的一种情感表现。要想研究客户满意度，首先要对客户满意（Customer Satisfaction，CS）的概念有所了解。

一、客户满意的定义

早在20世纪初，Keith（基思）等人就强调经济活动应满足客户的需要和愿望。然而，对于客户需求和客户满意的研究只是近二三十年的事情。虽然“客户满意”这个观点被越来越多的经营者所接受，“客户满意”是一个经济学和心理学范畴的概念，如何定义并量化这一带有主观色彩的评价值，仍在学术讨论的过程中。

1965年，Cardozo（卡多佐）首次将客户满意的概念引入营销领域，客户满意开始成为一个正式的研究领域受到众多学者的关注。

1969年，Hwoal（赫沃尔）和Sheth（谢恩）将客户满意定义为客户对其购买商品的付出与所获得的报酬相比较后是否达到满足的心理状态。

1985年，Oliver（奥利弗）和Bearden（比尔敦）提出了“期望”的概念，并基于此建立了期望不一致模型。认为，当感知实绩同消费前期望的比较差距为正时，顾客就会因消费超出了期望的产品或服务而感到满意，并且差距越大就越满意，不一致的方向和大小决定了对顾客满意的影响。

Richard（理查德）等人提出的客户满意模型认为，客户满意感产生于他所获得的产品和服务的品质与预期和愿望的综合比较，且并不局限于产品或服务，还与客户事先获得的信息有关。

Philip Kotler（菲利普·科特勒）认为，顾客满意“是指一个人通过对一个产品的可感知效果与他的期望值相比较后，所形成的愉悦或失望的感觉状态”。

从上面的定义可以看出，满意水平是可感知效果和期望值之间的差异函数。如果效果低于期望，顾客就会不满意；如果可感知效果与期望相匹配，顾客就满意；如果可感知效果超过期望，顾客就会高度满意、高兴或欣喜。

一般而言，顾客满意是顾客对企业和员工提供的产品和服务的直接性综合评价，是顾客对企业、产品、服务和员工的认可。顾客根据他们的价值判断来评价产品和服务，因此，Philip Kotler认为，“满意是一种人的感觉状态的水平，它来源于对一件产品所设想的绩效或产出与人们的期望所进行的比较”①。

---

① KOTLER PHILIP. Marketing Management: Analysis, Planning, Implementation and Control [M]. 7th ed. Prentice - Hall, Englewood Cliffs., 1991: 246 - 249.

二、客户满意的层次

客户满意包括产品满意、服务满意和社会满意三个层次。

产品满意：是指企业产品带给顾客的满足状态，包括产品的内在质量、价格、设计、包装、时效等方面的满意。产品的质量满意是构成顾客满意的基础因素。

服务满意：是指产品售前、售中、售后以及产品生命周期的不同阶段采取的服务措施令顾客满意。这主要是在服务过程的每一个环节上都能设身处地地为顾客着想，做到有利于顾客、方便顾客。

社会满意：是指顾客在对企业产品和服务的消费过程中所体验到的对社会利益的维护，主要指顾客整体社会满意，它要求企业的经营活动要有利于社会文明进步。

以上三个层次具有递进关系，从社会发展过程的满足趋势看，人们首先寻求满意的是产品满意，只有这一基本层次满意后才会推及到服务满意层，而服务满意达到之后才会考虑社会满意。

三、客户满意度的发展

20 世纪 80 年代初期，当时的美国市场竞争环境日趋恶劣，美国电话电报公司（AT&T）为了使自己处于有利的竞争优势，开始尝试性地了解顾客对目前企业所提供服务的满意情况，并以此作为服务质量改进的依据，取得了一定的效果。与此同时，日本本田汽车公司也开始应用顾客满意作为自己了解情况的一种手段，并且更加完善了这种经营战略。

20 世纪 80 年代中期，美国政府建立了“马尔科姆·鲍德里奇全国质量奖”（Malcolm Baldrige National Quality Award），以鼓励企业应用“顾客满意”。这一奖项的设立大大推动了“顾客满意”的发展。当然，它不只是单纯考核企业顾客满意度最终得分，而是测评企业通过以“顾客满意”为中心所引发的一系列进行全面质量管理的衡量体系。IBM、MOTOROLA（摩托罗拉）、FEDEX（联邦快递）、先施等都是这一奖项的获得者，但至今为止，全球每年获得这一奖项的企业没有超过五名。

1989 年，瑞典建立了顾客满意度指数模型，之后，德国、加拿大等 20 多个国家和地区先后建立了全国或地区性的顾客满意指数模型。1989 年，美国密歇根大学商学院质量研究中心的科罗斯·费耐尔（Claes fornell）博士总结了理论研究的成果，提出把顾客期望、购买后的感知、购买的价格等方面因素组成一个计量经济学模型，即费耐尔逻辑模型。这个模型把顾客满意度的数学运算方法和顾客购买商品或服务的心理感知结合起来。以此模型运用偏微分最小二次方求解得到的指数，就是顾客满意度指数。1992 年，丹麦建立了自己的满意度指数。1994 年，美国建立起了 ACSI（American Customer Satisfaction Index）指数。

20 世纪 90 年代中期，顾客满意度调查在大陆的跨国公司中得到迅速而广泛的应用。原因之一是跨国公司总部要求按照本部的模式定期获得大中国区市场的顾客信息，以应对全球化进程中的计划与挑战；原因之二是日趋激烈的竞争中，优秀的服务成为企业获得并保持竞争优势的重要诉求；原因之三是主管需要对员工的工作绩效进行量化评估，这需要来自顾客的评价。

四、研究客户满意度的意义

从企业的角度来说，顾客服务的目标并不仅仅止于使顾客满意，使顾客感到满意只是营销管理的第一步。美国维持化学品公司总裁威廉姆·泰勒认为："我们的兴趣不仅仅在于让顾客获得满意感，我们要挖掘那些被顾客认为能增进我们之间关系的有价值的东西"。在企业与顾客建立长期的伙伴关系的过程中，企业向顾客提供超过其期望的"顾客价值"，使顾客在每一次的购买过程和购后体验中都能获得满意。每一次的满意都会增强顾客对企业的信任，从而使企业能够获得长期的盈利与发展。

研究表明，一般情况下满意度高的客户通常会在三个方面为企业贡献更大的净现值：首先，满意度高的客户会增加购买本企业产品和服务的频率和总量；其次，满意度高的客户更忠诚，具有较高的客户保持率；最后，满意度高的客户更倾向于将该企业的产品或服务推荐给其他人，为企业带来新的客户。

第二节　影响金融企业客户满意度的因素

一、期望

根据 CRM（客户关系管理）中的三角定理（见图 4－1）："客户满意度＝客户体验－客户期望值"，如果结果为正数，即客户体验超过客户期望，就说明客户是满意的。这个数值越大，说明客户越满意。相反，如果值是负的，即说明客户是不满意的，而且绝对值越大，客户就越不满意。

从这个公式来看，客户期望是影响客户满意度的非常直接的因素，在客户体验既定的情况下，客户期望越高，则客户满意度越低。

客户期望，是指客户在购买、消费服务之前对服务的价值、品质、价格等方面的主观认识或预期。这种预期是客户在参与服务体验之前就已经形成的一种意识形态，它具有很强的可引导性。虽然客户期望是一种意识形态，但其实质却离不开产品或服务本身这一核心，因此，如果能够围绕产品或服务这一核心，对客户的行为、意见及特殊需求进行周密的观测及调查，客户的期望是能够被测量的。

客户期望是一个明显的动态变化过程，除了会受到客户主观的意识感受，也会受

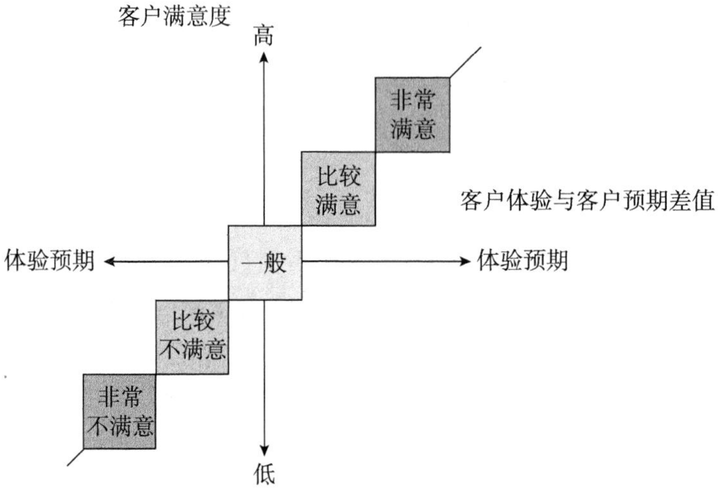

图 4-1 CRM 客户满意度三角定理

资料来源：马睿，屠旭明．从分析影响客户满意度的因素浅谈客户期望管理［J］．长沙通信职业技术学院学报，2009（12）：42.

到其他诸多因素的影响①。

1. 法律政策

国家对相关产品或服务的法律政策，是客户形成隐性期望的基本因素。比如，在某一特定时期内，政策规定首套房贷利息可以享受一定的折扣，当银行不能提供该项服务或者提供不到位时，自然就会引发客户不满情绪，造成客户流失。

2. 企业自身宣传

企业通过广告、宣传、网络推广以及其他营销手段，公开承诺的产品或服务所能达到的要求是客户形成隐性期望的主要影响因素。比如平安车险的"先赔付后修车"服务，就会给客户形成明确的预期。其次，企业产品的定价、现实店铺的环境或者网络店铺的装修效果都会给予客户暗示性承诺，进而形成一种显性期望。例如，银行大楼的外观通常庄严、宏伟，给人以一种可靠安全的感觉。

3. 可替代品/服务

同类产品或服务的竞争情况，也会间接影响到客户的期望。当产品或服务存在可替代品时客户一般形成的期望值较高，其主要原因是客户会用同类产品或服务进行各方面的比较，而影响到显性期望的形成；当同类产品或服务缺乏可替代性时，间接造成缺乏比较标准而影响到客户模糊期望的形成，使得客户期望值相对较低。

4. 客户的知识水平

客户知识水平的高低也同样影响到期望的变化。当客户在购买相关产品或服务时，

① 苑毅．动态变化下的客户期望管理策略［J］．商业经济，2016（5）：88.

如果他对该项产品或服务掌握的专业知识较多，辨别能力较强时，对产品或服务的期望也相对较高，会提升隐性和显性期望；而当对该项产品或服务掌握的知识水平较低时，就会影响到模糊期望的形成。

5. 客户的自身经验

随着客户购买相关产品或服务次数的增加，自然就形成了相关的购买经验，客户会将经验直接转化为对于产品或服务的期望。客户购买次数越多，对于产品或服务的隐性和显性期望要求越高，而当客户没有相关经验时，会降低相关期望而影响到模糊期望的形成。

6. 口碑效应

随着互联网技术的发展和智能手机的出现，使得人们在交流信息时比以往更加方便，尤其社交平台的大范围使用，使得朋友之间的互动更加的频繁。当客户使用电子商务平台购买相关产品或服务时，会通过互联网查看之前客户购买的相关评价，形成隐性和显性期望。购买之后客户可能会将产品或服务发布到社交平台，朋友之间就会互相评价互动，此时客户通过与他人的互动，不断地修正和调整期望，会间接影响到模糊期望。

二、服务质量

1982 年，瑞典著名服务市场营销学专家克·格鲁诺斯提出“顾客感知服务质量模型”，认为顾客对服务质量的评价过程实际上就是将其在接受服务过程中的实际感觉与他接受服务之前的心理预期进行比较的结果：如果实际感受满足了顾客期望，那么顾客感知质量就是上乘的，如果顾客期望未能实现，即使实际质量以客观的标准衡量是不错的，顾客可感知质量仍然是不好。

关于顾客满意和服务质量关系的研究，先行文献存在两种截然相反的观点，即把服务质量看作顾客满意的先行变量的观点和把顾客满意看作服务质量的先行变量的观点。近年来，许多研究者认为，还是把服务质量看作顾客满意的先行变量更加妥当。Bolton（博尔顿）（1994）指出，“顾客满意取决于先前存在的或者同时存在的对于服务质量的态度”。Boulding（博尔丁）（1993）研究发现，优质的服务质量势必会引起顾客的互相推荐和重复购买，也会提高企业的绩效与收益。Taylor（泰勒）和 Baker（贝克）（1994）认为“满意是比质量更高一级的概念。服务质量只是许多潜在的成为顾客满意决定要因的维度中的一个”。Rust（勒斯特）和 Oliver（奥利弗）（1997）认为服务行业的服务质量是企业能否获得良好口碑和高企业盈利的重要保证，优质的服务质量所产生的高顾客满意度必然为企业带来丰厚的经济效益。综合以上观点，认为服务质量对客户满意度有正向促进作用。

三、客户感知价值

Zeithaml（泽瑟摩尔）（1988）认为顾客感知价值是顾客在市场交易中根据所得利

益和付出的成本进行比较的感知，是对产品进行的总体评价。他把顾客感知价值的收益部分分为三类：对本质属性的感知（产品或服务的质量等内部特征）、对外在属性的感知（产品包装、服务过程等）和高层次抽象利益的感知（企业荣誉、形象等）。其次，把顾客感知价值的付出部分分为货币成本和非货币成本（获得产品或服务所付出的时间、体力、精力等）。

Monroe（门罗）（1991）将顾客感知价值定义为“感知利得与感知利失之间的比例”，认为“购买者的价值感知体现了对产品感知质量或感知利益与因支付而产生的感知利失之间的权衡”。感知利得是与使用特定产品相关的实体特性、服务特性和特定使用条件下可能的技术支持，感知利失包括所有与购买行为相关的获得成本、运输、安装、订货处理、维修以及潜在的失效风险。

Philip Kotler（菲利普·利特勒）（1994）是从让渡价值角度来剖析顾客价值的。他认为顾客感知价值就是顾客购买一个供应品所带来的总顾客价值与购买其时花费的总顾客成本之差。总顾客价值就是顾客从某一特定供应品中期望的一组经济、功能和心理利益组成的认知货币价值，包括产品价值、服务价值、人员价值、形象价值。总顾客成本是在评估、获得、使用和抛弃该市场供应品时引起的一组顾客预计费用，包括货币成本、时间成本、体力成本和精力成本。

董大海（1999）认为，顾客价值就是顾客在购买和使用某一个产品的整个过程中所获得的效用与所付出的成本的比较。

武永红、范秀成（2004）对顾客价值的含义做出了详细的阐述，他们认为顾客感知价值是具有特定需求的顾客针对企业对其提供的特定市场提供物，感知到在满足其需求的过程中能够得到的各种利益和付出进行权衡后形成的总体性评价①。

此外，对于顾客感知价值的定义还有很多，但我们从其共性出发，仍然可以得出以下结论：

1. 内部特性需要通过外部特性加以体现

价值中收益成分包括显著的内部特性、外部特性、感知质量和其他相关的高层次的抽象概念。虽然许多顾客将产品质量（内部特性）作为价值收益中的主要部分，但总体上衡量价值收益既包括诸如包装、颜色等外部特性，又包括产品或企业的信誉、便利、形象等更高层次的抽象的利益。而且，产品的内部属性本身可能并不直接与顾客所感知到的价值相关，相反，它们往往要透过产品的外部特性甚至顾客个人所感知的抽象的利益才能得到体现②。

2. 感知成本包括货币成本和非货币成本

顾客付出货币和其他资源（例如时间、精力、努力）以获得产品或服务。对于一

① 胡瑞静．顾客感知价值理论文献综述［J］．现代商贸工业，2011（7）：127.

② 顾客感知价值，360 百科，http：//baike. so. com/doc/5380783 -5617065. html。

些价格感知程度高的顾客而言，货币方面的付出是关键性的因素，减少货币上的支出即是增加了感知价值；对于那些价格感知程度低的顾客而言，减少时间、精力方面的支出更能增加感知价值。

3. 客户对价值的感知是主观的

外部特性是“价值信号”，能够在一定程度上取代顾客在收益与成本之间进行的费神的权衡。在评定产品价值时，顾客对组成产品的各种要素的认知能力是有限的，大多数顾客并不认真考虑价格与收益，而是依赖于暗示——经常是外来的暗示——“不经意”地形成自己对价值的印象，他们只对已获取的信息进行少量加工便实施购买行为。他们重复购买一个信任的品牌，利用外部价值暗示来简化其挑选过程。因此，客户对产品或服务价值的感知是主观的。

4. 顾客感知价值是动态变化的

价值感性认识依赖于顾客进行估价的参照系统，即依赖于进行估价的背景。例如在不同的购买地点、购买时间、消费时间与地点，顾客对价值的感知就不一样。这意味着顾客感知价值是动态的。

顾客感知价值与顾客满意之间的关系一直以来难以确定描述，但是很多学者认为两者之间存在正相关联系。他们认为，顾客感知的超额价值越大，则其满意水平就越高。顾客将其实际感受到的价值与自身所定的期望价值相比较来最终确定自己的满意水平，感知价值对满意存在着正向促进作用。

四、顾客情绪

消费者的情绪同样可以影响其对产品和服务的满意的感知。在当前的顾客情绪文献中，顾客情绪对顾客满意的显著影响已经得到了理论与实证研究者的广泛支持①。情绪分为消费前情绪、消费情绪和消费后情绪。顾客在服务消费前的情绪不仅会影响顾客消费情绪和消费后情绪，而且会影响顾客对服务质量的认知评价和总体满意度②。同时，在消费过程中，顾客的情绪也会不断变化，从而影响顾客消费后的情绪。

学者们普遍认为，非常愉快的时刻、健康的身心和积极的思考方式，都会对所体验的服务的感知有正面的影响。反之，当消费者正处在一种恶劣和情绪当中，消沉的情感将被他带入对服务的反应，并导致他对任何小小的问题都不放过或感觉失望。

五、对服务成功或失败的归因

这里的服务包括与有形产品结合的售前、售中和售后服务。

---

① 张跃先，马钦海，刘汝萍．期望不一致、顾客情绪和顾客满意的关系研究述评［J］．管理评论，2010(4)：58.

② PETERSON R A. A meta－analysis of cronbach's coefficient alpha［J］. Journal of Consumer Research, 1994, 1(7)：123－156.

归因就是指人们对他人或自己行为原因的推论过程。具体地说，就是消费者对他人的行为过程或自己的行为过程所进行的因果解释和推论。

当消费者对一种结果（服务比预期好得太多或坏得太多）而感到震惊时，他们总是试图寻找原因，而他们对原因的评定能够影响其满意度。例如，客户虽然购买了车辆保险，但是没有能在消费者期望的时间内得到保险赔付，消费者认为的原因是什么（他们认为的原因有时和实际的原因是不一致的）将会影响到他的满意度。

如果客户认为原因是保险公司手续烦琐、效率低，那么他就会不满意甚至很不满意；如果消费者认为原因是自己没有及时提交保险理财的相关资料，而且正好碰上法定节假日人手紧张，那么他的不满程度就会轻一些，甚至认为保险公司是完全可以原谅的。相反，对于一次超乎想象的好的服务，如果顾客将原因归为“保险公司的分内事”或“现在的服务质量普遍提高了”，那么这项好服务并不会为提升这位顾客的满意度有什么贡献；如果顾客将原因归为“他们因为特别重视我才这样做的”或是“这个品牌是因为特别注重客户关系才这样做的”，那么这项好服务将大大提升顾客对保险公司的满意度，并进而将这种高度满意扩张到对品牌的信任。

六、对平等或公正的感知

消费者的满意还会受到对平等或公正的感知的影响。公平理论强调：人们感觉公平与否来自两种比较。

一种是横向比较，即他要将自己获得的报酬与自己的付出的比值与组织内其他人作比较，只有相等时，个体才认为公平。例如，消费者会问自己：我与其他的消费者相比是不是被平等对待了？别的消费者得到比我的更好的待遇、更合理的价格、更优质的服务了吗？以我所花费的金钱和精力，我所得到的比人家多还是少？

另一种是人们也经常作纵向比较，即把自己目前投入的努力与目前获得报偿的比值，同自己过去投入的努力与过去所获得报偿的比值进行比较，只有相等时人们才认为公平。例如，消费者也会考虑：我为这项服务或产品花的钱合理吗？为什么我过去能获得的某项优惠现在没有了？

公正的感觉是消费者对产品和服务进行满意感知的中心。例如，客户在申办信用卡的过程中，本来对自己的消费过程是满意的，但是当看到其他也在申请信用卡的客户还额外获得了银行礼品的时候，这位客户的满意水平肯定会因此而下降。

相关知识与扩展：商业银行客户满意度的影响因素

不同的企业影响客户满意的因素是不相同的，高科技企业和劳动密集型企业、制造业和服务业，不同的行业影响客户满意度的因素相差悬殊，这是由企业的基因特征决定的。

根据对客户核心利益分析，客户在选择商业银行时，主要是对商业银行的便利性、功能性、安全性和价值增值性进行比较。便利性反映的是客户能否方便地享受到银行的服务；功能性反映的是客户的需求是否能通过银行的服务和产品得以满足；安全性反映的是客户存放在银行的资产是否安全，能否及时变现；价值性反映的是客户能否获得价格让利，如存款价格上浮、贷款价格下浮、中间业务优惠等。

因此，相对于制造业，商业银行这一金融服务企业的客户满意度主要受金融服务（Service）、银行的可靠性（Reliable）、新产品的推出速度（Time）和价格（Cost）的影响，即 SRTC 是商业银行客户满意度的影响因素。

（一）金融服务

(1) 从商业银行特殊行业属性看，它是金融服务性行业。服务行业的一个重要特征就是：它的产品是无形的服务，往往需要通过人与人之间直接面对面的沟通来进行。金融服务所具有的无形性、不可分割性、非标准化、关联性和差异性使得金融服务成为影响客户满意度的首要因素。

从金融服务的无形性来看，客户在购买服务前不能检查、储存和转卖，其优劣只能靠商业银行和客户供求双方的交流来检验。

从金融服务的不可分割性来看，金融服务是通过员工与客户直接或间接接触完成的，客户也会在购买过程中发挥作用，其服务质量是买卖双方相互作用的结果，这就导致了金融服务提供者相对较难控制服务的质量，而客户在购买服务产品前也难以判断服务的质量。

从金融服务的非标准化来看，金融服务的非物质化特征，决定了金融服务不能通过标准的流水线设备加工制造，而是由一个个金融机构的员工提供的。人不同于机器，会受到主观因素、周边环境等的影响，不可能 100% 地复制服务提供过程，因此金融服务的提供过程是非标准化的。

从金融服务的关联性来看，金融服务不可能与销售或提供服务的人分开，客户满意度与银行员工本身素质和激励制度有着较高的相关度。

从金融服务品质的差异性来看，金融服务产品形式的相同性，导致金融服务企业为了更有效地竞争而促使金融服务品质的差异化，服务质量成为影响客户满意度最关键要素。

因此，作为服务业，金融企业的目的和意义就是要为客户提供金融服务，金融服务直接影响到客户的满意度。

(2) 从客户角度来分析，客户对金融服务过程的感知影响着对金融服务的满意度。具体来看，客户对金融服务过程的感知主要包括以下三个方面：金融服务的可获得性、客户与商业银行的互动性和客户参与情况。

其中金融服务的可获得性取决于：员工的数量及其技术的熟练程度；营业时间的

长短；营业时间的选择及用来完成不同工作的时间；渠道的分布情况，其中网站、咨询台和电话中心及接待中心都是客户感知服务可获得性的关键因素；营业机构的设计；信息技术是否方便客户接受服务。

客户与商业银行的互动取决于：客户与员工间的关系；客户与商业银行各种有形资源和技术资源的互动，如自动取款机；客户与服务系统的互动，如等候系统、信息沟通系统、抱怨处理系统；客户之间在服务过程中的互动。

客户参与情况取决于：客户的参与是指客户是否愿意访问网站、浏览有关服务的信息或使用自动取款机等。如果客户不积极参与，服务质量就有可能有所降低。

（二）银行的可靠性

（1）从商业银行的经营对象来看，商业银行是经营货币的特殊企业，核心功能是信用中介功能，即主要从事存贷款业务。商业银行提供的产品不是实物，而是虚拟的价值符号，其背后提供实质支撑的是信用，而非一般产品所凝结的价值。西方国家的“金融”一词都源于拉丁文 CREDO，原意是信心、信任、信誉。金融企业的存在和发展，在很大程度上依赖于社会成员的授信和中央银行的信用扶持。

（2）商业银行与一般企业最显著的不同点，在于商业银行是高负债、高风险企业。按照《巴塞尔协议》的要求，商业银行自有资本充足比率为 8%，相比其他各国公司法所要求的企业自有资本比率要低得多。因此商业银行杠杆率很高，其经营所需要的资本绝大部分来自存款人的存款，这种特殊的资本结构使得商业银行的业务经营呈现出极其明显的风险性。随着金融衍生工具的大量出现和金融市场投机机会的增多，金融机构所面临的各类风险还在不断加大。

（3）商业银行高风险性的特征，其建立在社会信用基础上的特殊行业特征，决定了其存在的基础是信用，其稳固程度与信任程度有着密切的关系。客户之所以愿意并敢于把手中的资金存放在商业银行，是基于对银行信用的认识和肯定，其实质是银行具有较高的可靠性。如在经济危机和战争爆发时期，人们都愿意把资金存放在瑞士银行，原因是瑞士银行具有保护客户利益的良好信用。

（4）此外，商业银行服务专业性很强，其商品属于信息不对称商品，致使评价其质量也须具备特殊知识和信息，因此客户的购买决策在很大程度上依赖于商业银行在客户心目中的形象，即信誉对银行的作用更为特殊。信誉的重要性不在于能获得更高的价格，而在于获得信任，产生附加值。也就是说，银行的可靠性是影响客户满意度的主要因素。

具体来看，影响客户满意度的商业银行可靠性的指标有：资金实力指标、安全性指标和流动性指标。其中，资金实力指标包括资产规模和负债规模，安全性指标包括资产拨备覆盖率和核心资本充足率，流动性指标包括流动比率和存贷比。

（三）新产品的推出速度

从商业银行基因特征来看，作为提供金融服务的功能基础，金融产品与一般物质产品不同，具有较强的同质性和竞争性。所谓的同质性，是指金融产品都是虚拟的价值符号，这种特性消除了各种类型的金融产品之间因使用价值不同而引起的相互替代障碍，各类金融产品趋于同质化，相互间具有很强的可替代性。

所谓的竞争性，是指金融产品是无形产品，无法申请专利，独占性非常有限。商业银行之间由于没有专利的保护，可以相互模仿学习，从而大大缩短了产品的生命周期，加剧了竞争。此外，出于金融监管的考虑，监管部门会要求银行所提供的金融产品的相关信息要公开和透明，以便评判该产品的风险状况，为竞争对手模仿带来便利条件。

金融产品较强的同质性和竞争性的特点，决定了商业银行若要长期维持其产品和服务特色的优势，满足客户的需求，就需要不断创新，加快金融新产品的推出速度。

从客户端分析，影响客户满意度的商业银行新产品推出速度主要涉及以下几个方面：①金融产品是否丰富，即是否具有较宽的产品线，是否能满足客户多样化的金融需求；②金融产品是否具有先进性，即产品是否具有创新性，是否能引导和满足客户多变的需求；③金融产品是否具有灵活性，即产品是否能适应于各种不同客户的需求，各种产品之间相互转换是否便利；④金融产品是否具有价值，即产品是否能提高客户的货币价值，是否能降低客户成本；⑤金融产品是否拥有品牌，即产品是否拥有较高的知名度，是否为大众所熟悉。虽然金融产品的功能可以被竞争者仿制，但品牌却是独一无二的，商业银行利用品牌的优势可以增加产品的差异化，提高市场的接受程度；⑥金融产品是否体现出专业性，即是否有帮助客户高效配置资产的专业能力，实现由理财超市定位向理财专家定位的转变。具体来看，商业银行的非利息收入与总收入比率的增长率可以反映其新产品的推出速度。一般说来，该比率越高，说明商业银行的金融创新能力越强，新产品推出速度越快。

（四）价格

(1) 从商业银行基因特征来看，外部环境的限制使得商业银行作为金融市场重要的主体，还不能拥有全部的定价权。由于商业银行经营的不是一般的产品，而是信贷资金，而信贷资金对一国经济和经济安全的巨大影响，使得大多数的政府都不会轻易放弃对商业银行产品价格——利率的完全控制。目前在中国，利率作为资金价格，还没有完全地市场化，法定存款利率、基础利率和浮动范围均由人民银行统一规定。利率管制的宏观环境造成了目前的非市场化的定价体制，使占商业银行利润绝大部分的存贷款成本和收益在同业之间的差异化不大。

除了存贷款利率非市场化，人民银行发布的《商业银行法》《支付结算办法》《银行卡业务管理办法》，以及银监会发布的《商业银行中间业务暂行规定》《商业银行服务价格管理暂行办法》等法规制度，对除利率之外的其他金融产品的价格也有诸多规定，如要根据服务的性质、特点和市场竞争状况，分别实行政府指导价和市场调节价，除此之外，还规定不得对人民币储蓄开户、销户、同城的同一银行内发生的人民币储蓄存款及大额以下取款业务收费。

此外，在中间业务定价权上，还存在行政干预，一些地方物价管理部门，经常将商业银行的一些正常的收费视为“乱收费”进行干涉。媒体也对以前不收费，且涉及面广的收费项目进行炒作，影响了商业银行的定价决策。

(2) 从客户角度来分析，客户消费心理对商业银行的定价也构成挑战。长期以来，客户习惯了商业银行在中间业务上的免费和低廉服务，还没有树立有偿服务的观念。

从趋势来看，随着我国商业银行同业之间竞争的加剧，并且由于金融产品同质化现象严重，价格正逐步成为影响客户满意度因素之一，突出表现在优质客户效益观念增强，对价格日益敏感，往往采取招标方式，明确表示价格优惠是考虑中标银行的重要标准。

具体来看，影响客户满意度的商业银行价格的指标有：存款的价格，是否有优惠利率；贷款的价格，是否有优惠利率；中间业务收费，是否合理，是否优惠。

（资料来源：李桂琴，仲伟俊．商业银行客户满意度影响因素研究［J］．南京理工大学学报（社会科学版），2008（4）：58－60.）

第三节　金融企业客户满意度的衡量

一、客户满意度调查

（一）调查方法

1. 设立投诉与建议系统

以顾客为中心的企业应能方便顾客传递他们的建议和投诉，设立投诉与建议系统可以收集到顾客的意见和建议。例如，很多银行大厅为客人提供了表格以反映他们的意见。也可以在走道上设置建议箱，为客户提供意见卡，以及聘请专人专门收集顾客的意见。此外，金融企业的客户呼叫中心的免费电话也最大程度地方便了顾客进行咨询、建议或者投诉。这些信息流有助于企业更迅速地解决问题，并为这些企业提供了很多开发新产品和服务的创意。

2. 顾客满意度量表调查

仅仅建立投诉与建议系统并不能保证金融企业可以全面了解顾客的满意和不满意。

一项在新加坡商场中所作的调查表明，当顾客对劣质服务不满意时，会有以下反应：70%的购物者将到别处购买；39%的人认为去投诉太麻烦；24%的人会告诉其他人不要到提供劣质服务的商店购物；17%的人将对劣质服务写信投诉；9%的会因为劣质服务责备销售人员。上述结果说明并不是所有不满意的顾客都会去投诉，因此，企业不能仅用投诉程度来衡量顾客满意程度，应该通过开展周期性的调查，获得有关顾客满意的直接衡量指标。

金融企业可以通过电话或者信件等方式向购买者询问他们的满意度是多少。在这些询问顾客满意度的测试中，调查问卷或测试量表一般从以下两方面进行设计：一是列出所有可能影响顾客满意的因素，然后按照重要程度由最重要到最不重要排列，最后选出企业最关心的几个因素，让受访者帮助判断这些因素的重要性；二是让受访者对这些重要因素的满意度做出评价。这是发现顾客满意与不满意的主要方法，企业将利用这些信息来改进它下一阶段的工作。

3. 佯装购物法

另一种了解顾客满意度的有效方法是，雇用一些人员装作潜在购买者，以报告他们在购买企业和竞争者产品的过程中所发现的优点和缺陷。这些佯装购物者甚至可以故意找些麻烦以考察不同企业的销售人员能否将事情处理好。企业不仅应该雇用佯装购物者，而且管理者本人也应该不时地离开办公室，微服出访，到企业和竞争者那儿从事购物活动，亲自体验一下被当作顾客的经历。对于管理者来说，还有一种不同寻常的方法是：以顾客的身份向自己的企业打电话提出各种问题和抱怨，看看企业职员是如何处理这些问题的。如，太康保险企业就经常打电话给顾客，询问自己的职员有没有对顾客进行劝诱式销售，或代顾客签字。

4. 失去顾客分析

企业应当和停止购买或转向其他供应商的顾客进行接触，了解为什么会发生这种情况。每当失去一个顾客时，企业都应该竭尽全力探讨分析失败的原因：是价格太高，服务有缺陷，还是产品不可靠，等等。从事“退出调查”和控制“顾客流失率”是十分重要的。因为顾客流失率上升，就表明企业在使顾客满意方面不尽如人意。

上述顾客满意程度的调查方法说到底是收集有关信息，为此，企业必须花代价、精心设计自己的信息系统。一般来讲，取得信息的渠道有正式和非正式两种，正式渠道主要是公开、程序化的渠道，如顾客投诉系统、顾客满意度调查即属此类；非正式信息渠道是非公开的、隐蔽的信息渠道，如佯装购物法、微服出访、在顾客中安排“眼线”、“卧底”等即属此类。正式信息渠道的优点是程序化，弱点是太慢，另外由于面子、情感等因素的作用，顾客有些不满不便表达。非正式渠道的优点是快速，能得到来自顾客最隐秘的信息，弱点是非程序化，存在将个别顾客意见普遍化倾向。营销经理要灵活驾驭这两条渠道，以非正式渠道弥补正式渠道的不足。

（二）调查流程

1. 确定调查的内容

开展顾客满意度调查研究，必须首先识别顾客和顾客的需求结构，明确开展顾客满意度调查的内容。不同的企业、不同的产品拥有不同的顾客。不同群体的顾客，其需求结构的侧重点是不相同的，例如，有的侧重于价格，有的侧重于服务，有的侧重于性能和功能等。对于金融企业来说，调查的内容主要包括以下几个方面：产品的安全性、可靠性、增值性、风险性、便利程度、及时性、产品服务需求、产品价格需求等。

2. 指标量化和权重确定

顾客满意度调查的本质是一个定量分析的过程，即用数字去反映顾客对测量对象的属性的态度，因此需要对调查项目指标进行量化。顾客满意度调查了解的是顾客对产品、服务或企业的态度，即满足状态等级，一般采用七级态度等级：很满意、满意、较满意、一般、不太满意、不满意和很不满意。

一般而言，很满意表明产品或服务完全满足甚至超出顾客期望，顾客非常激动和满足；满意表明产品或服务各方面均基本满足顾客期望，顾客称心愉快；较满意表明产品或服务许多方面满足顾客期望，顾客有好感、肯定；一般表明产品或服务符合顾客最低的期望，顾客无明显的不良情绪；不太满意表明产品或服务未满足顾客的主要期望，顾客抱怨、遗憾；不满意表明产品或服务的一些方面存在缺陷，顾客气愤、烦恼；很不满意表明产品或服务有重大的缺陷，顾客愤慨、恼怒。

对不同的产品与服务而言，相同的指标在不同指标体系中的权重是完全不同的，只有赋予不同的因素以适当的权重，才能客观真实地反映出顾客满意度。权重的确定一般建议采用德尔斐法，邀请一定数量的有关专家分别对调查的每一项内容给出权重，并请他们将各自的权重结果发送给调查者，调查者将综合后的结果再返还给专家，他们利用这一信息进行新一轮的权重给分，如此往返几次，一直到取得稳定的权重结果。最终，根据客户给各重要因素的打分和各因素权重得到各项顾客满意度指标的得分结果。

3. 明确调查的方法

目前通常采用的方法主要包括三种：

（1）问卷调查。这是一种最常用的顾客满意度数据收集方式。问卷中包含很多问题，需要被调查者根据预设的表格选择该问题的相应答案，顾客从自身利益出发来评估企业的服务质量、顾客服务工作和顾客满意水平。同时也允许被调查者以开放的方式回答问题，从而能够更详细地掌握他们的想法。

（2）二手资料收集。二手资料大都通过公开发行刊物、网络、调查公司获得，在资料的详细程度和资料的有用程度方面可能存在缺陷，但是它毕竟可以作为我们深度调查前的一种重要的参考。特别是进行问卷设计的时候，二手资料能为我们提供行业的大致轮廓，有助于设计人员对调查问题的把握。

(3) 访谈研究。包括内部访谈、深度访谈和焦点访谈。

内部访谈是对二手资料的确认和对二手资料的重要补充。通过内部访谈，可以了解金融企业经营者对所要进行的项目的大致想法，同时内部访谈也是发现企业问题的最佳途径。

深度访谈是为了弥补问卷调查存在的不足，有必要时需要实施典型用户深度访谈。深度访谈是针对某一论点进行一对一的交谈，在交谈过程中提出一系列探究性问题，用以探知被访问者对某事的看法，或做出某种行为的原因。一般在实施访谈之前应设计好一个详细的讨论提纲，讨论的问题要具有普遍性。

焦点访谈是为了更周全地设计问卷或者为了配合深度访谈，可以采用焦点访谈的方式获取信息。焦点访谈就是一名经过企业训练过的访谈员引导 8 ~ 12 人（顾客）对某一主题或观念进行深入的讨论。焦点访谈通常避免采用直截了当的问题，而是以间接的提问激发与会者自发的讨论，可以激发与会者的灵感，让其在一个“感觉安全”的环境下畅所欲言，从中发现重要的信息。

4. 选择调查的对象

有些企业在确定调查的对象时往往只找那些自己熟悉的老顾客（忠诚顾客），排斥那些可能对自己不满意的顾客。这样会导致客户满意调查结果出现偏差。如果顾客较少，应该进行全体调查。但对于大多数企业来说，要进行顾客的全部的总体调查是非常困难的，也是不必要的，应该进行科学的随机抽样调查。在抽样方法的选择上，为保证样本具有一定的代表性，可以按照顾客的种类，如 VIP 客户与普通客户、忠诚客户与非忠诚客户或公司客户与个人客户等进行抽样。在样本的大小确定上，为获得较完整的信息，必须要保证样本足够大，但同时兼顾到调查的费用和时间的限制。

5. 顾客满意度数据的收集

顾客满意度数据的收集可以是书面或口头的问卷、电话或面对面的访谈，若有网站，也可以进行网上顾客满意度调查。调查中通常包含很多问题或陈述，需要被调查者根据预设的表格选择问题后面的相应答案，有时候调查时让被调查者以开放的方式回答，从而能够获取更详细的资料，能够掌握关于顾客满意水平的有价值信息。调查法使顾客从自身利益出发来评估企业的服务质量、顾客服务工作和顾客满意水平。

6. 科学分析

现在许多企业进行顾客满意度调查后，只简单地根据自己公司制定的测量和计算方法，计算一下均值比较即结束了。其实如果我们进一步选用合适的分析工具和方法，顾客满意度测量结果可以给我们提供许多有用的信息。针对顾客满意度调查结果分析，常用的方法有：方差分析法、休哈特控制图、双样本 T 检验、过程能力直方图和 Pareto 图等。因此为了客观地反映顾客满意度，企业必须确定、收集和分析适当的顾客满意度数据并运用科学有效的统计分析方法，以证实质量管理体系的适宜性和有效性，并评价在何处可以持续改进。

顾客满意度数据的分析将提供以下有关方面的信息：

（1）顾客满意程度；

（2）与服务要求的符合性；

（3）过程和服务的特性及趋势，包括采取预防措施的机会；

（4）持续改进和提高产品或服务的过程与结果；

（5）不断识别顾客，分析顾客需求变化情况。

企业应将这些客户数据都输入到客户数据库中，不断对客户信息进行更新。同时，还要运用科学的方法，分析顾客发生变化的状况和趋势；研究顾客消费行为有何变化，寻找其变化的规律，为提高顾客满意度和忠诚度打好基础。

7. 改进计划和执行

在对收集的顾客满意度数据进行科学分析后，企业就应该立刻检查自身的工作流程，在“以顾客为关注焦点”的原则下开展自查和自纠，找出不符合顾客满意管理的流程，制定企业的改进方案，并组织企业员工实行，以达到顾客的满意。

二、客户满意度指标体系

目前国内外进行客户满意度研究时，先后提出了多种测评客户满意度的模型并应用于实践，下面简要介绍几种有代表性的模型：

（一）四分图模型

四分图模型又称为重要因素推导模型，是一种偏于定性研究的诊断模型。它首先通过调研和访谈列出企业产品和服务的所有绩效指标，对每个绩效指标设重要度和满意度两个属性，根据顾客对该绩效指标的重要程度及满意程度的打分，将影响企业满意度的各因素归进四个象限内，企业可按归类结果对这些因素分别处理[①]（见图4－2）。根据企业需要，最后可以汇总得到一个企业整体的顾客满意度值。

横轴表示客户对某些顾客满意度指标的评分情况，纵轴表示企业对这些指标重要性的评分情况。对金融企业而言，横轴表示了客观情况，纵轴表示了主观判断。当客观和主观情况的得分都很高时，企业处在A区（即优势区）中；当客观和主观得分较低时，企业处在C区（即机会区）中；当客观得分较高，主观得分低时，则处在B区（修补区）中；当客观高主观较低时，企业处在D区（即维持区）中。

A区——优势区（高重要性、高满意度）：指标分布在这些区域时，表示对顾客来说，这些因素是重要的关键性因素，顾客目前对这些因素的满意度评价也较高，这些

① 四分图模型，MBA智库百科，http：//wiki.mbalib.com/wiki/四分图模型。

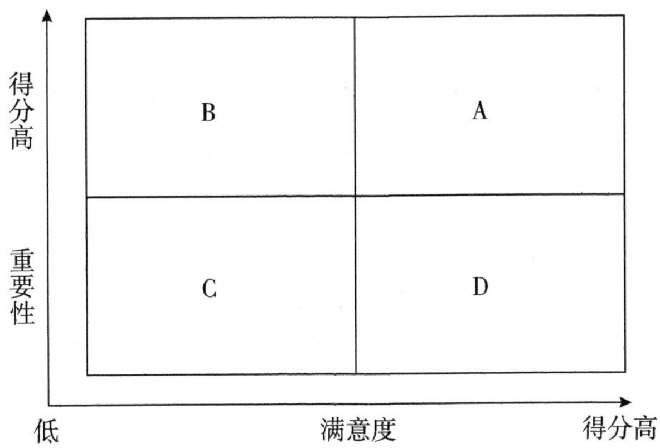

图 4－2　四分图模型

优势因素需要继续保持并发扬，使之成为自己的优势产品。

B 区——修补区（高重要性、低满意度）：指标分布在这些区域，表示这些因素对顾客来说是重要的，但当前企业在这些方面的表现比较差，顾客满意度评价较低，需要重点修补、改进。

C 区——机会区（低重要性、低满意度）：指标分布在这些区域时，代表着这一部分因素对顾客不是最重要的，而满意度评价也较低，但对企业的影响并不很大，因此不是现在最急需解决的问题，没有必要投入大量的精力，可以暂时将其忽略。

D 区——维持区（低重要性、高满意度）：满意度评价较高，但对顾客来说不是最重要的因素，属于次要优势（又称锦上添花因素），对于这些因素一方面企业可以注意发挥这些因素的优势，使之向保持区变化，另一方面由于其对企业当前的实际作用不大，如果从企业资源的有效分配考虑，可以先从该部分做起。

四分图模型目前在国内应用很广，国内大多数企业在做顾客满意度调查时均采用该模型，这个模型简单明了，分析方便有效，而且不需要应用太多的数学工具和手段，无论是设计、调研，还是分析整理数据，都易于掌握，便于操作。

当然，这个模型也存在不足之外。它孤立地研究满意度，没有考虑顾客感知和顾客期望对满意度的影响，也没有研究满意度对顾客购买后行为的影响。在实际操作中，该模型列出各种详细的绩效指标由顾客来评价指标得分，这就可能让许多顾客重视但调查人员和企业没有考虑到的因素未能包含在调查表中。由于该模型不考虑误差，仅由各指标得分加权平均算出顾客满意度的数值，得出的数据不一定准确，同时也不利于企业发现和解决问题。另外，由于该模型使用的是具体的绩效指标，很难进行跨行业的顾客满意度比较。即使处在同一行业的各个企业，由于各地区经济发展不平衡，顾客要求不同，各指标对顾客的重要程度也可能不同，导致同一行业跨地域的可比性也大大降低。

（二）KANO 模型

受行为科学家赫兹伯格的双因素理论的启发，东京理工大学教授狩野纪昭（Noriaki Kano）和他的同事高桥文雄（Fumio Takahashi）于 1979 年 10 月发表了《质量的保健因素和激励因素》（Motivator and Hygiene Factor in Quality）一文，第一次将满意与不满意标准引入质量管理领域，提出了 KANO 模型（见图 4 – 3）。

严格地说，该模型不是一个测量顾客满意度的模型，而是对顾客需求或者说对绩效指标的分类，通常在满意度评价工作前期作为辅助研究模型。它是一个典型的定性分析模型，一般不直接用来测量顾客的满意度，而是用于对绩效指标进行分类，帮助企业了解不同层次的顾客需求，找出顾客和企业的接触点，识别使顾客满意的至关重要的因素。

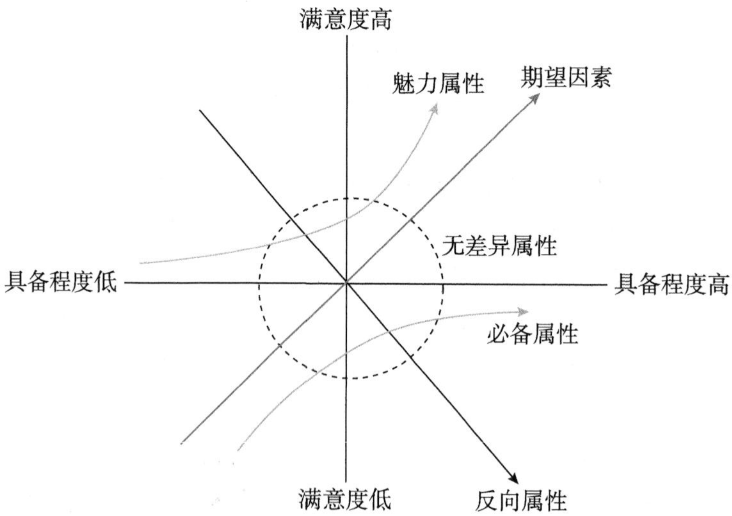

图 4 – 3　KANO 模型

KANO 模型定义了三个层次的顾客需求：基本型需求、期望型需求和兴奋型需求①。

基本型需求是顾客对企业提供的产品/服务因素的基本要求。这是顾客认为产品/服务“必须有”的属性或功能。当其特性不充足（不能满足顾客需求）时，顾客很不满意；当其特性充足（满足顾客需求）时，顾客也可能不会因而表现出满意。对于基本型需求，即使超过了顾客的期望，但顾客充其量达到满意，不会对此表现出更多的好感。不过只要稍有一些疏忽，未达到顾客的期望，则顾客满意将一落千丈。对于顾客而言，这些需求是必须满足的，理所当然的。例如，银行，理应能够为客户提供现

① KANO 模型，MBA 智库百科，http：//wiki. mbalib. com/wiki/KANO 模型。

金存取、支付转账等基本功能。如果这些功能都无法满足，那么顾客对该银行的满意水平则会明显下降，投诉、抱怨随之而来。

期望型需求是指顾客的满意状况与需求的满足程度成比例关系的需求。期望型需求没有基本型需求那样苛刻，其要求提供的产品/服务比较优秀，但并不是“必须”的产品属性或服务行为。企业提供的产品/服务水平超出顾客期望越多，顾客的满意状况越好，反之亦然。在市场调查中，顾客谈论的通常是期望型需求。质量投诉处理在我国的现状始终不能令人满意，该服务也可以被视为期望型需求。如果企业对质量投诉处理得越圆满，那么顾客就越满意。

兴奋型需求是指不会被顾客过分期望的需求。但兴奋型需求一旦得到满足，顾客表现出的满意状况则也是非常高的。对于兴奋型需求，随着满足顾客期望程度的增加，顾客满意也急剧上升；反之，即使在期望不满足时，顾客也不会因而表现出明显的不满意。这要求企业提供给顾客一些完全出乎意料的产品属性或服务行为，使顾客产生惊喜。顾客对一些产品/服务没有表达出明确的需求，当这些产品/服务提供给顾客时，顾客就会表现出非常满意，从而提高顾客的忠诚度。例如，交通银行太平洋国际信用卡在检测到客户在境外有大笔消费时，会自动提升信用卡额度，无须特别申请，并会在下月自动回复当前额度，不需要客户主动取消。对此，即使另一些企业未提供这些服务，顾客也不会由此表现出不满意。

在实际操作中，首先，企业要全力以赴地满足顾客的基本型需求，保证顾客提出的问题得到认真的解决，重视顾客认为企业有义务做到的事情，尽量为顾客提供方便，以实现顾客最基本的需求满足。其次，企业应尽力去满足顾客的期望型需求，这是质量的竞争性因素。提供顾客喜爱的额外服务或产品功能，使其产品和服务优于竞争对手并有所不同，引导顾客加强对本企业的良好印象，使顾客达到满意。最后，争取实现顾客的兴奋型需求，为企业建立最忠实的客户群。

（三）美国客户满意度指数模型（ACSI）

ACSI 是 Fornell（费耐尔）等人于 1996 年在瑞典顾客满意指数模式（SCSB）的基础上创建的顾客满意度指数模型。ACSI 是一种对顾客满意度水平的综合评价指数，由国家整体满意度指数、部门满意度指数、行业满意度指数和企业满意度指数 4 个层次构成，是目前体系最完整、应用效果最好的一个国家顾客满意度理论模型①（见图 4－4）。

该模型共有 6 个结构变量，顾客满意度是最终所求的目标变量，预期质量、感知质量和感知价值是顾客满意度的原因变量，顾客抱怨和顾客忠诚则是顾客满意度的结果变量。

ACSI 模型各组成要素之间的联系呈现因果关系，它不仅可以总结顾客对以往消费

① ACSI 模型，MBA 智库百科，http：//wiki. mbalib. com/wiki/美国顾客满意度指数模型。

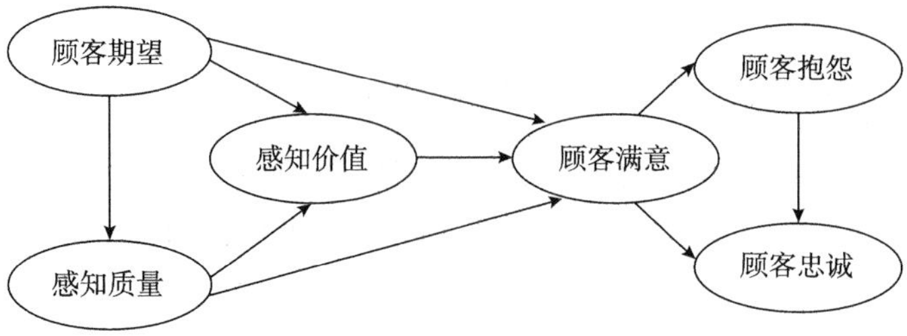

图 4-4 ACSI 模型

资料来源：FORNELL. C. et al. The American Customer Index：Nature，Purpose and Findings.

经历的满意程度，还可以通过评价顾客的购买态度，预测企业长期的经营业绩。在实际调研时，ACSI 模型只需要较少的样本（120 ~ 250 个），就可以得到一个企业相当准确的顾客满意度。

在 ACSI 体系中，所有不同的企业、行业及部门间的顾客满意度是一致衡量并且可以进行比较的。它不仅让顾客满意度能在不同产品和行业之间比较，还能在同一产品的不同顾客之间进行比较，体现出人与人的差异。

需要指出的是，虽然 ACSI 是以先进的消费者行为理论为基础建立起来的精确的数量经济学模型，可是由于其建立的目的是为了监测宏观的经济运行状况，主要考虑的是跨行业与跨产业部门的顾客满意度比较，而不是针对具体企业的诊断指导，它调查企业的目的只不过是以企业为基准来计算行业、部门和全国的满意度指数。它的调查也不涉及企业产品或服务的具体绩效指标，企业即使知道自己的满意度低，也不知道具体低在生产或服务的哪个环节，应该从哪一方面着手改善；更不知道顾客最需要的是什么，最重视的又是什么。由于缺乏对企业生产经营上的具体指导作用，所以在进行微观层面具体企业的满意度调查时很少使用该模型。

第四节　金融企业客户满意度的提升

通过对客户满意度影响因素的分析，我们认为，要实现对客户满意度的提升可以从以下几个方面去做：金融客户期望管理、金融企业服务质量管理、金融客户感知价值管理、金融客户的情绪管理、归因管理、公平与公正的合理解释。

一、金融客户期望管理

客户的期望是可以管理、可以设计的，它是一个动态的、可变化的区域，受到多种因素的影响。客户实际体验到的服务质量只要落在这个区域内，就会接受这种服务，认为质量满意。

客户的期望是必须管理的。负责任的企业不能让客户满怀期望而来，大失所望而去。如此企业为客户服务的努力将适得其反，过高的期望也在无形中增大了企业的服务成本，是事倍功半之举。

企业的客户期望可以从以下几个方面进行管理：

第一，依据客户价值分类，对客户进行分类管理。按照客户价值对客户进行分类，将价值高的客户与价值低的客户区分开来。一般来说，客户价值较低时，客户的期望也较低，此时企业采取恰当的营销策略就能较好地控制客户期望；而当客户价值较高时，客户的期望水平也较高，此时企业应当更多地开展关系营销，不断加强与客户之间的关系纽带，尤其是情感层面，通过与客户关系的建立能有效地控制客户对于产品等实体层面的期望①。

第二，避免“掉落”现象。一项服务会随时间的推移从较高位置向较低位置产生“掉落”现象，即随着时间推进，原有的兴奋需求类服务可能会演变为期望需求类服务，甚至基本需求类服务。例如，随着技术的发展，现在很多银行都已经可以做到转账 2 小时内到账。原本客户所普遍接受的 24 小时到账服务，现在客户就很难接受了。可以说这种现象很不利于客户期望的控制，因此，减缓或消除服务的“掉落”现象是客户期望控制的重点内容。金融机构需要加强产品的迭代速度，能够始终走在产品创新、服务升级的前列，才能追上客户期望升级的步伐。

第三，对客户期望进行分级管理。客户期望管理的重中之重还在于如何有效控制客户期望的攀升，合理引导客户期望水平。

首先，对客户需求采用分级服务标准。分别针对基本型需求/期望型需求/兴奋型需求，推出相对应的基础服务/期望服务/兴奋服务，以满足客户不同层面需求。对于客户期望较高的基本型需求及期望型需求，提高对应服务的资源配置优先级，同时控制兴奋型需求服务成本，采取非周期性、非常规性提供原则，防止客户产生预期心理而产生需求层次“掉落”。

其次，采用分级服务承诺的办法。对于现已广泛推出的客户基本需求层次上的服务，统一提供标准，并给出明确承诺及服务范围，规范服务提供流程，使广大客户了解服务相关信息，从而使客户期望合理化；对于影响范围相对较小，部分客户群体内推出的在期望需求层次上的服务，对服务质量适当承诺，其中可控性较高的服务可相对提高其承诺水平，可控性较低的服务；反之，对于个别情况下提供的，差异性较为明显，同时又处于兴奋型需求层次上的服务，其服务承诺水平应最低，或不予承诺，尽量防止产生客户预期，以达到惊喜效果、提升客户满意度为最终目的②。

---

① 苑毅．动态变化下的客户期望管理策略［J］．商业经济，2016（5）：88.

② 马睿，屠旭明．从分析影响客户满意度的因素浅谈客户期望管理［J］．长沙通信职业技术学院学报，2009（12）：43－45.

第四，控制信息传播。这是合理引导客户期望、防止客户期望攀升的重要环节。互联网的发展使得信息传播呈现爆炸性，企业应科学合理地控制有关企业产品或服务的信息传播。当有利于企业产品或服务的信息在网络快速传播时，会不断抬高客户对于产品或服务的期望，而当客户实际感受到产品或服务与传播过程中所描述的并不一致时，这种巨大的落差，会瞬间形成不满，并再次借助网络平台快速传播，进而给企业造成不良影响。如：大肆宣传 VIP 客户的某些专属服务，或特定情况下的关怀服务，那么如果其他客户获悉此信息，但类似情况下却没有得到同等服务，就很可能非常不满，甚至导致客户流失；反之，如果不利于企业的信息传播时，由于人们的风险厌恶情绪会自动隔离对于负面信息的接受，也会对企业产生不良影响。

二、金融企业服务质量管理

服务质量管理是客户满意管理中非常重要的一部分，鉴于篇幅的原因，关于金融企业服务质量管理的详细内容，我们将在第五章进行详细阐述。

三、金融客户感知价值管理

如前所述，客户感知价值是客户从购买的产品或服务中所获得的全部感知利益与为获得该产品或服务所付出的全部感知成本之间的权衡。因此，我们将从提高感知利得和降低感知利失两个方面来对客户感知价值进行管理。

（一）提高顾客感知利得

1. 产品效用最大化

金融企业要加大科学技术的投入，引进先进科技来武装自己，使得产品在市场竞争中占据有利地位。金融企业要对客户做到科学的细分，有针对性地进行金融产品的开发、设计和创新，以满足顾客的不同需求，为顾客创造实际的产品效用。

2. 服务维度多样化和水平最优化

美国哈佛商业杂志发表的一项研究报告指出：公司只要降低 5% 的顾客流失率，就能增加 25% ~85% 的利润。而在吸引顾客再次光临的因素中，首先是服务质量的好坏，其次是产品本身，最后是价格。金融企业本身就是服务型企业，客户对服务品质的要求更高，因此一定要树立较强的服务意识。尤其是在金融企业的核心产品很难做到差异化的情况下，提升服务品质就显得尤为重要。金融企业可以在现有服务基础上开发多维度、全方位的服务。周到和多维度的服务是让顾客满意和再次光临的重要内容。

3. 员工质量均优化

国内外学者（Bloemer 等，1998；张雪兰，2005；陆娟等，2006；王海忠等，2006）对银行业的实证研究证明，提高服务质量能够显著提高顾客满意度。但竞争的加剧和复杂化使企业认识到要实现顾客满意，需要首先实现员工满意。Schmit（施密特）

和 Allsc - heid（阿尔斯赫德）（1995）指出，没有满意和忠诚的员工难以获得满意和忠诚的顾客。为此，有学者提出商业银行应首先通过开展内部营销提高员工满意度，进而提高服务质量和顾客满意度①。金融机构应从内部营销观念出发，积极开展有效的内部营销活动以提高员工满意度，继而确保员工向外部顾客传递高质量服务，最终赢得顾客满意。具体包括：以不同岗位的具体要求为基础，招聘合适人才；建立柔性开放的沟通渠道，做好与员工的双向沟通，加强员工培训，满足员工的培训需求；针对员工的不同特点和需求层次，合理应用激励机制，向员工授权；实施参与式管理；以观念的转变和制度的科学化为动力，营造创新文化。

4. 企业形象品牌化

良好的企业形象是企业的一笔无形资产，好的形象容易使得顾客产生好感，对企业产品也会更多的青睐。因此，企业可以通过一系列公关活动来向公众展现自身企业的形象，同时也应该做好危机公关，让顾客满意。企业产品品牌化，提高产品的档次，满足顾客的心理价值②。

（二）降低顾客感知利失

1. 货币成本最小化

合理地制定服务价格是提高客户感知价值和客户满意度的重要手段。金融机构定价应该以确保客户满意为出发点，依据市场形势、竞争程度和客户的接受能力来进行考虑，尽可能做到按照“客户预期”定价，并千方百计地降低客户成本。例如，2012年10月15日，中信银行在官网上公布调整信用卡取现手续费基准价格。境内按照取现金额的2%收取，最低人民币20元每笔，境外按取现金额的3%收取，最低美元3元或港币30元或欧元3元。而之前执行的是“境内取现手续费为按取现金额3%，最低人民币30元”的标准。

2. 时间最短化

由于金融企业的服务业特征，时间是金融客户考虑的一个十分重要的决策因素。因此，金融企业应该尽可能地提供基于信息技术的多种手段，如自助设备、网络银行、手机客户端、客户呼叫中心等，为顾客提供多种业务办理的途径；同时，金融机构网点的合理的流程安排、叫号系统的使用、恰当的客户引导方案、员工的专业化服务也都可以极大地提高工作效率，降低客户的等候时间；再者，金融机构也可以适时地引入预约制度，减少柜面客户的时间成本。

---

① 李平，刘翠华，阳玉浪，等．内部营销、员工满意、服务质量与顾客满意关系研究［J］．财经理论与实践，2009（7）：95.

② 母之荣．基于顾客满意下的顾客感知价值研究［J］．企业导报，2013（17）：179.

3. 降低体力成本

便利性也是影响金融客户决策的关键因素之一。金融机构应特别关注其服务网点的数量和选址，争取为客户提供最大的便利。另外，金融企业可以适当地对客户进行引导，使其在相关业务上尽可能选择网络或手机客户端，大大地缓解柜面压力，也极大地减少客户的体力和精力成本。

4. 降低精神成本

最常见的方法是推出承诺与保证。客户越看中安全性和可靠性，金融机构的承诺和保证就越重要。当然，在给顾客做出承诺和保证时，企业一定要注意，该保证和承诺一定是可以实现的，不能因为要在短期内留住顾客，就做出无法实现的承诺和保证。

四、客户的情绪管理

从前面对客户满意的分析可知，客户满意度不仅包含认知成分，还包含情绪成分。我们在对消费者行为进行理解时，一定要将情绪的因素考虑进去。这就要求企业要对服务管理体系进行完善，不断地对服务或产品进行改善，使客户对企业一直保持积极情绪，从而保持或者提升客户的满意度。

研究表明，在服务过程中，服务质量变化对消费者愉快情绪、总体感知服务质量、满意度、口碑传播意愿或者重复购买意愿的影响呈现出不对称性。同等数量的服务质量降低对消费者愉快情绪、总体感知服务质量、满意度、口碑传播意愿或者重复购买意愿的影响比同等数量的服务质量的提高影响更大，即消费者对服务质量降低更加敏感。因此，要不断地达到客户的持续满意度，需要通过尽量提高服务质量，增加客户更多的积极情绪；同时，尽可能地减少服务失误，做好失误后的补救工作，减少客户的负面情绪。

五、归因管理

不管是服务成功或者失败，客户满意在一定程度上总是受到客户主观因素的影响，即客户认为服务为什么会成功或者失败。为了防患于未然，在企业为客户提供服务之前，就应该切实做好和客户的沟通，深入地了解顾客自身状况，并对所处的外部环境，如经济、政治、法律等进行透彻的分析。在为客户提供产品或服务解决方案时尽可能地考虑可能发生的各种情况，向客户进行清晰准确的说明，最好能够提供多种备选方案让客户自行选择，从而帮助客户建立合理的心理预期。

对于服务成功的归因，不管客户将此成功归因为自己（专业知识背景、个人决策的正确性等）、企业本身（产品或服务质量好、知名品牌、专业技能强等）或者是外部因素（政策好、时机恰当等），对于金融企业和客户的关系建立都有着正面的影响，金融企业都可以借此机会与客户加深联系。而对于服务失败的归因，金融企业应该尽快与客户进行沟通，了解服务失败的真正原因，如果是客户自身或者外部因素的原因，耐心地为客户做出解释并及时帮助客户提出解决方案；如果是企业的原因，应及时采取服务补救措施，以获得客户的谅解、争取客户的配合，尽可能地把负面影响控制在有限的范围内。

六、公平与公正的合理解释

如前所述，客户对公平与公正的感知来源于横向或纵向比较。对于纵向比较，金融企业需特别注意，应给客户提供合理的解释，例如，之前和现在的产品或服务出现不一致的原因，如政策调整、经济状况发生变化等，尽可能消除客户的疑问。对于横向比较，则建议金融机构在一开始与客户建立业务关系时，就向客户说明不同类别客户的门槛和权限，让客户根据自己的实际情况选择可以享受的服务。但不管是针对横向比较的说明还是纵向比较的解释，合理性都是金融机构需要特别重视的。此外，服务补救也是解决公平公正问题的重要途径。

案例：VIP 交易通道是证券公司满足客户需求的重要手段

“证券交易最基本的两大原则，一个是时间优先，另一个是价格优先，而此前券商向一些大户提供 VIP 通道，使其交易速度要比普通散户快很多，能够在快速涨停板中屡屡秒杀成功，这是有违于时间优先原则的。”上海师范大学商学院投资与保险系副教授黄建中在采访时表示，“从这个角度来看，类似提供 VIP 通道服务违反了公平交易原则，与证券市场的‘三公’原则也有一定的冲突。”

日前，有媒体报道称，券商“VIP”交易通道服务因存在灰色利益链条而导致交易不公，该事件引发了市场的强烈关注。

此前，深交所召开专题座谈会，对市场关心“VIP”交易通道服务问题进行了研究分析。有媒体反映称，目前，有部分证券公司向资金量大、交易频繁的客户提供“VIP”交易通道服务，即包括专用交易单元和报盘网关等技术设施，使其交易申报在极端情况下，具有一定的时间优势，如新股上市首日。

“申请专用通道，一般都是券商营业部向公司总部提出申请，再由公司总部向交易所申请。”一位不愿具名的券商人士透露，申请获批之后，这条交易通道就归营业部使用，营业部则给几个超级大户使用，但理论上不能转租、销售或承包给个人。

该人士表示，其实下单的早晚和申报并没有直接关系。许多中小投资者以为交易单下得早，向交易所申报就早，但实际上投资者下的单子均先集中到券商，再由券商集中向交易所申报。“所以说，哪怕是前一天晚间下的单子，也要第二天一早由券商向交易所申报。如果不是在专用通道，那么申报单就会拥堵，成交的概率会很低。”

座谈会上，一些证券公司认为，“VIP”交易通道服务是证券公司满足客户资金规模、交易频率等特点，实行差异化的客户分类服务，也是满足部分客户专业化投资策略的需要。但这一过程中，带来了一些新的问题，例如，差异化服务与公平性的矛盾，差异化服务相关制度的透明性问题等，需要行业共同关注研究。

“其实，造成不公的源头在于券商从自身利益出发，照顾大客户的利益，有利于其拓展业务。”黄建中表示，“这就好比是交易所给了券商几条通道，有高速公路，也有普通公路，券商自行分配，自然会给大户方便。”

黄建中认为，在新股发行上市首日，若出现大户屡屡得手，这属于明显的异常交易，应该引起交易所的注意和重视。

日前，深交所表态，将与相关监管部门、行业自律组织一起，深入调研，主动适应市场竞争和行业创新力度不断加大的形势，努力维护市场的“三公”原则。

（资料来源：中国行业研究网，2014 年 3 月 25 日，http：//www. chinairn. com/news/20140325/084428473. html。）

思考题

1. 请分析券商“VIP”交易通道服务会为不同类别的客户带来什么样的结果？会对客户满意产生什么样的影响？

2. 请对该结果和后续影响做出评价。如果有负面影响，你能否提出相关的改进建议？

本章小结

（1）满意是一种人的感觉状态的水平，它来源于对一件产品所设想的绩效或产出与人们的期望所进行的比较。顾客满意是顾客对企业和员工提供的产品和服务的直接性综合评价，是顾客对企业、产品、服务和员工的认可。顾客根据他们的价值判断来评价产品和服务。

（2）不同的企业影响客户满意的因素是不相同的，高科技企业和劳动密集型企业、制造业和服务业，不同的行业影响客户满意度的因素相差悬殊，这是由企业的基因特征决定的。但归纳起来，客户满意度会受到六方面因素的影响：顾客期望、服务质量、客户感知价值、客户情绪、对服务成功或失败的归因、对平等或公平的认知。

（3）客户满意度的调查方法包括：设立投诉与建议系统、客户满意度量表调查、佯装购物者和失去顾客分析。调查流程包括：确定调查的内容、指标量化和权重确定、明确调查的方法、确定调查对象、数据收集、科学分析和改进执行。客户满意度的测量模型主要包括：四分图模型、KANO 模型和 ACSI 模型。

（4）客户满意度的提高可以从以下几个方面入手：对客户期望进行管理，包括对客户进行分类管理、避免“掉落”现象、对期望采用分级管理和控制信息传播；服务质量管理；提高客户感知价值，包括提升顾客感知利益（产品效用最大化、服务维度多样化和水平最优化、员工质量均优化和企业形象品牌化）和降低客户感知成本（货币成本最小化、时间最短化、体力和精力成本最弱化）；客户情绪管理、归因管理以及公平与公正的合理解释。

思考练习

1. 什么是客户满意？为什么要关注客户满意？
2. 客户满意度的影响因素有哪些？以某金融企业为例，分析其客户满意度的影响因素。
3. 以某金融企业为例，建立它的客户满意度指标体系和测量模型。
4. 举例说明，如何对客户进行情绪管理。
5. 举例说明，如何对客户进行期望管理。
6. 举例说明，如何提升顾客感知价值。

第五章　金融企业服务质量管理

本章提要

服务质量是影响客户满意的重要因素之一，进而对客户价值和客户忠诚都会产生后续影响。对于金融企业来讲，服务质量管理是它们日常工作的重要组成部分。本章介绍了服务质量的定义、特性和构成要素，阐述了被学术界和业界普遍认可的服务质量差距模型，并在此基础上说明了如何对企业的服务质量进行测量。最后，对当前我国金融行业服务质量面临的问题进行说明和提出对策。

重点难点

- 服务质量的定义和特性
- 服务质量的构成要素
- 服务质量差距模型
- 服务质量的测量

开篇案例：建行以客户为中心提升服务质量

2010 年，迎世博、迎亚运以及我国国民经济由出口主导向内需主导转型，为我国金融事业的发展带来前所未有的机遇和挑战。而银监会等管理机构出台的商业银行运营指引，要求企业加强市场调查和流程控制，体现出社会大众对银行业服务质量的期望在日益提高。

4 月 14 日，记者采访了建行产品与质量开发部总经理魏春旗和副总经理赵志宏，他们向记者介绍了建行自上市以来在提高服务管理、加强流程控制、开发金融产品方面所采取的措施和取得的成效。

确立“以客户为中心”的服务理念

2005 年 4 月，建行提出建立“以客户为中心”的经营理念和运行机制。这几年持续加强各条线之间、前中后台之间的联动，大力发展自助设备和电子银行业务，以客户需求驱动产品创新和流程再造，全面提高了客户服务水平和核心竞争力。

魏春旗说，落实“以客户为中心”的理念首先要尊重客户，坚持听取客户的心声。自2007年起，建行建立了包括客户接待日、客户服务质量调查、客户满意度晴雨表等多种方式的客户之声调查体系，从客户视角认真查找服务薄弱环节和突出问题。

“客户接待日”是动态了解和解决客户诉求的窗口。2008年1月以来，由建行总行和各级分支机构分管个人银行业务的行领导，在每月第二周的第一个工作日直接接待客户，两年来累计接待客户4万多人，其中建行总行分管个人银行业务的副行长陈佐夫直接接待客户近百位，全行共计受理客户意见和建议2.2万多条，客户问题解决率达到80%。

“神秘人调查”对提高服务质量发挥了重要促进作用，“神秘人”其实是银行委托第三方独立调查公司招募真实的银行客户，以匿名身份光顾营业网点接受交互式服务，将整个服务过程中对各个接触点的体验感受记录下来，信息采集的客观性好、可靠度高。建行在国内银行业最早建立“神秘人”调查，总行每半年组织实施一次全行范围的营业网点服务质量调查和报告，各分行每季度组织区域性的服务质量调查和报告，促进了服务质量整体提高。例如，2009年下半年，全行网点服务质量“神秘人”调查得分93.5分，较2009年上半年和2008年下半年分别高出4.1分和2.1分，大堂服务水平持续改善，网点人员营销能力持续增强，网点服务质量继续领先银行同业主要竞争对手。

“客户满意度晴雨表”的作用相当于定期体检。自2007年以来，建行招聘第三方独立调查公司，从细分客户、产品、渠道、区域等多个维度，全面、动态地为全行客户满意度的变化检测把脉，并针对影响当期客户满意度的关键因素实施一系列专项调查，客户满意度晴雨表调查结果纳入对分行KPI考核。几年来，管理层的大力推动和客户满意度监测考核，对促进各部门、各分行采取针对性措施优化流程和创新产品，提升客户服务质量起到了持续驱动作用，2009年建行个人客户满意度为63.9%，比银行同业当期平均水平高出3.6个百分点，比2007年提高6.3个百分点；对公客户总体满意度为88.5%，比2007年提高0.5个百分点。

围绕客户需求，实现弹性边界无缝链接

魏春旗说：“没有好的过程和好的输入，就不可能有好的流程结果。”近年来，建行将流程优化和标准化作为改进客户服务的深层次、根源性因素，着力开展“以客户为中心”的流程银行建设。2006年以来，建行秉持“以客户之声和战略之声驱动为流程改进依据，以精益六西格玛管理为改进实施手段，以客户满意度和投入产出分析为改进效果考核标准”的工作模式，搭建了客户之声和员工合理化建议向流程优化成效的转化渠道，通过制定流程管理规划、流程优化项目管理，以及一整套流程评估、优化和标准化方法技术体系和激励机制，使前中后台业务部门围绕客户需求“弹性边界、无缝链接”流程银行文化蔚然成风。

2007—2009 年，建行按照“以客户为中心”的原则对主要业务流程进行全面梳理、评估和改造，共完成 1086 个流程优化和标准化项目，在改善客户体验、增加业务收入、降低运营成本、提高风控能力等方面取得显著成效。其中，仅 2009 年实施完成的 349 个项目就带来财务贡献约 10 亿元，项目投入产出效应约 41 倍。

目前已完成的零售网点一代转型，对 1.34 万个营业网点实施了转型改造，客户平均等候时间下降 40%，等候时间低于 10 分钟的占比达到 71%，有效缓解了客户“排长队”问题。在 1200 家网点继续实施二代转型，客户经理直接服务客户的时间提高了 31 个百分点；目前全行已配备网点大堂经理 1.5 万人、理财师 3 万人，在国内银行中均名列第一。

根据市场变化，满足客户新需求

根据赵志宏介绍，自股改上市以来，建行一直致力于产品和服务创新。2009 年建行共完成产品创新项目 313 项，在小企业融资、“三农”、机构客户、民生领域加大了产品创新力度，为建行实现战略转型，更好地满足社会物质文化需求提供了有力的支持。例如“大丰收”理财产品系列，具备随购随赎的新功能，将各种分散的理财产品进行有效的整合，满足了各类客户的需求。又如“房 e 通”产品，是个人购买二手房的综合服务平台，为客户购买二手房贷款提供全套服务。

建行在创新的机制和动力上苦练内功。为获得产品创新的先发优势，2009 年建行率先建成国内首家产品创新实验室，重点研发战略性新产品，采用全新的理念、方法技术和组织模式为各业务条线提供新的产品概念和新产品原型。实验室成立以来，已经和正在开发的新产品原型数量将近 10 个，其中不乏跨业务领域、采用新型商业模式构建的战略性创新。

（资料来源：程瑞华，建行：以客户为中心提升服务质量，金融时报，2010 年 4 月 15 日，http://stock.stockstar.com/JL2010041500001658.shtml。）

第一节　服务质量管理的基本概念

一、服务质量的定义和特性

格罗鲁斯第一次提出了顾客感知服务质量概念。认为顾客感知服务质量是顾客对服务期望（Expectation）与实际服务绩效（Perceived Performance）之间的比较。实际服务绩效大于服务期望，则顾客感知服务质量是良好的，反之亦然。追求过高的服务质量在经济上是不划算的，而太低的感知质量则会导致顾客不满意。因此，服务质量管理的主要目标就是要追求最佳（性能/价格比最高）的顾客感知质量。通过以上对服务质量内涵的评述，我们可以得出服务质量所具有的基本特性：

1. 服务质量的主观性

同一顾客在不同环境下或者不同顾客在相同环境下对同一服务的感知质量是不同的，也就是说服务质量的高低在一定程度上取决于顾客个人的主观感受。

2. 服务质量的互动性

生产和消费的同时性是服务产品区别于有形产品的一个主要特征。顾客在享受服务的过程中可以及时与服务提供者进行沟通交流，提出对服务的要求，服务提供者针对这些要求改善自己的服务，所以说服务质量是在顾客与服务提供者的互动、沟通过程中形成的。

3. 服务质量的过程性

过程质量是服务总体质量的重要组成部分。虽然顾客最终期望得到的是服务的结果，但是服务过程中，人员态度恶劣、服务设施陈旧、服务环境不整洁等因素都会影响顾客对服务质量水平的评价和感知。

二、服务质量的构成要素

关于服务质量构成的研究有很多，Gronroos（格罗路斯）（1984）在提出服务质量这个概念后，将它划分为技术质量和功能质量两个部分。技术质量是指顾客实际接收到的服务质量的指标；功能质量是指服务提供方式的指标。他认为，在服务过程中，客户不仅仅对消费的结果进行评估，还会对服务的过程包括服务的态度、服务提供的方式等进行感知。Gronroos 通过对各个服务领域的实例进行研究后发现，消费者往往更在乎服务的提供方式，也就是说，功能质量比技术质量更重要。

在此基础上，Shostack（舒斯坦克）（1985）认为顾客对服务质量的感知来源于两个方面，一是服务的产出，二是服务忠诚中服务人员与客户的交互。因此，他把服务质量分为产出质量和交互质量，其中，产出质量类似于技术质量，交互质量则是指服务过程中包含的各种形式的交互。服务消费是过程消费，客户关心的不仅有产出质量，还关心交互质量，并且，在评价服务质量时，交互质量比产出质量更重要。

Woodside（伍德赛德）等人（1989）提出服务质量包括 4 部分内容：项目质量，指项目范围、营业时间、信息等；交互质量，指员工与顾客、顾客与顾客之间的交互；结果质量，指体制改变、效果评价、社会影响；实体环境质量，指服务氛围、流程设计、基本设施等。

此外，Rust（勒斯特）和 Oliver（奥利弗）（1997）将服务质量划分为服务产品、服务传递和服务环境三个构成要素。服务传递代表了服务提供者将服务传递给客户的方式；服务环境是指服务发生的具体环境。

国内学者也对服务质量的构成进行了研究，朱沆等（1999）将服务质量划分为技术质量、感情质量、关系质量、环境质量和沟通质量。

由于研究的对象、调查的因素、参考的角度等方面的差异，对于服务质量的构成目前并没有形成统一的、系统的、完整的意见①。

第二节　基于顾客感知的服务质量差距模型及测量

一、服务质量差距模型

服务质量差距模型是 20 世纪 80 年代中期到 90 年代初，美国营销学家 A. Parasuraman（潘拉索拉曼）、Valarie A. Zeithamal（隋塞摩尔）和 Leonard L. Berry（贝利）等人提出的，也称为 5GAP 模型。

5GAP 模型被专门用来分析质量问题的根源。顾客差距（差距 5）即顾客期望与顾客感知的服务之间的差距——这是差距模型的核心。要弥合这一差距，就要对以下四个差距进行弥合：差距 1 ——不了解顾客的期望；差距 2——未选择正确的服务设计和标准；差距 3——未按标准提供服务；差距 4——服务传递与对外承诺不相匹配（见下图）。

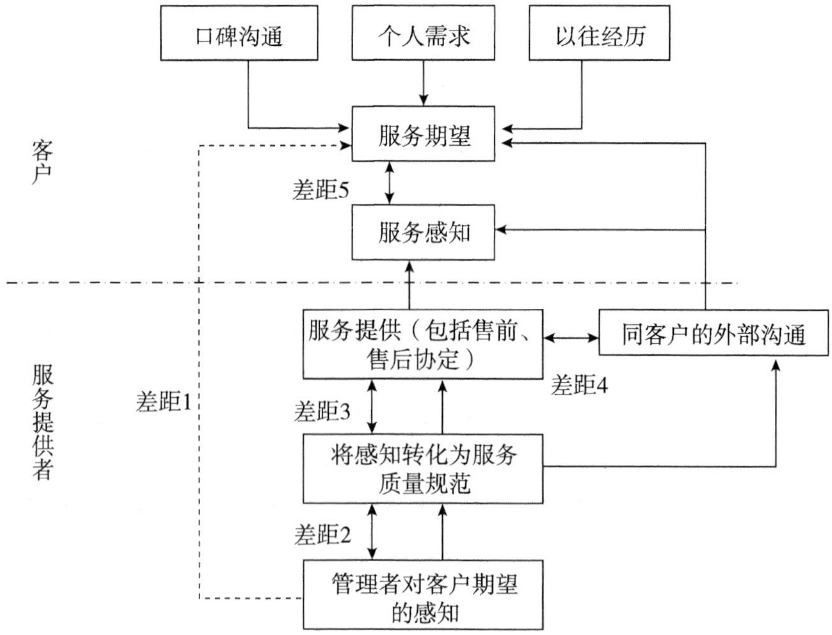

服务质量差距模型

① 孟馨. 服务质量、感知价值与顾客满意度的关系研究［D］. 杭州：浙江理工大学，2012：19 -20.

（一）管理者认识的差距（差距1）

这个差距指管理者对顾客服务期望的了解与真实顾客期望之间的差距。产生的原因有：

（1）对市场研究和需求分析的信息不准确；

（2）对期望的解释信息不准确；

（3）没有需求分析；

（4）从企业与顾客联系的层次向管理者传递的信息失真或丧失；

（5）臃肿的组织层次阻碍或改变了在顾客联系中所产生的信息。

治疗措施各不相同。如果差距是由管理引起的，则企业要么选择对管理做出针对性地改变，要么就是改变对服务竞争特点的认识。不过后者一般更合适一些。因为正常情况下没有竞争也就不会产生什么问题，但管理者一旦缺乏对服务竞争本质和需求的理解，则会导致严重的后果。可以说，这个差距的大小将决定客户关系管理计划的成功与否。

（二）服务质量标准的差距（差距2）

这一差距指服务质量标准与服务标准与所了解的顾客期望之间的差距。原因如下：

（1）计划失误或计划过程不够充分；

（2）计划管理混乱；

（3）组织无明确目标；

（4）服务质量的计划得不到最高管理层的支持。

即使在顾客期望的信息充分和正确的情况下，质量标准的实施计划也会失败。出现这种情况的原因是，最高管理层没有保证服务质量的实现；质量没有被赋予最高优先权；治疗的措施自然是改变优先权的排列。今天，在金融服务竞争中，顾客感知的服务质量是成功的关键因素，因此在管理清单上把质量排在前列是非常必要的。

总之，服务生产者和管理者对服务质量达成共识，缩小质量标准差距，远要比任何严格的目标和计划过程重要得多。

（三）服务质量标准和服务传递间的差距（差距3）

这一差距指在服务生产和交易过程中员工的行为不符合质量标准，它是因为：

（1）标准太复杂或太苛刻；

（2）员工对标准有不同意见；

（3）标准与现有的企业文化发生冲突；

（4）服务生产管理混乱；

（5）内部营销不充分或根本不开展内部营销；

(6) 技术和系统没有按照标准为工作提供便利。

可能出现的问题是多种多样的，通常引起服务交易差距的原因是错综复杂的，很少只有一个原因在单独起作用，因此治疗措施不是那么简单。差距原因粗略分为三类：管理和监督；职员对标准规则的认识和对顾客需要的认识；缺少生产系统和技术的支持。

(四) 实际传递的服务与外部营销沟通之间的差距（差距4）

这一差距指营销沟通行为所做出的承诺与实际提供的服务不一致。产生的原因是：

(1) 营销沟通计划与服务生产没统一；

(2) 传统的市场营销和服务生产之间缺乏协作；

(3) 营销沟通活动提出一些标准，但组织却不能按照这些标准完成工作；

(4) 有故意夸大其词，承诺太多的倾向。

引起这一差距的原因可分为两类：一是外部营销沟通的计划与执行没有和服务生产统一起来；二是在广告等营销沟通过程中往往存在承诺过多的倾向。

在第一种情况下，治疗措施是建立一种使外部营销沟通活动的计划和执行与服务生产统一起来的制度。可以通过以下措施：第一，市场沟通中的承诺要更加准确和符合实际；第二，外部营销活动中做出的承诺能够做到言出必行，避免夸夸其谈所产生的副作用；第三，通过完善营销沟通的计划加以解决。

(五) 顾客期望服务和感知服务之间的差距（差距5）

这一差距指客户感知或经历的服务与客户期望的服务不一样，它会导致以下后果：

(1) 消极的质量评价（劣质）和质量问题；

(2) 口碑不佳；

(3) 对公司形象的消极影响；

(4) 丧失业务。

这个差距依赖于服务传递过程中其他4个差距的大小与方向。

第五个差距也有可能产生积极的结果，它可能导致相符的质量或过高的质量。感知服务差距产生的原因可能是本部分讨论的众多原因中的一个或者是它们的组合。当然，也有可能是其他未被提到的因素。

差距分析模型指导管理者发现引发质量问题的根源，并寻找适当的消除差距的措施。差距分析是一种直接有效的工具，它可以发现服务提供者与顾客对服务观念存在的差异。明确这些差距是制定战略、战术以及保证期望质量和现实质量一致的理论基础。这会使顾客给予质量积极评价，提高顾客满意度。

二、服务质量差距模型的量化测定——SERVQUAL 方法

Parasuraman、Zeithaml & Berry（1985）不仅提出了服务质量差距模型，而且在他们后续的研究中，还给出了模型的量化测定方法。

他们认为，服务质量是一种建立在顾客对服务的主观期望与实际知觉的比较基础之上的长期性评估，应该针对整个服务传递的方法、过程以及结果来进行衡量。他们综合多位学者对于服务质量的探讨，选择银行、信用卡公司、证券经纪商和维修厂四种服务性产业进行探索性研究，提出服务质量缺口模式，认为顾客知觉的服务质量可以由顾客本身对于服务的预期及顾客实际知觉的服务成果相比较而来。1988 年，他们在原有研究的基础上，提出了 SERVQUAL 模型。

SERVQUAL 理论是依据全面质量管理（Total Quality Management，TQM）理论在服务行业中提出的一种新的服务质量评价体系，其理论核心是“服务质量差距模型”，即：服务质量取决于用户所感知的服务水平与用户所期望的服务水平之间的差别程度（因此又称为“期望－感知”模型），用户的期望是开展优质服务的先决条件，提供优质服务的关键就是要超过用户的期望值。

（一）SERVQUAL 的五个测量维度

该模型包括 5 个测量维度：有形性、可靠性、响应性、保证性和移情性，从 22 个方面衡量客户期望与感知差距①：

1. 可靠性——涉及绩效与可靠性的一致

在顾客感知服务质量的五个维度中，可靠性指准确可靠地执行所承诺的服务。从更广泛的意义上说，可靠性意味着公司按照其承诺行事，公司的第一次服务要及时、准确，并在指定的时间内完成服务。许多以优质服务著称的企业都是通过可靠性来建立自己的信誉。在服务过程中，最令客户失望和生气的莫过于企业失信。

2. 响应性——快速主动地帮助顾客

响应性是指帮助顾客并迅速提供服务的愿望。该维度强调在处理顾客要求、询问、投诉问题时的专注和快捷；让顾客等待，特别是无原因的等待会对顾客感知带来不必要的消极影响。服务传递的效率也从另一个方面反映了企业的服务质量。对速度的需求，已经成为评价优良顾客感知服务质量的代号，快速地回应也是与顾客交易理应具备的要素。例如，现在的绝大多数银行都已经将顾客等待时间作为服务质量的一个重要指标。

---

① PARASURAMAN A，ZEITHAML V A，BERRY L L. SERVQUAL，A Multiple－Item Scale for Measuring Consumer of Perception ServiceQuality［J］. Journal of Retailing，1988，64（1）：12－40.

3. 保证性——激发信任感

员工的行为能够增强顾客对企业的信心，同时让顾客感到安全。这也就意味着员工要有诚意以及解决顾客问题所必须具备的知识和技能。它包括可信的名称、良好的声誉、训练有素的员工。服务人员良好的服务态度和专业的知识技能都可以增强客户对企业的信任。态度和专业性两方面缺一不可。

4. 移情性——将顾客当作个体来对待

设身处地地为顾客着想，并对顾客给予特别的关注，同时营业的时间要充分考虑顾客的实际情况。移情性的本质是通过个性化的或顾客化的服务使每一个顾客感到自己是唯一的和特殊的。移情性有下列特点：接近顾客的能力、敏感性和有效地理解顾客需求。

5. 有形性——服务的实物特征

服务的有形性是指服务机构有策略地提供服务的有形线索，帮助顾客识别和了解服务。服务的有形线索是服务过程中能被顾客直接感知和提示服务信息的有形物。由于金融服务是一种无形的体验，所以客户只能通过接触与服务密不可分的有形设施设备、环境、工作人员的仪容仪表、各种指示符号与标志等来感知服务质量的高低，从而做出自己的判断。因此，金融企业应该充分利用服务的有形展示增加客户对服务质量的感知。

（二）SERVQUAL 的评价指标体系

SERVQUAL 将 5 个维度细分为 22 个指标，设计成调查问卷的形式。22 个指标分别从客户期望和客户感知两个方面进行测量，共得到 44 个数据。每项指标采用 7 分制或者 5 分制进行测量。7 分或 5 分表示完全同意，1 分表示完全不同意。具体的指标体系如下表所示。

SERVQUAL 的评价指标体系

要素	评价项目
可靠性	能履行对顾客的承诺
	客户遇到困难时能表现出关心和提供帮助
	公司自始至终能提供良好服务
	能准时提供所承诺的服务
	正确记录相关的服务
响应性	确实告知顾客各项服务的时间
	所提供的服务符合顾客的期待
	服务人员总是乐意帮助顾客
	服务人员不会因为忙碌而无法提供服务

续 表

要素	评价项目
保证性	服务人员是可以信任的
	提供使顾客安心的服务
	服务人员总是很礼貌
	服务人员能互相帮助，提供更好的服务
移情性	对不同顾客付出个人关怀
	服务人员关心顾客
	了解顾客特殊需求
	重视顾客的利益
	提供顾客方便的营业时间
有形性	有现代化的服务设施
	服务设施具有吸引力
	员工具有整洁的服装和外表
	公司设施与所提供的服务相匹配

（三）SERVQUAL 计算公式

根据不同行业，对 5 个维度（可靠性、响应性、保证性、移情性、有形性）的重要性给定维度的权重 W_j。

对于一个顾客第 i 个指标的调查分数为：

$SQ_i = W_j \times (P_i - E_i)$，$i=1, 2, \cdots, n, n=22$；$j=1, 2, \cdots, m, m=5$；

P_i 是顾客对第 i 个指标的感知服务打分，E_i 是第 i 个指标在顾客服务期望方面的打分，W_j 是第 j 个属性的权重。

则该客户的 SERVQUAL 分数为：

$SQ = \sum (W_j \times (P_i - E_i)) / n$，$i=1, 2, \cdots, n, n=22$；$j=1, 2, \cdots, m, m=5$；

某企业该项服务产品平均评分为：

$SQV = (\sum SQ)$ /客户数量。

第三节　我国金融企业的服务质量现状

我国金融企业已经认识到服务质量管理对企业客户关系管理的重要性。从当前我国金融服务质量来看，由于金融企业的持续努力，服务质量水平在稳步上升。但是在很多方面与客户期望仍存在较大的差距，服务质量仍有待提高。许多金融企业在外在设施等硬件上有了大幅度的改进，但软件环境或服务的核心质量才是服务质量管理的重中之重，这也恰恰是我国金融企业存在的主要问题。

一、金融业很难实现组织结构的配套调整

至今仍有一些金融业管理者认为做好客户服务应该是一线业务部门和员工的责任，与自己部门的关系不大，这是金融企业难以从根本上坚持“以客户为中心”原则的一个重要原因。在这种错误思想的指导下，企业和员工为客户服务的意识和积极性都越来越差。甚至有些金融企业管理者只有客户服务的理论和口号，而缺乏实质性的体验和行动，虽然对一线员工及业务部门进行了客户服务方面的培训，但难以获得中高管理层的实质性支持。

二、金融业服务质量考核指标体系不合理

现有的绩效考核指标单纯包括经营指标，管理者短期利益至上。现在不少金融企业过分关注一定时期内的业务指标和效益情况，习惯于将业务指标和短期经济效益作为经营决策的依据。这种经营思想和决策过程使得企业容易忽略以服务为根本的行业属性，也忽视了金融企业生存发展的本质因素。这种做法会带来的常见问题包括：一些金融企业随收入的增减而任意调整对客户服务的投入；满足短期内的高盈利而忽视与客户建立长期关系的营销努力；员工为了满足短期内的绩效考核要求而采取违规操作；在制定企业流程、人员、成本、集约化经营或推出新产品的过程中，管理人员主观臆断，缺乏对客户的真实了解，造成业务与服务严重脱节等。

三、金融企业管理者经营理念没有转变

在现在的市场环境下，市场需求的变化对金融企业高层管理者提出了更高的要求，企业需要经历产品管理—业务管理—知识管理—文化管理—服务管理的根本转变。要实现这种转变，需要从资源、效益、成本、制度和效率等方面综合考虑。这就需要企业管理层能够深刻地认识到客户服务的重要性，企业高层、中层管理者要做好服务管理的驱动工作，并给一线员工和业务部门提供必要的支持。

四、金融企业员工素质与环境的问题

一般而言，服务管理最好在具有一定企业文化基础的金融企业和具备较好服务素质的员工中进行。企业文化所形成的自然而然的共享服务的行为环境是开展服务管理的先决条件，具备良好素质的员工队伍是保证服务质量得到落实的关键载体。而当前的情况则多是企业迫于市场的变化而仓促地制定服务质量管理的各项措施，却缺乏有效实施服务质量管理的文化环境，对员工的培训也是浮于表面，监督大于激励，命令

多于指导，这就很难让员工具备提供良好服务质量的积极性。

相关知识与拓展：商业银行服务质量竞争的特点和趋势

对于商业银行来讲，服务质量既是判断当期经营业绩的重要维度，又是体现未来投资价值的重要风向标。因此，服务质量是银行核心竞争力的重要组成部分，不但受到商业银行的高度重视，同时也受到监管部门、社会大众、银行客户和投资人的普遍关注。正确认识银行服务质量演进的规律，准确把握其发展的趋势，既是我国商业银行保持健康持续快速发展的主观需要，也是各方利益主体和社会大众确保自身利益的客观要求。

我国商业银行服务质量竞争的历程

总体来看，现代商业银行服务质量竞争经历了由低到高、由浅入深、由外及里等多个阶段，呈现逐级演进又相互叠加的特点。从全球范围来看，世界主要经济体的商业银行，服务质量早已经进入全面竞争的时代，中国银行业也无法置身其外，需要同时面临本土竞争和海外竞争两大市场。比较中西方商业银行服务质量竞争的特点，大致经历了以下四个阶段。

第一阶段为文明规范服务阶段（始于20世纪90年代中期）。文明规范服务是现代商业银行服务质量竞争的基本功，具体内容主要包括两大部分，一部分是以人员服务行为和礼仪为表现的软实力建设，另一部分是以服务环境和设施设备为载体的硬实力建设。从软实力建设上看，早在1996年，工商银行济南大观园支行文明服务经验和做法就在银行系统得以广泛推广，开启了我国商业银行文明服务的大门，银行文明规范服务的历史远早于其他公共服务部门。近年来，随着具有国际一流服务品牌银行的加入，竞争的层次也越来越高。另外从网点环境建设来看，我国主要银行在上市后都加大了投入，前六大上市银行累计投入网点改造资金在千亿元以上。通过服务环境和人员行为的大力改进，我国银行业彻底告别了门难进、脸难看、事难办的传统服务时代。当然，文明规范服务是一项基础工程，也是一项永久工程，只有起点，没有终点。目前，银行为了保持这一势头，各行都不断加大监督和培训力度，网点普遍推行微笑服务，气氛友好。银行业协会也加大了服务资源整合，通过创建百佳、千佳示范单位，把整个银行业的服务水平推进到了一个新的层次。

第二阶段为产品技术创新阶段（20世纪90年代中后期）。1998年12月12日至1999年3月8日，招商银行在全国范围开展一场声势浩大的“穿州过省一卡通行”的立体式市场营销活动。由于这时候“一卡通”是国内第一个可以在全国范围进行消费的银行卡，而且不需要经过信用卡复杂的审查手续，所以市场的反应出乎意料的好。可以说，在银行界，“一卡通”成了招行的“成名作”。而从服务质量研究来看，一卡通开启了我国银行业产品与技术融合新的竞争时代。从产品种类来看，截至目前，工行产品已超过3000种，已经可以完全满足消费者金融需求。我国银行业已经形成了跨资本市场、货币市场、保险市场的全领域产品体系，产品的契合度和技术实现方式将银行服务质量竞争提升到一个全新的阶段。

第三阶段为银行服务定位阶段（21世纪初）。当银行业都重视微笑服务和金融产品创新之时，那么它们逐渐都成为同一个层次上的竞争者。银行必须有所选择，研究自己的市场机会，给自己“定位”，确定为之服务的“细分市场”，即提供属于自己的有限服务产品给特定的顾客。银行市场定位试图从全方位来与竞争者相区分，主要有通过独特服务理念与竞争者相区别，通过提供有特色的服务产品以及通过独特的经营理念来突出自己的形象。在我国，工行逐渐定位于国际大型全功能金融集团，招行逐渐定位于服务和技术创新银行，农行提出做县域金融服务引领者，民生银行提出做小微企业金融创新引领者。定位的目的在于帮助顾客了解相互竞争的各个金融企业之间的差异，这样便于客户挑选对他们最适宜的、能为其提供最大满足的金融企业。服务定位使得服务质量的竞争由局部向整体延伸。

第四阶段为整合金融服务阶段（21世纪第一个10年）。商业银行不断开发新技术，加大了渠道、产品和服务体系的整合程度，服务质量向着全方位、深层次满足消费者金融和非金融需求方向演进。这一阶段是以外部市场分析、内部资源整合为主的现代银行服务定位阶段。银行在形象宣传、营造友好气氛、服务项目创新、定位与细分等方面都已富于经验，但银行各部门仍不能协调共识，以达到市场占有率目标。为此，银行逐渐认识到必须建立一个能有效协调内部各部门和反馈外部信息的分析、规划、控制、整合系统，包括进行市场营销研究，预测市场潜力，制订市场营销计划以及激励员工等。银行不断引进现代工商业市场营销观念，服务质量的竞争向更高层次的全面竞争演进。

我国商业银行服务质量总体判断

商业银行服务质量在不同时期具有不同的判断指标。现阶段，文明规范程度、客户满意度和客户排队等候时间是评价和判断我国商业银行服务质量的三大基础性指标。通过持续性测评和观察，赛诺经典咨询公司对我国商业银行服务质量的总体判断是：文明规范度大幅快速提升，客户满意度持续明显改善，客户排队等候时间压降效果显著。

（一）文明规范度大幅快速提升。选取全国30多个城市、五类不同银行1300家大型网点作为观察指标，2011年的文明规范度为93.3，较2010年提升了3.6个百分点，较2009年提升了7个点，短短两年时间实现了从优良到优秀质的飞跃，呈现持续快速提升态势。与2009年相比，五类银行均有提升，其中地方性银行大幅度提升了24.2个点，国有控股银行提升了7.3个点，全国性股份制银行提升了3.2个点。近三年来监测数据表明，招行、光大银行等先进行文明规范目前已经达到98.0的高位，与国际一流水平齐平；农行等改制上市稍晚的银行提升更为快速；北京、上海等重要城市整体水平均在90以上，率先实现文明规范服务优秀目标。在银行业整体服务规范快速提升的同时，不同银行间、不同地域间、不同城市间的均衡性也得到显著改善，银行业较好地做到了标志标识清晰、设备运行正常、设施齐全便利、物品摆放有序、行为得体庄重、环境干净整洁、细节处理得当、全员服务一致。

（二）客户满意度与盈利能力呈正相关。研究显示，客户满意度同“经济增加值”和“市场增加值”呈明显的正比关系，企业的客户满意度指数若每年提升一个点，则5年后该企业的平均资产收益率将提高11.33%（美国《财富》杂志对“全球500强企业”的跟踪结果）。赛诺经典研究数据显示，2003年我国银行业客户满意度为69.8，四项主要指标分别为业务处理72.3，人员服务74.5，营业环境68.1，服务价格与收费70.2；2011年客户满意度为79.1，四项指标分别为业务处理81.2，人员服务79.9，营业环境86.8，服务价格与收费77.4。8年间银行客户满意度大幅度提升了9.3个百分点，主要指标均提升了5个点以上，尤其是营业环境大幅度提升了18.7个点，服务价格与收费也提升了7.2个点。无论是从总体满意度提升，还是从主要指标改善，恰当地反映了盈利规模和能力的提升，两者呈明显的正比关系，符合企业发展的普遍规律。

（三）排队等候时间整体上满足客户期望。排队等候是服务业共有的特征，也是服务行业特有性质决定的，普遍存在于交通、医院等社会公共服务业。因为在这些行业中服务机构的运营能力由设施、设备、时间、人员四个因素相互影响，复杂而专业，运营能力与需求变化经常产生矛盾。从2007年开始，为了观察商业银行网点客户排队等候时间的变化规律，赛诺经典咨询公司对工农中建招五大行分布在20个主要城市的网点，分不同营业时间分段进行连续测量观察。研究数据表明，20分钟是大型银行客户排队等候时间的控制性指标，超过这一指标客户满意度会急剧下降，表明客户会产生不满，40分钟会非常不满，60分钟则会愤怒。2007年是银行业客户排队等候时间最长的一年，60分钟以上的客户占比超过10%。到2011年，客户平均等候时间由31.5分钟压降到13.4分钟，缩短了18分钟以上；20分钟以内的客户占比由20%上升到90%，基本上消除了60分钟以上严重排队现象。

商业银行服务质量竞争的变化趋势

当前，我国正在加速建设现代商业银行体系的工作。追求顾客价值最大化是现代商业银行经营思想的核心内容，也是我们建设现代银行体系的出发点和归属。顾客资源不但是银行的利润之源，更是现代商业银行的立行之本。商业银行为客户提供一流的金融服务，是实践以顾客为中心经营理念的客观需求，也是提升市场竞争力的主观要求。围绕服务质量展开的竞争正在由方式方法向体制机制、由文明规范向服务声誉、由服务效率向服务效能不断升级，商业银行服务质量全面竞争的时代已经到来。

（一）服务质量管理的顶层设计加快。上市以来，主要商业银行均把服务工作升级为银行战略加以重视，在重点解决一线文明规范的同时，各商业银行总行也加快了服务管理体制机制的创新，大型银行由工会管理一种模式向一行一制演进。第一种是以内部协调整合为重点的工商银行模式。工商银行在总行层面设立了品牌与服务管理部，归口办公室管理，分行层面也在完善统一的模式，方向都是归口办公室管理，目标是建立一个统一部室，统一全行服务监督检查考核管理，主要特点是把内部服务监督管理和外部新闻宣传、品牌推广结合起来，达到内外结合、相互促进的效果。第二种是以网点服务管理为重点的农业银行模式。农业银行在总分行个人金融部设立系统管理处，负责网点服务日常管理。主要特点是将服务管理和网点转型目标以及零售银行战略相结合。第三种是以内部监督为重点的中国银行模式。四大银行中，目前只有中国银行仍然沿用传统的监督管理模式，将全行服务监督管理的职能设在工会。第四种是以流程改进为特点的建设银行模式。中国建设银行通过其战略合作伙伴美国银行的帮助，在上市不久即成立质量效率部，并在各分行建立了相应的部门，作为一级部门统一管理内部与外部服务质量的效率，负责拟订全行客户满意度、忠诚度、市场影响力的评价方法和标准，负责全行 VOC 体系的建设及运行管理（包括 VOC 数据收集、分析，客户满意度计算、发布）。第五种是以服务评审管理为特点的招商银行模式。招商银行在总分行成立了由总分行行长任主任的服务监督管理委员会，总行层面成立专门的服务监督管理中心，专责日常服务监督和管理工作。在内部采取全面评审和专项评审相结合的方式，并实行严厉的质询和考核制度。第六种是以品牌建设为主的光大模式。光大银行在总分行设立了阳光服务办公室，将各渠道、各产品、各机构的服务整合在阳光服务统一品牌管理下，是主要银行中唯一以服务品牌作为全行品牌的机构。

（二）服务声誉管理成为新的重点。近年来，随着我国银行业改革和发展的不断深入，银行间的竞争已经非常激烈。银行为客户提供的产品越来越广、交付的渠道越来越多、收取的费用越来越细、产生的纠纷也越来越深。比如，由于理财产品设计缺陷而导致的客户资产损失，银行网点排长队导致客户严重抱怨，信用卡不当罚息，银行单方面不断提高服务收费，银行员工粗暴对待客户等重特大恶性事件不断，严重影响了银行声誉。商业银行作为高风险、高信用金融企业，声誉管理比业绩更重要。一旦遭遇声誉危机，不仅会直接损害商业银行的信誉，影响上市银行在资本市场的表现，导致银行品牌价值损失，甚至会危及商业银行的生存。2005 年 5 月，美国货币监理署（OCC）代理署长朱莉·威廉姆斯指出，声誉风险是“当今最令人困惑，最难管理，也是最令人畏惧的风险”，还提到普华永道对 134 家银行的高级风险管理人员的调查显示，总体上声誉风险是银行经理人所面临的最大风险。对公司市场价值的影响而言，声誉风险排在第一位；对收益的影响而言，声誉风险排在第六位；考虑到一些大型上市商业银行在合规方面面临的困境，声誉风险的排位会更高。所以，巴塞尔新资本协议将声誉风险列为商业银行八大风险之一。银行业从本质上讲是服务行业，同时也是声誉行业。卓越服务可以带来一流声誉，创造一流业绩；相反，糟糕的服务会导致声誉受损，甚至可能让银行毁于一旦。商业银行服务竞争在产品设计、服务交付、关系维护、服务收费、信息安全、服务管理等方面的挑战越来越大，竞争也将越来越激烈。

（三）服务效率向服务效能管理提升。服务效能是指银行服务资源投入给客户创造的价值成效，考量的是银行网点立地条件、客户流量、客户结构、业务结构、处理效率、排队时间、网点硬件设施和人员配备等多维度变量之间的关系，而服务效率是指客户获得一次完整服务所需要的时间长度。显然，服务效能指标更能反映银行投入和客户获得之间的关系。在银行服务效率大幅度提升后，更多的是要转向关注客户价值创造，虽然快速服务也是一种价值，但毕竟只是一种表象价值。随着客户交易渠道电子化和自助化程度不断提高，大型银行柜面业务分流速度也在加快，排队等候时间过长这一阶段性问题已经解决，并正在成为银行业历史，围绕服务效能的新一轮竞争已经展开。

（资料来源：曹文，商业银行服务质量竞争的特点和趋势，金融时报，2012 年 5 月 14 日，http：//bank. hexun. com/2012 - 05 - 14/141361049. html。）

第四节　金融业服务管理体系的完善

一、建立合理有效的服务流程

流程管理是服务管理体系的主体构成内容，有效合理的服务流程可以增强服务的可靠性。金融企业要保质保量地提供客户服务，合理的流程控制是基础。对于一个开始导入服务管理的金融企业来讲，从一开始就应该设定一个较高的服务标准，这个标准应该简单明确。在该标准设定好之后，企业应该设计和确定为了达到该标准需要实施的具体服务标准和内容，例如：柜面服务的特色和权责范围有哪些？信息服务和集成化服务具体是什么样的？金融理财业务应满足客户哪些需求？这些内容组合构成金融业的整体服务管理体系和服务特征。

金融企业服务流程的构建一般需要考虑以下问题：

1. 框架清晰

每一项服务的内容都应该有清楚的界定，每一个阶段的重点都清晰无误，每一项服务都应该有明确的执行步骤。

2. 标准一致，程序流畅

金融企业在构建服务管理体系时，要保持外观形象、整体环境、服务原则、员工观念、员工技能、服务评价标准等各方面的一致性。同时，需要金融企业各部门在不同业务和管理环节上能够互相配合，做到无缝衔接，以保证服务问题的解决可以迅速、有效，对客户服务需求响应及时。

3. 资源匹配

对于每一项服务内容，企业必须在人力、物力、财力上获得足够的支持。这就要求每一项服务在设置时都要考虑对整个服务利润链的影响，也要考虑企业的现有资源是否能够为服务提供必要的支持，前期的投入也是相当重要的。

4. 全员参与，全员创新

一方面要考虑到客户需求是千变万化的，另一方面也要考虑到一线员工的自身情况。因此，服务管理流程的设计要有一定的创新性和灵活性，在很多项目的内容和实施的设定上，应该充分听取一线员工的意见和建议。同时还应该建立一线员工与企业管理层的沟通机制，以及时发现一些实际操作中的问题并进行必要的调整。

二、明确管理者的职责

管理者对整个质量管理体系建设的成败起着非常关键的作用。因此，在建立质量管理体系的时候，首先要明确管理者在整个体系中的职责。管理者必须对质量体系的开发和运行负责，包括质量方针及质量目标的制定，各级管理人员职责的划分和各级控制措施的制定等。最高管理层通过其领导作用及所采取的各种措施，可以营造从上至下的全员参与服务质量管理的氛围，以确保服务质量管理的有效运行。此外，管理者还必须在质量管理理念上给员工以清晰的指引，梳理全员管理的理念，服务质量人人有责，才能提供令客户满意的服务。

三、建立可操作的质量评价标准

金融企业应该借助客户信息反馈系统展开对市场的了解、服务流程的整改、客户跟踪以及服务绩效的分析，从而对每一个关键结果都有具体的、可评估的指标描述，进而建立关于关键客户的可观察服务标准和可评估服务标准。需要指出的是，对服务质量的考核不仅包括企业内部考核，而且要突出市场（客户）考核。需要对客户进行走访和调查，从客户的意见反馈中捕捉信息，查找客户需求与实际产品和服务方面存在的差距，及时改进服务，从而建立一种快速反应、互联互动的服务机制。同时，建立服务考核激励机制，实施服务质量与绩效工作挂钩，做到奖惩分明，轻重适度。

四、一线员工的管理和培训

一线员工是最直接与客户进行接触的人员，他们的态度、专业性表现会直接影响客户对服务质量的感知。金融企业需要加强对员工的培训，努力建立学习型组织，把对全体员工的服务质量教育培训作为一道工序来抓。对于员工的培训可以从以下几个方面来加强：首先，理念的转变。要让员工真正地了解和理解“客户至上”的理念，能从根本上形成为客户服务的态度；其次，专业技能的培训。持续有效的培训能提升员工的技能，以更好地为客户提供服务；最后，沟通技巧的培训。可以帮助员工在与客户接触的过程中更好地与客户取得联系，建立信任，并逐步发展客户为忠诚客户。

五、制度文化环境的建设

在导入服务管理后，金融企业的价值链重心从经营、业务端向服务端转移，对金融企业的文化、管理和制度都提出了深层次的要求。

(1) 必须建立一个责任明确的团队。专业化的团队可以确保细节上的正确性和完善性，保证执行的效率和服务管理的深入发展。

(2) 建立更具沟通性的金融企业服务管理文化。决策的过程应该更具开放性和沟通性，充分调动员工的主动性和投入性。

(3) 高度重视建立和完善内部服务机制。金融企业在向外部推行不同层次服务的时候，应该优先在企业内部建立服务员工的意识。首先为员工提供需要的服务，再促使他们向外部顾客提供优质的服务。

(4) 在企业内部营造服务导向的氛围与文化，构建全员服务的良好意识和管理制度，通过服务管理的创新实现金融企业各个渠道和终端的服务化导向。

案例5－1："315 金融服务质量"调查保险问题突出

买了承诺高收益的分红险，可是到期分红甚至不及同期银行定存利息；本想购买银行理财产品，但最终却被"忽悠"购买了一款保险；说好的十年到期，但是等到仔细查看保险合同却发现要想拿回全部保险金要等到60年后……

《金陵晚报》"315 金融服务质量"大调查自开展以来，电话热线及网络投诉渠道每天都会接到市民关于金融消费的各类投诉。各个投诉案例虽然看似独立，但是记者进行归纳后发现，市民在购买保险中遇到的问题相对较多且主要集中在以下几大方面。

银行理财变成保险

"当时大堂经理是向我推荐说有一款不错的理财可以买，哪想到最后竟然变成了保险。"市民吴女士告诉《金陵晚报》记者，自己就曾有过理财产品"被保险"的经历。

吴女士表示，自己在和银行大堂经理交谈中透露出想选购一款理财产品的愿望。"当时她就向我推荐有一款理财产品不错，接着把我带到了理财经理的柜台办理。"吴女士因为对银行工作人员的信任，也没多想，同时，理财经理介绍的产品收益也确实不错。最终吴女士支付了10万元购买了此款产品。

不过几日后，吴女士却接到了保险公司打来的回访电话。刚开始还有点摸不着头脑的吴女士反复回忆后才意识到几天前在银行购买的根本不是传统意义上的理财产品，而是一款保险。

“我赶紧去银行问情况，这个时候他们才告诉我推荐我买的是一款保险。”吴女士略带不满地告诉记者。“虽然这款产品预期分红收益不错，还有一定的保险保障力度，但是这样的销售方式却让我难以接受。”吴女士称，对于消费者而言，需要的是一种被诚信对待的态度。再好的产品，如果被附加在欺骗的前提下，无论谁都很难接受。

分红不及银行定存

“买了分红险就是看中收益这一块，但是最终到手的分红却比相同存期的银行定期存款还低，这不是摆明了欺骗我们老年人么。”市民周大爷打进热线电话，表达了自己的不满。

周大爷告诉记者，当时他带着5万元现金去银行柜台存定期，柜员向他推荐，可以把这笔钱买成分红险。“他们给我计算了一下，买这款保险，一方面收益比当时定存1年的利息要高，另一方面作为保险，对于我这样的老年人来说也是一个附加的优惠了。”被说动的周大爷当即决定将5万元一次性交了保险金。

一年后，周大爷收到了红利通知单。不看不知道，一看满怀期待竟然落了空。“说好的比定存利息高，但是我在通知书上看到的利息却比定存利息还要低。”愤怒的周大爷当即去银行理论，对方给出的答复是，当时工作人员只是做了分红演示，并不代表实际收益，最终的数据还是以分配到个人账户中的金额为准。

就此问题，某保险公司专业人士告诉《金陵晚报》记者，业务人员在营销保险产品的时候只能告知投保人产品的过往业绩，并可以对其做出分红演示，但是并不能以此作为承诺向投保人明示未来收益。其建议市民在购买分红险时，对于分红演示结果进行参考但不要完全依赖于此。另外，对于明确追求保险保障的市民，根据自身需求来选择更贴合自身的产品。“不同产品有不同的针对性，不要将分红收益与保险保障本身混为一谈，毕竟保险的初衷还是保障的效用。”

（资料来源：“315金融服务质量”调查保险问题突出，金陵晚报，2015年3月9日，http：//news. hexun. com/2015-03-09/173869913. html。）

思考题

1. 请分析出现客户遇到以上问题的原因是什么？
2. 应该如何避免出现以上问题？
3. 对于已经出现的客户抱怨和负面影响，应该如何解决？

案例5-2：银行网点调查数据显示客户最佳等待时间为10分钟

富晨（中国）理财发展研究中心联合金融界网站、北青报、当代经理人、私人理财、大众理财、卓越理财、网易、新浪、搜狐等多家媒体在北京发布“大陆零售银行网点调查数据”。

随着人们收入和生活水平的逐渐提高，人们的金融消费能力也逐步提升，而且由于外资银行的进入使得竞争日益激烈的银行业竞争更加白热化，为了在市场上占有一席之地，目标客户研究和细分成了各家银行的重要任务。

“大陆零售银行网点调查数据”包括“消费者金融消费行为特征与偏好”数据、“营业机构物理布局”数据、“营业机构内部空间布局评价”数据等。以“消费者金融消费行为特征与偏好”为例，其中对消费者对金融机构位置网点的偏好，去网点办理业务时采用交通方式的偏好，消费者距离、时间容忍度、银行品牌偏好、网点选择偏好、消费者办理业务时间偏好等指标予以量化。

据富晨（中国）理财发展研究中心研究员董宣先生透漏，“大陆零售银行网点调查数据”是富晨理财通过在北京、上海、宁波、重庆、武汉、天津、南京、南海、烟台九城市对银行网点和消费者进行实地调研，并由专家对约23000份调查数据比较分析得出的调研数据。以“消费者金融消费行为特征与偏好”的“客户办理业务时间偏好”为例，经过数据分析得出客户容忍的等待时间在10分钟以内的数量，占到数据总量的85.4%，若等待时间超过10分钟，客户数量占比急剧下降到6.9%。因此建议银行把客户的等待时间尽量控制在10分钟以内。

据了解此“大陆零售银行网点调查数据”已由国内五大行在进行机构规划、业务流程再造、产品创新、营销策略制定等工作时予以采纳。

（资料来源：金融界网站，银行网点调查数据显示客户最佳等待时间为10分钟，http：//bank.jrj.com.cn/2007/01/000001940225.shtml。）

思考题

1. 等待时间会对金融服务客户带来什么影响？
2. 金融企业可以采取哪些现场管理措施缩短客户等待时间？

本章小结

（1）顾客感知服务质量是顾客对服务期望（Expectation）与实际服务绩效（Perceived performance）之间的比较。实际服务绩效大于服务期望，则顾客感知服务质量是良好的，反之亦然。服务质量具有主观性、互动性和过程性。

（2）服务质量分为技术质量和功能质量两个部分。技术质量是指顾客实际接收到的服务质量的指标；功能质量是指服务提供方式的指标。研究表明，消费者更加注重功能质量。

（3）服务质量差距模型被专门用来分析质量问题的根源。顾客差距（差距5）即顾客期望与顾客感知的服务之间的差距——这是差距模型的核心。要弥合这一差距，就要对以下四个差距进行弥合：差距1——不了解顾客的期望；差距2——未选择正确的服务设计和标准；差距3——未按标准提供服务；差距4——服务传递与对外承诺不相匹配。

（4）SERVQUAL模型包括5个测量维度：有形性、可靠性、响应性、保证性和移情性，从22个方面衡量客户期望与感知差距。

（5）我国金融业服务质量管理目前主要存在以下问题：金融业很难实现组织结构的配套调整、金融业服务质量考核指标体系不合理、金融企业管理者经营理念没有转变、金融企业员工素质与环境的问题。

（6）针对我国金融业服务质量管理存在的问题，提出以下对策：建立合理有效的服务流程、明确管理者的职责、建立可操作的质量评价标准、一线员工的管理和培训、制度文化环境的建设。

思考练习

1. 服务质量与客户满意之间是什么关系？
2. 服务质量有哪些特性？
3. 服务质量差距分别是由哪些原因导致的？
4. 请依据SERVQUAL模型，为某金融机构设计服务质量测量的调查问卷。
5. 我国金融企业服务质量方面存在哪些问题？有哪些对策？

第六章　金融企业客户忠诚管理

本章提要

本章在第四章介绍客户满意的基础上，对客户忠诚的概念和内涵进行介绍，并进一步对影响客户忠诚的因素进行分析。对目前主流的客户忠诚测评方法进行了梳理，并对主要的三种客户忠诚的分类进行了说明。最后针对金融企业给出了提高客户忠诚的建议。

重点难点

- 客户忠诚的维度
- 影响客户忠诚的因素
- 客户信任和转换成本
- 客户忠诚的测评
- 提升客户忠诚的方法

开篇案例：万事达卡向国内银行推出客户忠诚度解决方案

全球领先的支付科技公司万事达卡近日携手多家国内大型银行举办行业研讨会，并宣布全面向中国的发卡银行推出万事达卡“一站式”客户忠诚度解决方案，以领先的全球网络和创新的跨境消费礼遇协助银行为客户带来增值，并提升发卡行收益和利润率。

随着经济的平稳发展和拉动消费的政策引导，中国的银行卡产业的发展在近年突飞猛进。面对多元化的市场环境和日益增长的消费需求，如何赢得并保持消费者的青睐，让自己发行的信用卡产品成为消费者的首选对银行的发展至关重要。针对此种需求，万事达卡在湖州举办研讨会，向中国多家领先的银行介绍万事达卡独有的客户忠诚度计划部门和产品，帮助发卡行打造更深入人心的品牌形象，提供更具吸引力的产品权益和服务，并协助银行建立更紧密的客户关系。

研讨会对奖励和折扣等消费礼遇影响消费者选择银行卡的重要因素进行了全面的分析和讨论，并认识到规模高达人民币6841亿元的出境旅游购物市场，以及高速发展的跨境网络消费已经成为不可忽视的业务增长动力。在计划跨境旅游时，中国持卡人已愈加成熟和精明，高度关注信用卡的返利、返现、折扣和 VIP 服务。面对挑战，万事达卡积极探索先进的客户忠诚度解决方案，不断对全球奖励计划与国内持卡人奖励计划进行优化整合，将客户忠诚度解决方案全面引入中国，提供定制化的消费体验，从而协助发卡行以独特优势在竞争中脱颖而出。

万事达卡中国区总裁常青表示："在日新月异的商业环境下，客户忠诚度变得愈加重要。万事达卡希望能凭借在此方面的专长，协助发卡行赢得更多持卡人的青睐，并最终获得更高速的发展和更丰厚的利润。数十年来，万事达卡不断运用数据分析提供独特的客户忠诚度解决方案，并通过创新的实践产品积累了丰富的经验，我们有能力协助中国的发卡行有效吸引更多的消费者，为他们带来更有价值、更具品质的全球旅行购物体验。"

与其他支付公司相比，万事达卡的客户忠诚度解决方案注重以数据分析、战略评估和专利技术为基础，为发卡行、商户和零售企业提供咨询和项目开发服务，无缝整合客户忠诚度解决方案和现有的发卡合作机制，全面建立有效的消费者优惠和礼遇计划。万事达卡曾率先将享誉全球的"乐游赏"计划引入中国，并于 2015 年与携程合作推出"万千赏"计划，极大地促进了中国银行卡优惠奖励市场的发展。

常青表示，"我们很高兴将万事达卡客户忠诚度解决方案全面引入中国。万事达卡将继续与银行、商户和相关机构通力合作，开发更多创新独特的银行卡奖励计划，努力提高银行卡的使用率、促进刷卡消费。"

（资料来源：网易财经，万事达卡向国内银行推出客户忠诚度解决方案，2016 年 4 月 28 日，http://money.163.com/16/0428/17/BLONL9I600253B0H.html。）

过去很长一段时间，客户满意被作为客户保持的一个最基本目标，产品或服务提供商以最大化客户满意制定营销战略（Oliver，1999），并投入大量资源追踪和度量客户满意。但不少公司的实践和学者的实证研究发现，在许多行业存在严重的高客户满意度、低客户保持率的现象：宣称满意或很满意的客户大量流失，这一比例在 65% ~ 85%（Jones & Sasser，1995；Reichheld，2000）。这一现象说明，如果我们仅仅把注意力放在管理客户满意的话，将无法有效地控制客户流失。

最近的一些研究表明，客户忠诚才是实现客户不断重复购买的保证。进一步的研究还表明，忠诚客户是公司取得竞争优势的源泉，因为忠诚客户趋向于购买公司更多的产品、对价格更不敏感，而且忠诚客户主动为公司传递好的"口碑"、推荐新的客户。因此，拥有长期忠诚客户的公司比拥有低单位成本、高市场份额但客户流失率高的对手更有竞争优势。专门研究客户忠诚度的班恩顾问公司表明，只要提高 5% 的客户保持率，就可以明显增加 25% ~100% 的公司盈利。因此，正如客户管理专家约翰·戈德曼所说："中国目前的金融机构应更注重手头 1% 的老客户，而不是将所有精力花在开拓 99% 的新客户上。"

第一节　客户忠诚的基本概念和内涵

一、客户忠诚的定义

从20世纪70年代末起，客户满意始终是企业管理理论研究的一个热点问题。但随着客户满意实践的深入，国内外许多学者开始对客户满意研究提出质疑。据美国贝恩公司的一项调查显示，在声称对公司产品满意甚至十分满意的顾客中，有65% ~85%的人会转向其他产品①。由于“客户满意陷阱”的存在，促使企业管理理论工作者和实践工作者转而关注起“客户忠诚”，并积极培育忠诚的客户和长期稳定的客户关系。

在20世纪90年代初，美国贝恩管理咨询公司合伙人 Frederick F. Reichheld（弗雷德里克·雷奇汉）和哈佛大学商学院教授 W. Earl Sasser Jr.（W. 厄尔·塞瑟 Jr.）首先指出，要增强竞争实力，提高经济收益，企业必须培育客户忠诚②。

目前，对于何谓客户忠诚或客户忠诚的界定问题，不同学者对此做出了不同的阐释。Tucker（塔克）把客户忠诚定义为“连续三次以上的重复购买”；Hallowell（哈洛韦尔）则把客户忠诚看成是“对产品、服务、品牌或组织的一种特别偏爱的情感”；Gremler（格兰姆勒）和 Brown（布朗）认为，在服务业客户忠诚是“一个顾客对特定的服务商重复购买行为的程度和对其所怀有的积极的态度倾向，以及在对该项服务的需求增加时将该服务商作为唯一对象的选择倾向”③；Richard L. Oliver（理查德 L. 奥利弗）则将客户忠诚定义为“高度承诺在未来一贯地重复购买偏好的产品或服务，并因此产生对同一品牌系列产品或服务的重复购买行为，而且不会因为市场态势的变化和竞争性产品营销努力的吸引而产生转移行为”④。除此之外，一些国内学者也对客户忠诚做出了独到的见解。如管政对此做出的定义是：“客户忠诚是从客户满意概念中引申出的概念，是指客户满意后而产生的对某种产品品牌或公司的信赖、维护和希望重复购买的一种心理倾向⑤。

对于忠诚的定义，本书采用 Richard L. Oliver 的定义，即将客户忠诚定义为“高度承诺在未来一贯地重复购买偏好的产品或服务，并因此产生对同一品牌系列产品或服务的重复购买行为，而且不会因为市场态势的变化和竞争性产品营销努力的吸引而产生转移行为”。这也是国内目前普遍认可的一个定义。基于这个概念，我们认为客户忠

---

① 弗雷德里克·F. 赖克尔．忠诚法则［M］．北京：中信出版社，2002.

② REICHHELD FREDERICK F. The loyalty effect : the hidden force behind growth, porfits, and lasting value［M］. Boston, Mass: Harvard Business School Press, 1996.

③ 闫涛蔚，付宜强．客户忠诚研究进展评述与前瞻［J］．生产力研究，2008（19）：163.

④ OLIVERRICHARD L. Whence Consumer Loyalty［J］. Journal of Marking, Special Issue, 1999: 33 -34.

⑤ 管政．企业如何提升客户忠诚度［EB/ OL］. China Byte, 2003 -10 -08。

诚应具有以下几个特点：

（1）忠诚的客户会经常反复购买企业的产品或服务，甚至可以定量分析他们的购买频率。

（2）忠诚的客户在购买产品或者服务时，选择呈现多样性，较其他客户更关注企业所提供的新产品和新服务，也就是我们所说的交叉购买。

（3）忠诚的客户乐于向他人推荐企业的产品和服务。

（4）忠诚的客户会排斥竞争对手及其产品或服务。

二、客户忠诚的维度

目前，国内外学者普遍认为客户忠诚是一个复杂的多维概念，但是在客户忠诚维度结构的具体认识上仍存在分歧。闫涛蔚、付宜强（2008）在综合现有研究的基础上，认为关于客户忠诚的维度主要存在以下三种观点①：

1. 客户忠诚行为论

常见的客户忠诚通常被定义为重复购买同一品牌或产品的行为。许多企业界人士主要根据客户的购买行为计量客户忠诚感，这样可了解客户的实际购买行为以及企业目前可从客户那里获得多少经济收益。他们提出的客户忠诚培育措施，往往过多地强调吸引顾客再次购买，却没有强调企业应如何赢得顾客的喜爱。如果企业只计量客户的行为性忠诚，而忽略了客户忠诚的情感或意愿成分，将很难区分“真正的忠诚者”和“虚假的忠诚者”。

2. 客户忠诚意愿论

欧美许多以客户满意研究为生计的市场研究公司则倡导“客户忠诚”是某个企业的客户愿意继续购买该企业产品或服务的意愿、态度和倾向。由于目前绝大多数的客户满意与“客户忠诚”关系的研究结果表明：客户满意与“客户忠诚意愿”具有显著相关性，而客户满意与“客户忠诚行为”之间则不显著。为了保证客户满意研究的合理性及其自身存在的意义，最好的方法就是承认客户忠诚是一种意愿而非行为。

3. 客户忠诚综合论

大多数学院派学者更倾向于从客户整体的心理——行为特征来认识客户忠诚。代表性观点有二元成分说和四元成分说。

岳文锋、马力行等国内学者认为：客户忠诚应包括两个成分，一个是情感成分或心理成分即客户对企业及员工的态度，表现为心理上对某种品牌的关注、认可、欣赏和追随；另一个是行为成分即客户的购买行为和客户的口头宣传，情感成分决定行为成分。在初期，客户对企业的忠诚是依企业提供的客户价值为基础的，但随后这种忠诚就转化为客户对品牌和企业在情感上的一种共鸣，这也是客户忠诚的本质含义。因

① 闫涛蔚，付宜强．客户忠诚研究进展评述与前瞻［J］．生产力研究，2008（19）：164.

此，衡量客户忠诚，既要考虑客户的再次购买行为，也要考虑客户对企业及员工的情感态度。

而 Alan S. Dick（艾伦 S. 迪克）、Kunal Basu（库纳尔·巴苏）和 Richard L. Oliver 等美国学者则认为客户忠诚依其程度深浅可以分为四个不同的层次，即：认知忠诚，指经由产品品质信息直接形成的，认为该产品优于其他产品而形成的忠诚，这是最浅层次的忠诚；情感忠诚，指在使用产品持续获得满意之后形成的对产品的偏爱；意向忠诚，指顾客十分向往再次购买产品，不时有重复购买的冲动，但是这种冲动还没有化为行动；行为忠诚，忠诚的意向转化为实际行动，顾客甚至愿意克服阻碍实现购买。

从以上三种观点我们可以看出，目前主流的对客户忠诚维度的研究基本上都是从行为和认知两个方面来进行的。从行为维度看表现为以重复购买为主要特征的行为忠诚；从认知维度看表现为满意、信任、意愿、精神忠诚（mental loyalty）等形式。行为忠诚是认知忠诚的结果，但认知忠诚不是行为忠诚的唯一原因，如高的转移成本也可产生行为忠诚。基于高水平双赢伙伴关系的可持续忠诚才是客户忠诚的最强形式，是行为忠诚与精神忠诚的和谐统一①。

三、客户忠诚形成的一般过程

顾客忠诚的建立是一个动态的、循序渐进的过程。研究发现，一般来说，顾客忠诚的建立是一个先态度后行为逐步递进的过程。图 6－1 比较客观地模拟了顾客忠诚形成的动态过程。

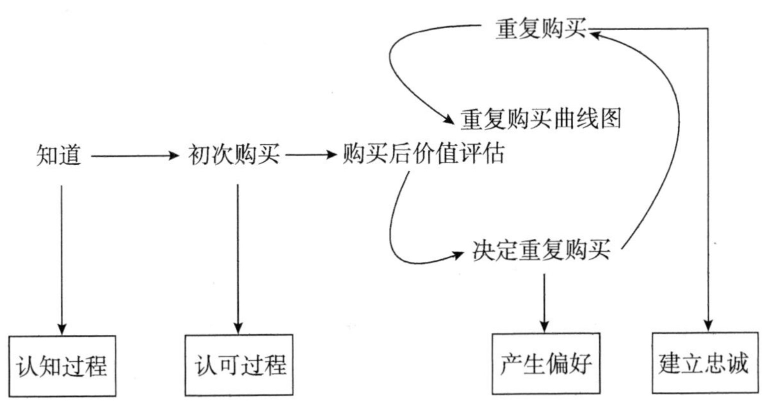

图 6－1　顾客忠诚形成的动态过程

资料来源：吉尔·格里芬．抓住顾客的心——如何培养、维系忠诚的顾客［M］．王秀华，译．中山：中山大学出版社，1999.

顾客忠诚的形成过程是一个价值判断和情感发生过程相互交错、相互作用的复杂

① 陈明亮．客户忠诚与客户关系生命周期［J］．管理工程学报，2003（2）：90.

过程。顾客忠诚的形成单纯从行为来看是一次一次的重复购买构成的，顾客在每次决定要重复购买时都会有一个价值评估过程，而每一次购买之后都会有一个基于价值评估过程发生的情感过程。如果顾客对于某企业的积极的情感积累到一定的程度的话，就有可能形成对该企业的忠诚。

四、金融企业实施客户忠诚管理的战略意义

（一）客户忠诚使企业获得长期的盈利能力

1. 客户忠诚能够确保企业销量的长期稳定

忠诚客户的购买量会随着时间的延续而增加，如果客户第一次购买的产品或服务满意，在再次购买时会倾向于购买更多①。这一规律也经过了实践的检验。因此，客户与企业的关系保持时间越长，其为企业做出的贡献就越大。而且交叉销售还会为企业带来更大的利润空间，从而保证企业销售量的不断上升，使企业拥有一个稳定的利润来源。例如，在某银行开设账户的客户，如果对此银行具有较高的忠诚度，则一旦银行推出一些新的业务，该客户将比新客户或潜在客户更愿意进行消费和购买。

2. 顾客忠诚有利于降低营销成本

对待忠诚客户，企业只需经常关心他们的利益与需求，在售后服务等环节上做得更加出色就可留住，既无须投入巨大的初始成本，又可节约大量的交易成本和沟通成本，同时忠诚顾客的口碑效应带来高效的、低成本的营销效果。例如，某车险公司的客户对该公司具有较高的忠诚度，则不需要销售人员进行次数频繁的说服和沟通，该客户就会倾向于在车险到期时自动续保。而且由于是老客户，在接触沟通和业务办理的过程中会更加轻车熟路，可以极大地降低企业的交易成本、时间成本和沟通成本。

（二）客户忠诚使企业在竞争中得到更好的保护

1. 顾客忠诚有利于企业巩固现有市场

具有高顾客忠诚的企业所在的市场对竞争对手来说意味着较高的进入壁垒，竞争对手要进入该市场争夺客户必须要投入大量的资金。这种努力通常要经历一个延续阶段，并且伴有特殊风险。这往往会使竞争对手望而却步，从而有效地保护了现有市场。

2. 顾客不会立即选择新服务

顾客之所以忠诚一个企业，不仅因为该企业能提供顾客所需要的产品，更重要的是企业能通过优质服务为顾客提供更多的附加价值，特别是当客户对该企业或品牌具有精神忠诚时，要使该客户转向其他竞争者将是一件非常困难的事情。

---

① 王永贵. 客户关系管理［M］. 北京：清华大学出版社，2007.

3. 顾客不会很快转向低价格产品

正如忠诚顾客愿意额外付出一样，他们同样不大可能仅仅因为低价格的诱惑而转向新的企业。不过，当价格相差很大时，顾客也不会永远保持对企业的忠诚。

（三）客户忠诚带来口碑效应

忠诚的客户总是倾向于将自己满意的消费经历分享给他人。事实显示，每位满意的客户会将其满意的感受告诉给至少12个人，其中大约有10个人在产生同类需求时会光顾该企业。有调查显示，口碑的宣传效果要远远好于电视广告、出版物等方式的宣传效果。良好的口碑能发挥更大的威力和效果，为企业带来更多的客户。因此，金融企业尽量地减少客户流失率，提高客户忠诚度，将会为企业源源不断地带来新的客户，通过与新客户建立长期持久的关系发展其为忠诚客户，企业将走入一个良性循环。

（四）客户忠诚将为企业带来更多溢价

忠诚客户都是企业的良性客户，他们忠诚于企业的产品和服务，对价格相对不敏感，不会刻意去追求价格上的折扣。研究表明，忠诚客户往往愿意比新客户支付更高的价格，他们更关注的是企业和品牌，是产品或服务本身。他们能够为企业带来更多的溢价。

（五）忠诚客户对企业有更高的容忍度

某服务企业的忠诚客户在接受服务的过程中遇到问题时，倾向于直接向该企业员工提出抱怨，而不是向服务企业之外的人或机构提出抱怨，也不会轻易地就转换服务企业。也就是说，忠诚客户对于服务失误有一定的容忍度，并且希望通过与该企业员工的沟通来解决问题。

一般来说，客户忠诚度越高，上述忠诚的表现就越明显。如果某个顾客的上述四种表现都非常明显的话，我们就可以认定该顾客是忠诚顾客。

第二节　影响金融企业客户忠诚的决定性因素

迄今为止，学术界和企业界人士对客户忠诚影响因素问题进行了大量的研究。如Rust（勒斯特）和Zahorik（扎霍日克）研究了银行业感知服务质量与客户忠诚度之间的关系；Crosby（克罗斯比）和Stephens（斯蒂芬斯）调查了保险业和零售业的客户忠诚度；Kelly（凯利）等的研究对象是服务接触失败与忠诚度；Haskett（阿斯克特）等也在其提出的“服务利润链”模型中指出客户的满意导致客户忠诚；An－dreasen（安·德瑞森）的实证研究发现在医疗服务市场转换成本的高低影响着客户忠诚。而白长虹、马力行等国内学者则提出，根据对客户忠诚的影响途径和作用性质，客户价值、客户满意、客户信任和转换成本应归结为客户忠诚的直接影响因素，而技术、社会文化、行为规范和情境等因素应归结为客户忠诚的间接和调节因素。大量研究显示，客户忠诚受到多种因素的影响①。

此处，我们主要对学术界和实业界普遍认可的影响客户忠诚的决定性因素进行介绍。

一、四个决定性因素

（一）客户满意

我们已在第四章对客户满意进行了详尽的介绍。这里我们来看看客户满意与客户忠诚之间的关系。许多学者研究了客户满意与客户重复购买意图、客户满意与客户忠诚的关系，普遍认为，客户满意是导致重复购买最重要的因素，客户的满意程度越高，则购买的越多，对公司及其品牌忠诚就越久。

需要注意的是，客户满意与客户忠诚之间虽然存在正相关关系，却不是线性的。它们之间的关系如图 6 –2 所示。

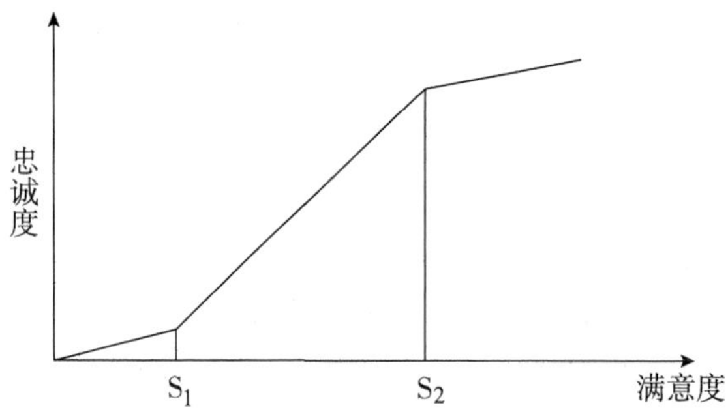

图 6 –2　客户满意与客户忠诚的关系

资料来源：郭伟刚，包凡彪．客户忠诚理论的价值分析和驱动模式研究［J］．商业研究，2007（3）：183。

客户满意与客户忠诚的正相关关系仅存在于一定的范围内（S_1 < 满意度 < S_2）。基本满意和满意的客户的忠诚度都是很低的，满意的客户不一定在行为上表现为忠诚，这也就解释了为什么满意的客户仍然会转向其他的企业；只有非常满意的客户才表现出极高的重复购买率和口碑传播意愿，非常满意客户的忠诚是满意客户的 6 倍。一项研究表明，90% 的背离顾客对他们以前获得的产品或服务是满意的。因此，客户满意并不等于客户忠诚，它是客户忠诚的必要条件，但不是充分条件。

此外，在不同的竞争条件下，客户满意对客户忠诚的作用也不一致。美国学者琼斯和赛斯的研究成果表明，客户忠诚和客户满意的关系受行业竞争状况的影响。市场

① 闫涛蔚，付宜强．客户忠诚研究中的三个基本问题［J］．经济纵横，2007（7）：130.

竞争越激烈，客户满意水平对赢得客户忠诚就越发重要。在高竞争的市场环境下，一旦客户的满意程度稍稍下降，就会对客户忠诚产生极大影响，充斥在企业周围的强有力的竞争者马上就会乘虚而入争夺客户。而在市场竞争不激烈的情况下，即使客户满意出现下降的情况，客户可能也会因为转换成本高、替代品少、客户选择空间有限等原因而维持原来的选择，从而表现出虚假的忠诚。毫无疑问，金融行业属于高度竞争行业，客户满意将成为影响客户忠诚的关键因素。

不容否认的是，高的客户忠诚必须建立在高的客户满意基础上，从这一角度看，满意驱动理论具有重要的现实意义。

（二）客户感知价值

我们在第四章对客户感知价值也进行了详细的介绍。如前所述，客户感知价值是客户从所购买的产品或服务中所得到的利益与购买和使用时所付出的总成本的比较，它是对产品或服务的效用的整体评价。

价值驱动理论认为，客户忠诚是由价值驱动而非满意驱动，客户满意只是使该品牌的产品进入客户下次购买的备选集合而已，但不能保证客户的重购。厂商与客户之间的交易关系是一种基于自身价值最大化的价值交换关系，因此，只有向客户提供卓越的价值才是可靠的获得持续客户满意和忠诚的途径。

客户感知价值是影响客户行为意向的一个重要的决定性因素，它与重复购买、推荐意愿是正相关关系。客户感知价值与愿意支付更高的价格和在价格上涨情况下继续保持忠诚之间也存在正相关关系。也就是说，客户感知价值的好坏直接决定着客户的忠诚与否。因此，提高客户感知价值自然会提高客户忠诚。

（三）转换成本

转换成本是客户从原来的供应商转换到另一家供应商时所付出的成本，按其产生原因的不同可以分为不同种类。

1. 机会成本

指顾客转换供应商所带来的利益和某些特权的损失。如我国的商业银行对其集体客户或 VIP 客户都提供例如免年费、刷卡金额或积分达到一定额度可以兑换不同的奖品等优惠，而一旦用户转换了银行，则不能继续享受这些优惠或特殊待遇。

2. 风险成本

指顾客因不了解未来供应商或心理不确定性而产生的风险感知，如对新产品质量信息不了解或难以作出判断等。

3. 转换前的搜索和评估成本

指顾客如果转向其他企业的产品和服务，必须花费时间和精力进行信息搜寻和评估，通过必要的信息收集并加以评估潜在可替代的供应商后才能做出明智的购买决定。

4. 转换后的行为和认知成本

指顾客在适应新服务提供商的过程中，通常需要花费时间和精力熟悉新的规则和服务程序。

5. 关系性转换成本

指顾客在情感上或心理上的损失，涉及了因为身份或契约关系的打破而导致的心理上和情感上的不舒服。

6. 沉没成本

沉没成本代表顾客对建立和保持投资关系所付出的但无法得到补偿的费用、时间和精力感知。前面所讨论的各类成本在转换行为发生之后就无法得到补偿，从而会引致沉没成本。

随着服务业市场竞争的日益加剧与争夺顾客成本的提高，越来越多的学者意识到转换成本在顾客忠诚形成中的影响。转换成本不仅减弱了顾客对价格和顾客满意水平的敏感性①，而且由于转换成本的存在，那些期待从众多竞争企业中选择的顾客不得不忠诚于行业同质化严重的原品牌②。也就是说，若转换成本很高，客户的重复购买率就会提高。但如果客户对企业并不满意，只是迫于高转换成本而表现出较高的重购率，那么这种客户关系并不牢固。一旦竞争环境变化，企业的客户流失率就会突增。

因此，转换成本的高低对于维系客户忠诚有着直接影响。另外，忠诚也会反作用于转换成本，忠诚的客户在经济和情感上各方面的转换成本均要高于一般的客户。

（四）客户信任

客户信任是顾客对企业可靠性的认同或判断，以及由此对企业采取的协同性支持行为。顾客与企业之间的关系越好，越信任该企业，越能预见企业的服务能力，越相信企业不仅关心自己的利益也关心消费者的利益，企业也就越能够满足顾客的多样化需求。

顾客信任是顾客满意和顾客忠诚的前提。只有当顾客深度信任企业时，顾客才会产生认知满意和行为忠诚。信任作为影响关系承诺的重要因素进而影响顾客忠诚。要成功地建立高水平的长期客户关系必须建立客户信任，因此信任也是客户忠诚的一个决定因素。

客户信任通过三种机制影响客户关系（进而影响客户忠诚）的发展：第一，降低客户对供应商投机行为引起的风险的担忧；第二，增加客户对长期收益的信心；第三，

---

① FORNELL C . A national customer satisfaction barometer: the swedish experience [J] . Journal of Marketing , 1992, 56 (1): 6－21.

② KLEMPERER P . Competition when consumer shaves switching costs: an overview with applications to industrial organization, macroeconomic sand international trade [J] . Review of Economic Studies, 1995, 62 (4) : 515－519.

降低交易成本[①]。

二、决定性因素之间的交互作用

客户满意、客户感知价值、客户信任和转换成本对忠诚的影响并不是孤立的，这些因素之间存在交互影响，它们共同作用于客户忠诚。

（1）转换成本对于顾客满意度和忠诚度之间的关系有显著的调节作用。Jones（琼斯）和 Motherbaugh（马泽堡）的研究表明，在高转换成本下，客户满意对客户忠诚的影响减弱[②]。而当转换成本非常小时，由于大部分人喜欢尝试多样性的这种特点，即使一些客户的满意度很高，但重购率并不高。

（2）另外很多研究表明客户感知价值会显著地影响客户满意，客户的感知价值高，其满意度也较高。另外，客户对价值的预期随生命周期而不断提高，供应商要成功建立客户忠诚必须在不同阶段提供相应水平的客户价值。

（3）客户满意和客户信任是派生因素。客户满意的基础是客户感知价值，持续的客户满意产生客户信任，客户满意和客户信任是客户感知价值迈向客户忠诚途中的两个重要里程碑。信任与顾客忠诚为正相关关系，信任对忠诚的影响强于顾客满意对忠诚的影响[③]。

相关知识与扩展：基于客户关系生命周期的客户忠诚动态模型

该模型用基本信任、行为忠诚、精神忠诚、可持续忠诚表示客户忠诚发展的四个阶段，它们按一定的顺序出现在客户生命周期的不同阶段里：信任在考察期后期初步形成，在形成期进一步加强并在形成期后期进化为行为忠诚，随着信任的不断增强，在稳定期前期开始形成精神忠诚，并在稳定期后期逐渐进化到忠诚的最高境界——可持续忠诚。

该模型描述了客户价值、客户满意、客户信任三因素如何驱动客户忠诚不断发展，并在客户关系生命周期的不同阶段建立不同层次的客户忠诚，展示了客户忠诚培育机理的轮廓，如图 6 – 3 所示。

1. 基本信任阶段（考察期）

客户价值是客户保持的本质决定因素，每次购买后客户都会对供应商提供的价值进行评估，但客户的价值评估标准，即价值期望，随客户关系生命周期阶段的发展而

---

① 陈明亮．客户忠诚与客户关系生命周期［J］．管理工程学报，2003（2）：92。

② JONES，MICHAEL A. ，DAVID L. Motherbauth and Sharon E. Beatty. Switching Barriers and Repurchase Intensions inService［J］. Journal of Retailing，2000，76（2）：259 – 274.

③ 马全恩，刘丹，严雯青．基于转换成本的顾客满意与忠诚实证研究［J］．西安理工大学学报，2010，26（2）：237.

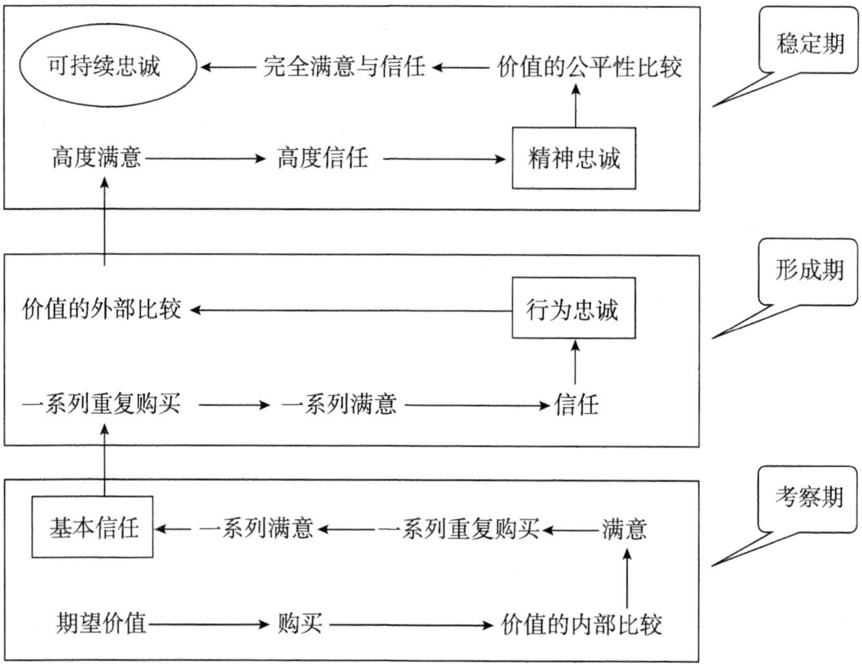

图 6－3　客户忠诚动态模型

不断提高，根据矛盾冲突解决理论，客户主观价值达到或大于期望时客户关系向前发展，否则倒退。在考察期，客户的价值标准是比较水平（客户评估供应商价值的一个内部比较标准，其大小在供应商提供的平均价值水平到供应商的最好价值水平之间）；如果客户认为供应商提供的价值水平达到了该水平，客户就满意。第一次购买的满意驱动了客户不断地重复购买，每一次都以前一次购买的满意为动力，一系列的满意将培育客户对供应商的基本信任，由此，客户关系越过考察期而进入形成期。

2. 行为忠诚阶段（形成期）

从信任的供应商处重复购买将给客户带来认知成本、情感成本和运作成本等交易成本的节约。受成本节约的激励，客户在考察期建立起来的对供应商的信任，导致了形成期从同一供应商处一系列的重复购买，并且形成“信任—重复购买—满意—信任”的良性循环。因此，客户信任不断上升，以至于客户对现供应商的信任高到在做重复购买决策时，几乎不考虑市场可替代供应商提供的产品，重复购买在概率上成了一个“确定性事件”，形成所谓的行为忠诚。行为忠诚的客户不仅具有更高的重复购买意图，而且由于交易成本的降低具有更高的价格忍耐力。

在客户关系的发展过程中，客户始终在不断评估着供应商提供的相对价值，但客户的价值评估标准在不断提高，在考察期和形成期前期为内部比较水平，到了形成期后期，变成了可替代关系比较水平（客户评估供应商价值的一个外部比较标准，相当于市场中最好可替代供应商的价值水平），客户将在以前阶段经历的价值与市场最好的可替代供应商的期望价值相比较。当客户认为现供应商是其最好的供应商时，客户关系进入稳定期。

3. 精神忠诚阶段（稳定期前期）

客户关系进入稳定期意味着客户认为现供应商能够提供比其他竞争对手更高的价值，客户对现供应商更加信任，坚信现供应商将来有能力持续不断地提供比竞争对手更高的价值。这一信念也加强了客户的自信，他们相信自己选择的是最好的供应商，由此对公司、公司人员、公司产品或服务产生一种强烈的情感依附，导致精神忠诚。与行为忠诚的客户相比，精神忠诚客户除更高的重复购买意图和价格忍耐力外，还会产生交叉购买意图，同时即使出现一些不利的竞争局势，客户仍会继续保持重复购买，因为客户此时不仅有很高的经济转移成本，而且面临很高的心理和精神转移成本。

4. 可持续忠诚（稳定期后期）

精神忠诚不是客户忠诚的最高形式，可持续忠诚才是供应商追求的最高目标，但精神忠诚发展到可持续忠诚必须满足客户对价值公平性的要求。

客户忠诚水平的推进，是建立在客户价值评估比较的基础上的。但是到目前为止，客户价值的评估一直是一元的，即评估的都是客户自身从关系中获得的价值，随着对一元价值评估分析的不断深入和客户价值评估能力的提高，客户开始意识到价值的评估应该是二元的，即不仅应评估自身从关系中获得的价值，还应评估供应商从关系中获得的价值，双方从关系中获得的价值必须对等，否则是不公平的。如果客户认为供应商是公平的，则客户相信现供应商是值得信赖的，在环境发生变化时不会牺牲客户利益来换取自身利益，客户对供应商的信任得到升华。由此，客户不仅对供应商提供价值的能力坚信不疑，而且对供应商的道德水平深信不疑，高水平的信任促进客户忠诚进入理想的可持续忠诚阶段。这种形式的忠诚与精神忠诚最大的不同是客户的互惠与合作态度，和由此态度产生的合作行为。如客户积极或自发地为公司传递好的口碑、推荐新的客户、真诚地向公司提出一些建设性的意见等。

（资料来源：陈明亮．客户忠诚与客户关系生命周期［J］．管理工程学报，2003（2）：92－93.）

第三节　金融企业客户忠诚度的测评

如前所所述，客户忠诚度的维度需要从行为和认知（态度）两个方面去考虑，因此，对客户忠诚度的衡量也需要从这两个方面来进行。随着不同学者对忠诚度衡量指标的研究，该指标进一步细化：态度方面的忠诚，主要表现为情感的倾向、对所使用产品的推荐和对竞争产品的免疫力；而行为方面的忠诚，主要表现为重复购买、购买频率与数量等。在实际应用中后者较前者相对容易采集和量化。

为了能够更为直观、快速地判断客户忠诚度的高低，往往要基于相关的衡量指标来得到对客户忠诚度的综合评价。客户忠诚度的综合评价多是通过评分方式获得，通常采用的方法包括专家经验评分法、权重评分法和 RFM 模型评分法。这三种方法各有其特点。

专家经验评分法是专家根据经验建立客户级指标体系和设定评分规则，对每个客户按周期给出一个评分结果，其特点是综合度高，评分结果方便使用，但不同指标的评分方法不同，数据加工方法较为复杂，且一般不针对产品特性设计，难以进行产品级别的评分。

权重评分法是基于已建立的忠诚度衡量指标层次结果，邀请熟悉金融企业业务和客户关系管理的专家进行打分，将专家的打分结果进行汇总计算，形成指标的权重。构建过程相对比较复杂，其特点类似于专家经验评分法，也是基于客户层级的评分，一般不针对产品级别评分，所有指标采用统一分制，比如 5 分制、10 分制或 100 分制等进行评分。

RFM 模型评分方法是客户关系管理领域广泛应用的一种用于评价客户忠诚度、流失倾向和衡量客户生命周期价值的计算方法①，通过一个客户的近期购买行为、购买的总体频率以及花了多少钱三类指标来动态展示一个客户的整体轮廓，简称 RFM 分析（Stone 和 Bob，1994）。RFM 分析的基础是三类重要的客户行为指标：距离上一次交易的时间 R（Recency），即从上次购买到当前的时间间隔，该值越小意味着客户再次购买的可能性越大。确定计算周期，将周期内的客户距离上一次交易的时间进行五等分进行评分；最近 N 个月的交易次数 F（Frequency），即客户在某一时间段内总的购买次数，购买频率越高表示客户越忠诚。确定计算周期，将周期内客户的交易次数进行五等分评分；三是最近 N 个月的交易金额 M（Monetary Value），即某一时间段内客户的消费总额，该值越大意味着客户对银行的利润贡献越大，越应关注该客户。确定计算周期，将周期内客户的交易金额进行五等评分。RFM 评分法强调以客户过去的交易数据来区分客户的行为特征，其特点是所用到的数据易于获得，且计算逻辑简单易懂，非常适用于有众多客户的金融企业客户的忠诚度评价。但 RFM 模型通用指标相对简单，难以完全涵盖金融企业复杂的产品条线。

例如，王文贤、金阳、陈道斌（2012）在“基于 RFM 模型的个人客户忠诚度研究”中，建立了产品层级的忠诚度衡量指标，见下表。

产品层级的忠诚度衡量指标

产品	近度指标 R	频度指标 F	额度指标 M
通用指标	距离上次交易时间	交易次数	交易金额

① 王文贤，金阳，陈道斌．基于 RFM 模型的个人客户忠诚度研究［J］．金融论坛，2012（3）：76.

续　表

产品	近度指标 R	频度指标 F	额度指标 M
活期存款	距离上次交易时间 产品持有时间	交易次数	交易金额 月均余额 收入
银行卡	距离上次交易时间 距离启卡时间	主动动卡次数 消费次数 激活卡数 未激活卡数	透支余额 交易金额 月均信用额度使用率 收入
定期存款	距离上次购买时间 （续存视为购买） 距离到期日时间	产品持有数目	月均余额 收入
理财类产品	距离上次申购时间 产品持有时间	申购次数 产品持有种类 产品持有数目	月均余额 收入
贷款	贷款剩余期限 产品持有时间	还款次数 产品持有数目	贷款余额 收入

接下来，基于上述五类代表性个人金融产品的个人客户忠诚度衡量指标，构建出RFM个人客户忠诚度评估模型。利用各产品的R近度、F频度、M额度指标，采用五等评分得到各产品的R、F、M评分，通过乘积方式得到各产品的RFM评分，即产品层级的忠诚度评分。根据不同产品对忠诚度的影响程度，采用专家咨询汇总权重方式确定各产品合理权重得到个人客户忠诚度总体评分。该模型可以有效区分不同客户的忠诚度高低，揭示了客户忠诚度的分布规律。通过与客户收入贡献交叉分析得到“挚友、藤壶、蝴蝶、陌生人”四个不同分类的客户群，为商业银行开展差异化客户维护服务、产品营销以及客户挽留等工作提供更有针对性的支持。

第四节　金融企业客户忠诚度的分类

一、基于客户忠诚维度的客户忠诚分类

Jill Griffin（吉尔·格里芬）从行为维度和认知（态度）维度对客户忠诚进行了划分，如图6－4所示。

这个矩阵将客户忠诚分为以下四类。

态度取向		低重复	高重复
	高留恋	潜在忠诚 由于购买不方便或行为规范的限制等非态度因素超过了态度取向的作用而降低了客户购买频率	忠诚
	低留恋	不忠诚	虚假忠诚 由于购买便利性、替代品缺乏等情景因素超过了态度取向而产生的被迫的高频度购买行为
		行为取向	

图 6－4　基于客户忠诚维度对客户忠诚的划分

资料来源：Jill Griffin. 顾客忠诚［M］. 王秀华，译. 台北：台北朝阳堂文化专业有限公司，1996.

低态度忠诚、低行为忠诚——不忠诚：低情感依赖伴随着低重复购买行为，表明客户缺乏忠诚。此类客户在消费了某一产品一两次之后就转向其他品牌或企业的产品或服务。

低态度忠诚、高行为忠诚——虚假忠诚：低情感依赖伴随高重复购买行为，表明客户的忠诚是虚假的和无奈的。产生虚假忠诚的主要原因包括：习惯性的购买、便利的位置、市场垄断、转换成本高等非情感因素。在这种情况下，客户对企业并没有特别的情感和关爱。

高态度忠诚、低行为忠诚——潜在忠诚：高情感依赖伴随着低重复购买，表明客户具有购买意愿，但由于种种条件的限制而不可得。这种情况出现的原因包括：由情景因素、行为规范、转换成本等非情感因素超过了情感因素的作用，阻碍了客户的购买。

高态度忠诚、高行为忠诚——忠诚：高情感依赖伴随着高重复购买，是态度和行为的完美统一。意味着客户对企业具有情感依赖的同时可以将之转化为实际的重复购买行为。这正是企业营造客户忠诚要达到的最高目标。

二、客户忠诚钻石模型

忠诚钻石模型是英国学者 Simon Knox（西蒙·诺克斯）根据客户购买的产品和服务的品牌数量和客户的投入程度将客户划分为忠诚者、习惯性购买者、多品牌购买者和品牌转换者 4 种类型。

其中，忠诚者和习惯性购买者往往只购买少数几个品牌的产品和服务，客户份额较高，表现出较高程度的行为忠诚。因此，对于企业而言，为这两种客户服务最能获利。但忠诚者和习惯性购买者的购买方式不同，忠诚者的投入程度较高，愿意花费时间和精力与企业保持关系，而习惯性购买者与企业联系、参与程度不高，每次购买产品或服务仅仅因为这个企业提供的产品能够满足他们的需要而很少有对企业的感情依恋成分。因此一旦该企业不能提供他们需要的产品或服务时，他们就会转向其他企业。

多品牌购买者和品牌转换者的行为较为相似，他们都购买多种品牌的产品或服务。对于这两种客户，企业一般获利不多。但这两种客户的购买行为动机也不尽相同。多品牌购买者会为不同的消费场合购买不同品牌的产品和服务，他们寻找各品牌产品与服务的态度非常积极，并且对各个不同品牌了解程度较高。而品牌转换者一般是对价格优惠比较感兴趣，他们的购买决策是性价比导向，希望以最优惠的价格购买自己需要的产品与服务，因此他们可能会被竞争对手小小的优惠活动吸引而发生品牌转换。

三、客户忠诚的 7 种类型

美国霍普金斯大学教授凯瑟琳·辛德尔在她的 *Loyalty Marketing for the Internet Age*（《网络时代的忠诚营销》）一书中将客户忠诚分成 7 种类型。

垄断忠诚：市场上只有一个供应商，或者政府规定只能有一个供应商，形成产品和服务的垄断，客户别无选择，是一种低依恋、高重复的购买行为。客户选择企业的产品并不是因为他们对该企业的产品有很高的满意度或者信任。例如，在中国广大的农村地区，农民可以选择办理存取款、转账汇款等金融业务的机构通常是农村信合。这显然并不是因为农民对他们的产品或服务很满意，而是因为农村信用合作社的网点最多，而其他金融机构很少在农村地区大密度地设置网点。

惰性忠诚：也可以成为习惯性忠诚。客户由于惰性而不愿意去寻找其他的产品或服务供应商。这种类型的客户也是低依恋、高重复的购买者。他们的重复购买也不是因为他们对该企业的产品有很高的满意度或者信任，仅仅是因为他们习惯了使用某企业或品牌的产品或服务。这种情况在金融行业非常常见，例如，很多中老年客户因为几十年的老习惯，可能倾向于在国有四大银行办理业务。但是，由于各金融企业提供的产品和服务的差异性不大，客户在任意一家企业办理业务获得的利益都是差不多的，所以一旦竞争对手给予客户更多的优惠或便利，客户将很容易被竞争对手抢走。

方便忠诚：这种类型的忠诚和惰性忠诚有点相似，客户表现为低依恋和高重复购买。客户仅仅由于方便而进行购买，这种方便可以表现为时间或空间上的方便。这类忠诚通常也是不稳固的，一旦客户发现其他企业能够提供更多的便利，这种忠诚也就随之减弱或消失。例如，工商银行可以说是网点最多的银行，在网络银行和手机银行还没有普及的时候，很多客户会因为网点众多而选择工商银行。当网上银行和手机银行的出现大大地减少了时间和空间的限制之后，网点众多已经不能算是工商银行的核心竞争优势，客户也会随之转向其他能够提供更优质服务和更多优惠的银行。

潜在忠诚：可以理解为有部分客户对企业拥有忠诚，但是目前还没有表现出来。潜在忠诚的客户表现为低依恋、低重复购买的行为。客户虽然没有较多的重复购买，但并不是因为他们缺乏购买意愿，而是因为他们在某些方面受到了限制。例如，很多小微企业难以从银行获得贷款，并不是他们不想，而是因为银行各方面的审批条件极其严格，很多小微企业达不到放贷要求。若要发觉这些客户的潜在忠诚，就需要发掘他们的特别需求，对自己进行适当的调整，重新修订相关的规章制度和条款，在风险能够获得有效控制和保障利益空间的条件下，将这部分客户转变成现实的忠诚客户。

激励忠诚：这类忠诚与惰性忠诚有点类似，客户表现为低依恋、高重复购买。但是这种高重复是建立在企业经常提供一些优惠和奖励的基础上的。例如，经常使用某银行信用卡的客户会获得积分，积分可以用于兑换相应的礼品或代金券。在企业有奖励的时候，客户会来此进行购买或办理业务，一旦激励停止了，客户就会转向其他更多激励和促销的企业。因此，这种忠诚也是不稳固的。

价格忠诚：这类客户对价格十分敏感，倾向于选择价格最优惠的供应商。他们选择该企业的产品或服务仅仅是因为价格更符合他们的购买能力，表现为低依恋、高重复购买。但是一旦价格优势被模仿或被超越，这些客户很快就会流失了。因此这类忠诚也是不稳固的。

超值忠诚：客户在了解、消费企业产品或服务的过程中与企业有了某种情感上的联系，或者对企业有总的趋于正面的评价，从而表现出来的忠诚，客户表现为高依恋、高重复购买。这种类型的忠诚通常兼备了行为忠诚和态度忠诚，具备了口碑传播的能力和抵抗竞争者的能力，对于企业来说是最有价值的，同样也是最难获得的。

在这 7 种忠诚类型中，只有超值忠诚才是真正的忠诚，也应该是金融企业最应该去追求的忠诚。

第五节　金融企业客户忠诚的提升

要想持续不断地增加忠诚客户的数量，提升客户忠诚度，金融企业应该建立一套规范的客户忠诚培养与提升的流程，让整个企业的管理层到一线员工都能够充分认识到客户忠诚的重要性，并且知道如何去提升客户忠诚度。

一、努力实现客户的高度满意

如前文所述，基本满意和满意并不一定能创造忠诚的客户，只有高度满意的客户才更有可能成为忠诚的客户。因此，金融机构应该想方设法地提高客户的满意程度，以争取到更多的忠诚客户。但需要注意的是，满意度也不是越高越好，还需要对成本的因素加以综合考量。

提升客户满意度及服务质量的方法和建议已经在第四章和第五章进行了详细的论述，本章节不再赘述。

二、提升客户感知价值

我们在前文的阐述中已经说明，客户感知价值不仅直接对客户忠诚产生正向作用，而且，客户感知价值也会对客户满意产生正向促进作用，进而提升客户忠诚。因此，提升客户感知价值也是提升客户忠诚的重要手段。

这一部分内容同样也已在第四章进行了阐述，本章节不再赘述。

三、根据忠诚类型进行客户分类管理

已经有足够多的研究和实践表明，忠诚客户能够比普通客户给企业带来更多的利益。但如前所述，不同类型的忠诚客户，其维系的难度和成本是不一样的，给企业带来的利益也是有差别的。因此，金融企业应该根据客户忠诚的不同类型对客户进行区别管理。

真实忠诚客户：针对这类客户，企业最基本的策略是保持策略，即企业要尽可能地采取各种营销手段，将这类客户留在企业，并增加客户价值，通常说的客户忠诚计划针对的目标客户群应是这类细分群体。由于这类客户对价格的敏感性相对较低，因此客户忠诚计划决不能用降价促销计划或变相促销计划、优惠方案来代替，而是以忠诚计划为纽带，加强企业与客户之间的情感联系，建立与客户之间更高层面的结构性联系。例如，通过建立品牌社区，搭建客户与企业、客户与客户之间的沟通平台，让客户交流使用本企业产品和服务的经验和感受，提出相关建议与意见。另外，组织与客户互动的活动，让客户参与和亲身体验企业文化、品牌创造过程等，让客户更深入了解和融入企业中来等。

潜在忠诚客户：潜在忠诚客户虽然对某企业产品或服务表现出情感忠诚，包括较高的满意度、信任度、一定的偏爱等，但是由于某些客观因素或营销情境等的影响，在行为上并没有对该品牌采取持续购买的行动。研究表明，相对于虚假忠诚客户和不忠诚客户，潜在忠诚客户更易转化为企业的真实忠诚客户，因此金融企业需要针对这类客户“情感—行为”不一致的原因进行深入分析，采取针对性措施，从而帮助这类客户克服购买的阻碍因素，将他们转化为真实忠诚客户。具体来说，阻碍客户采取实际购买行动的因素主要有客户已形成的消费惯性、较高的转换成本、目前自身经济条件限制及竞争对手的促销活动等。针对不同因素影响，企业需要采取不同策略。例如，对消费惯性的客户，可采用一段时间免费试用、降低进入门槛同时辅之以火力集中的说服性的信息传播；对于转换成本较高的客户则通过补偿性措施降低转换成本；对目前经济条件有限但有发展潜力的客户可先用较低档次产品或服务，如刚毕业的学生提供低额度的信用卡满足其需求或给予一定的优惠等。

虚假忠诚客户：虚假忠诚客户虽然对某企业产品或服务表现出重复购买和多次购买的行为，但在情感上对该品牌的认同度并不高，因而这类客户极易流失。对企业来说，针对这类客户的流失预警和流失控制措施是营销的重点。控制该类客户的流失有两种策略：一是设法提高该类客户的情感忠诚度，将该类客户转化为真实忠诚客户，二是强化阻碍客户流失的客户因素。对于第一种策略，可采取的措施主要是提升产品或服务质量，消除客户不满意因素，加强与客户之间的情感和信任感等；对于第二种策略则主要通过提高转换成本、制造信息障碍、针对性促销活动等。

不忠诚客户：不忠诚客户是无论在行为还是情感上都表现为对企业忠诚度低的客户，对这类客户企业要根据投入产出比决定是否采取挽留措施。

最后，金融企业还要关注这四类客户在企业中所占的比重和贡献，有一定比例真实客户是企业立足市场的基础。另外，如果企业潜在忠诚客户较多，所占比重高于虚假忠诚客户，则意味着企业有较好的发展前景。反之，对企业来说就是一个预警信号，由于使用者并未对本企业产生认同感，即使企业目前在市场上表现良好，有较高的市场份额，但市场地位其实很脆弱①。

四、增加客户信任

对于客户信任，正如我们前文所分析的，持续的客户满意会促使客户信任的提升。此外，客户感知价值的提升也会促使客户信任的提升。除了这两种途径以外，我们主要对其他的方式进行阐述。

（一）营销沟通和反馈

营销沟通的过程就是把企业的各种信息，包括产品信息、企业信息、服务信息等通过一定的传播方式，媒体、专业会议、记者招待会等方式传递给目标客户的过程。其目的是向客户推荐产品或服务，或者消除客户误会等。主要包括公共关系、广告、有形展示、口碑沟通、企业形象展示等。

（1）公共关系。公共关系工具包括记者发布会、记者招待会、专业会议、接待会对外公开、联合广告、发动事件、电影和电视的产品展示。最有效的是记者发布会和对外公布消息。企业在受到信任危机的时候，恰当的公共关系手段是摆脱信任危机的必要措施。

（2）广告。广告信息被放在非个人的公开媒体，选择适合的广告媒体能产生最大的商标意识。主要的媒体包括电视、广播、报纸、杂志、户外和运输等。广告的目的是促进客户对企业产品和服务的了解，是建立客户对企业产品的初步印象的重要步骤，也是建立信任的准备工作。

（3）有形展示。是指将一些无形的要素诸如技术的领先程度，产品和服务的质量等通过一些能让客户觉察的方式体现出来，它在沟通中的作用也日益重要。之所以如

---

① 朱丽叶，詹金平，客户忠诚类型及营销对策分析［J］．商业经济文荟，2006（2）：22.

此，是因为大多数客户对于快速更新的、知识含量日增的产品间的微小技术差别并不了解，而且，人们对此也确实不大关心。相反，他们更容易受有形化了的无形因素的影响。例如，金融企业的办公大楼外观和内部布局、员工着装和与专业技能有关的有形展示都有利于客户增强对企业的信任。

(4) 口碑沟通。公布消息不一定来自于公司自身，也可来自于用户。消息有正面的，也有负面的。有三种方法能施加影响，一是通过广告刺激口碑，二是样品赠送，三是创造推荐网络，通过对产品信任的忠实客户向其他人推荐企业产品而形成的信任链。

(5) 企业形象展示。企业形象展示又可以叫作品牌展示，有研究证明，品牌能够显著增强客户信任度。因此，企业也应当注重品牌的建设。

此外，作为沟通过程的重要组成部分，反馈的作用不可小觑，因为客户的反馈直接表达了客户对商品的评价与期望。企业在得到客户的反馈信息之后，要迅速研究并且给予客户回复，这有利于增加客户对企业的信任，提高客户与企业的关系紧密程度。

(二) 增进与客户的情感

客户信任是一种双向的关系，客户信任的建立需要企业通过各种营销手段同客户进行情感交流去了解客户的理解和需求。在与客户的交流中，可以遵循以下原则，从而增进与客户的情感。

(1) 学会倾听原则。倾听能够从客户的倾诉中获取有用信息并及时发现客户关系中存在的问题。集中注意力去聆听和分析客户的语言所透漏的信息，探求客户内心的真实想法，根据客户内心的需求采取特定的方案与客户建立信任关系。

(2) 经常联络原则。企业要制定适当的拜访计划，经常与客户取得联系，实时掌握客户动向。不能因为客户是忠诚的就忽略了关系的维系。例如，可以定期或不定期地举办一些活动、礼尚往来，既可以采取面对面的方式，也可以仅仅是一个电话的问候。当然，在与客户进行联络时要注意方式方法和频率，不要引起客户的反感。

(3) 投其所好原则。人们总是被那些对他们真正感兴趣的人所吸引，根据客户的偏好，与客户谈论他感兴趣的话题，建立私人的朋友关系，投其所好，当客户觉得你和他是同类人时，就能够对你产生信任，从而相信你所推销的产品和服务。

(4) 相信产品原则。说服客户相信企业提供的产品性能和服务体系能给客户带来好处，并让客户觉得企业从购买产品的价值中有利益可图。所以，企业工作人员需要去探求客户的潜在需求，使客户相信推销的产品能给其带来好处，客户会感受到企业人员亲近的心，从而对企业和产品或服务产生信任。

(5) 语言设计原则。在与客户沟通的过程中，要注意语言的运用。建立客户信任的每一句话都要严格进行设计，必须具有逻辑的说服力和感染力。

(6) 以诚相待原则。要站在客户的角度思考问题，要让客户真正感觉到企业是在为他们着想，以诚心换真心。

五、提高转换成本

在金融业市场上，转换成本是普遍存在的。如前所述，转换成本是客户满意和客户忠诚的调节变量，而且，高转换成本会显著地增加客户的重复购买，增加客户的行为忠诚。因此，提高客户转换成本是提高客户忠诚的一个有效途径。

（一）完善服务内容，实行交叉销售营销

交叉销售就是一种以企业与客户的现有关系为基础，以客户为中心，发现客户多种需求，去销售更多的产品，满足其多种需求的营销方式。由于交叉销售是对现有客户进行销售，企业已经有了一定的关系基础，对客户的需求和个性也有充分的了解，因此，可以增加销售的成功率，降低销售成本，也可以增强客户忠诚度。

有相关调查表明：如果客户在银行只有一个支票账户，银行留住客户的概率是1%；如果客户在银行只有一个存款账户，留住客户的概率是0.5%；如果客户同时拥有这两个账户，则银行留住客户的概率会增加到10%；如果客户享受到3种服务，概率将会增加到18%；一旦银行让客户享受4种或以上的服务，则银行留住客户的概率将会增大到100%。从这些数据就可以看出，交叉销售是金融机构留住客户的一个重要手段。

以银行为例，优质客户一般都对银行服务有多方面的需求，银行可以在客户开立了基本活期账户的基础上，再邀请他开立信用卡，并将活期账户和信用卡捆绑起来，以免除每月到柜台办理还款业务所受的排队之苦，避免忘记按时还款而被银行罚息以及信誉受损；而且，为了能够随时获得银行的服务，客户可开通网上银行和手机银行业务，足不出户就能掌控账户；客户也可以利用该账户购买理财产品或开设基金定投业务，由银行定期划账；这个活期账户还可以成为股票资金的第三方存管账户。当客户的一个活期账户与这么多业务捆绑在一起的时候，牵一发而动全身，其高昂的转换成本无疑将使客户在更换银行时三思而后行。为此，必须培养员工对业务的熟悉度及敏感度，懂得适时向客户介绍相关产品并促成交易，通过成功的交叉销售营销构筑转换成本。

（二）精确营销，实施客户终身价值管理

金融企业不仅要为优质客户提供全方位的服务，还应积极了解客户各阶段的不同需求，据此实施客户终身价值管理，通过精确的营销方案吸引并保留优质客户。如果客户在一家金融企业就能够满足其各阶段的不同需求，客户“跳槽”的欲望自然也就降低不少了。

这方面的佼佼者招商银行在其“伙伴一生”金融计划中，根据目标客户在人生各

个阶段的不同需要，提供“炫彩人生”“浪漫人生”“和美人生”“丰硕人生”和“悠然人生”五大主题产品，为客户提供个性化的金融服务计划，改变了以往根据客户需求被动提供单一产品服务、对客户缺乏吸引力的局面，从而与客户建立起稳固的独家关系，使客户更容易获得适合自己的产品组合，在有效降低客户选择成本的同时相应提高了其转换成本。

（三）进行服务升级，实行定制营销

金融产品具有易模仿等特征，为客户的转换行为提供了方便。金融企业应根据优质客户需求，提供特色服务产品，成为提高转换成本的有力措施。如：香港花旗银行为凸显对“百万富翁”级优质客户的重视，对其实行“四对一”服务，即由客户经理、基金投资经理、外汇投资顾问以及理财助理为其提供定制服务。近来，大陆的工行、建行、交行等针对优质客户也相继推出“私人银行”业务，如：建行私人银行的服务对象为金融资产超过1000万元人民币的优质客户，具体业务种类主要涵盖定制化理财产品、专属理财产品、资产管理等方面。相对于普通的零售银行，私人银行的整个服务流程是完全反过来的。以理财项目为例，在私人银行，客户带着资金到银行，向客户经理提出自己的增值、风险及存期等要求，客户经理再将客户要求转达给设计人员，设计人员再为其专门设计出一款产品来，这款产品也只卖给这一个客户，完全体现定制营销的精髓。通过提供高品质特色服务，不仅使客户的重购行为得到加强，而且也会使客户在权衡转换成本后在心理上产生依恋心理，形成客户转换壁垒。

（四）实施差异化收费，锁定低转换成本客户

并非所有客户都值得金融企业保留，企业之间争夺客户，首先是争夺优质客户。随着金融行业买方市场日趋成熟，客户、尤其是优质客户成了金融服务的主动挑选者。对服务项目实施差异化收费，就是为了锁定拥有低转换成本的优质客户。如：香港渣打银行对于存款和投资账户总额达到80万港元的客户，就可享受银行所提供的各种折扣优惠，提供不同的透支服务，还可获得资深投资顾问的投资建议和代理服务。当客户感受到差异化收费为其所带来的利益的同时，转换成本也相应形成了。

（五）加强情感维护，提高心理转换成本

转换成本并不是一成不变的，会随着信息技术、服务的完善而下降，靠这些成本所留下的客户“人在曹营心在汉”，对银行来说很有可能成为“异己分子”，有效的客户转换成本更多的是“心理成本”，虽不易觉察，但却是客户转换银行的最大障碍。研究表明，人际关系是客户与企业之间的一种有效约束，能阻止客户转换行为的发生，增加心理成本支出，使客户即使经历了服务失败，也能在已有情感维系的激励下，缓冲客户满意度波动，从而留住客户。因此，心理成本是竞争对手最难削弱的。

金融机构应该进行“情感维护”，加强客户的信任感：客户只有接受并信任你，才会考虑购买你所推荐的产品。在很大程度上，客户是否转换金融服务供应商取决于其对员工的信任度。金融企业应要求员工做到“比客户自己更了解客户的需求”，以此打动客户并与客户建立良好、稳定的人际关系，使客户从与员工的接触中获得比财务收益更高的心理满足，在情感上建立起对该企业的依恋。如：招商银行信用卡业务的短信通知，不仅会及时告知客户的消费信息、在客户生日发送祝贺短信，甚至在客户家人的生日前也会提醒客户，通过这种将“分外事”变为“分内事”，使企业与客户之间的联系日趋紧密，成为客户自愿保留的主要动力①。

案例：中国人保电话车险的忠诚度营销

电话车险作为保险市场的细分产品之一，在中国发展不过四五年时间，目前开展电话车险业务的公司为 15 家。由于车险这样的金融产品具有非差异性，当一家企业提供了某种产品后，其他企业很容易模仿，导致产品功能很难有大的差别。因此，一个明显的变化是，各家电话车险公司最初主要围绕“渠道”和“价格”做文章，如今主打“服务”牌，由价格竞争转向服务竞争，让电话车险回归市场本源。以服务作为营销模式的核心，人保电话车险是业内“服务”驱动营销的倡导者与践行者。

服务升级

目前，人保电话车险针对客户从购买车险的前端销售、送单、承保到后期回访、报案、查勘、定损、理赔，乃至车主的日常用车，都推出了一整套实用而周到、细致的贴身服务。

人保电话车险在行业内首推的“车险管家”服务，不仅提供基础的车险服务，更是打造出多种精品专属服务，包括送单上门、电话咨询、快速理赔、理赔回访四项基础服务，以及事故车托管、免费拖车服务等十项高满意度的增值服务。根据“车险管家”的整合服务流程，仅仅拨打一个电话，车主就可以坐在家中享受投保、理赔等便捷服务。

以提升服务品质和提高客户满意度为目标，中国人保客户节于每年 5 月 18 日准时与客户相约启动。作为中国人保全国范围内一年一度的客户节，旨在发现问题、解决问题，不断完善服务架构以及与客户进行互动沟通，完善和优化服务体系，提高客户的认同感和服务满意度。

针对 2012 年电话车险市场的关键词“服务”，人保电话车险提出的“零距离”服务理念，针对车主关心的服务便捷性、及时性和满意度，从“沟通零距离”“时间零距

---

① 黄琳．基于转换成本的银行优质客户保留策略［J］．商业银行经营管理，2010（2）：52－53.

离”“空间零距离”三个方面阐释自己的服务项目。人保电话车险的“零距离”服务，其实是以“七项承诺”为核心，为车主提供了周到而细致的系统解决方案。

落地执行力

“电话车险是一种‘空、地部队联合作战’的模式，空中销售团队黏住客户的能力要很强大，但如果地面部队不给力，出现服务诉求的时候不能满足客户的需要，客户就会流失。所以，要空中和地面两方面共同努力。”中国人保财险电子商务事业部总经理蒋新伟如此形容服务落地的重要性。

的确，保单配送机制延伸的深度决定车险电话销售业绩增长的速度，而后端定损和理赔的统一调度则决定客户服务体验的满意度。在具体服务落地方面，人保电话车险除现有的常规服务不断提升外，针对目前客户最关心、最棘手的车辆故障难题，不断为客户提供及时响应的“零距离”贴身服务。

2012 年 3 月，人保电话车险推出“掌上人保”手机自助理赔服务。车主可以通过手机购买车险产品，还可以在发生损失后通过在自己的手机上安装“掌上人保”软件，完成小额车损案件快捷自助理赔。也就是说，在发生不涉及人伤、物损的车辆损失事故，且事故车辆可以正常行驶的情况下，VIP 客户可以通过自己的手机享受从出险报案到获知赔款金额整个流程的理赔服务，无须提交纸质单证、省去往返保险公司的不便。原本要花数天才能完成的理赔流程，如今动动手指就轻松完成。真正实现了“我的理赔，我自助”。

在人保电话车险“零距离”服务的“七项承诺”中，“全国范围内故障车辆免费救援服务”“电子查勘员服务”“万家网点，四海通行”等服务，从空间上有针对性地解除了客户对出险、定损、理赔等环节的后顾之忧，对于客户并非出险，只是因车辆故障需要解决的拖车、送油、充电、更换轮胎、轮胎充气等棘手问题，人保电话车险也提供了极大的便利；“速递理赔服务”“万元以下案件 1 小时通知赔付”则从时间上为事故车车主提高了理赔效率；而“推荐 4S 店修理服务”“人伤案件无忧服务”等则针对车辆维修和人员受伤等情况，建立详尽的咨询和快速处理机制，解除车主对维修和人伤善后环节的后顾之忧，加快处理速度。

为客户提供随时随地的专业服务，将送单完成率和退单率、送单服务满意度、理赔服务满意度和投诉率等作为考核指标，人保电话车险的服务考核体系得以完善，员工的服务意识和服务质量不断提高，由此进一步促进了客户满意度的提升。据悉，人保电话车险 2011 年客户销售服务满意度和送单环节满意度均达到了 99% 以上，理赔环节满意度也达到了 97% 以上。

以客户为中心的忠诚度价值

理赔服务对下一年度的续保和口碑效应，以及提升客户满意度、忠诚度都非常关键。依据保险合同给客户理赔只是义务，真正的吸引客户的服务则是那些让客户意想不到的、更满意的增值服务。所以，基于大量的历史数据和庞大的客户群信息，中国人保深入研究了不同客户对理赔服务的需求。

从行业的差异化服务来说，中国人保站在不同客户的角度提供差异化服务，针对现有的服务环节不断深化服务内涵，提升客户满意度。同时，在客户需要的其他领域，中国人保相应地推出一系列服务，让服务范围更广、内容更丰富。

针对客户投诉，中国人保会快速、妥善处理，因为客户投诉表明他在理赔的过程中遇到了一些困难或是有些不理解。应对的关键在于认真分析产生投诉的原因，针对性地进行改进，以客户投诉促进服务和管理的提升。

在理赔服务的过程中，中国人保一直高度重视新技术应用。2008 年，中国人保推出远程定损系统，通过给合作修理厂安装远程摄像头，实现了通过远程为客户定损。2009 年，3G 技术开始应用，中国人保给理赔员配备了应用 3G 技术的手机查勘系统。2010 年，中国人保开始研发基于客户手机端的掌上人保系统。2011 年，中国人保更是升级了电子查勘、电子理赔系统。最近，中国人保开始全面配备基于理赔人员的移动查勘定损系统。

在理赔服务的过程中，中国人保与 4S 店、救援公司等持续合作。不论与谁合作，中国人保最终的目的就是让客户满意，为客户提供更好的服务，只有让客户满意了，相关的合作方才能“多赢”。

人保电话车险的品牌黏性

品牌忠诚度的提高则是品牌资产价值提升的最佳标志。目前，随着经济支付能力的提高，年轻消费者日益成为电话车险的目标客户群体。如何挖掘这部分人群的价值，并使其与品牌年轻化发生联系，同时维持老客户对品牌的忠诚度，考验着电话车险企业的营销能力。人保电话车险一方面以服务提升品牌形象，加强与老客户的情感联系，提高老客户的转换成本；另一方面利用微博等新媒体进行品牌传播，不断获取年轻客户。

服务升级：提高老客户的转换成本

打造客户忠诚度，关键就是提高客户的转换成本，也就是说如果客户想选择其他竞争品时，要付出一定的成本。其转换成本分为程序、财务和情感三个层面。

人保电话车险在提高客户忠诚度、提高客户转换成本方面，主要是提高客户情感转换成本，通过优质服务与客户进行深入紧密的互动沟通，进行情感层面的交流，让客户对人保电话车险品牌产生情感认同，进而形成客户忠诚度。

中国人保客户节就是以提升服务品质和提高客户满意度为目标催生的产物。作为中国人保每年最为重视的活动项目，中国人保希望在每一年发现问题、解决问题的过程中，与客户互动沟通，不断完善服务架构，提高服务品质。

多元化传播：品牌亲和力

人保电话车险一直在尝试新媒体营销，与客户进行近距离沟通和交流，让客户感受中国人保财险的服务和专业技能，进而产生品牌偏好，形成忠诚度。

就整体客户群来看，人保电话车险最大的客户群体年龄在20~45岁，近两年年轻客户数量明显提升。中国人保财险品牌以前更强调稳重，曾请濮存昕代言。今后，人保电话车险将逐步引入更多的时尚元素，传播方式也更加多元化。比如，人保电话车险微博传播、漫画传播、微电影传播等，针对的是年轻一代客户。“这部分客户群处于快速成长的过程中，人保电话车险品牌肯定要向年轻化方向发展。”蒋新伟说。

针对年轻消费者，人保电话车险除了传统媒体和促销活动外，特别选择在微博、论坛、百科、视频网站上进行帖子、漫画、微电影等营销推广。人保电话车险微博内容丰富，涉及车主关心的车险报案、查勘、定损、理赔和日常用车提醒等，满足车主对汽车专业知识的需求。同时，定期举办贴合消费者心理的微博活动。通过微博与消费者互动，人保电话车险还可以解决“远程交易后，客户关怀缺失”的问题。

（资料来源：网易汽车，2012年6月19日，http：//auto.163.com/12/0619/08/84BMGRT600084TV1_ 3.html。）

思考题

1. 人保电话车险运用了哪些方法提高客户忠诚度？
2. 请论述员工忠诚与客户忠诚的联系。
3. 请论述服务质量对提升客户忠诚度的作用。

本章小结

（1）客户忠诚被定义为“高度承诺在未来一贯地重复购买偏好的产品或服务，并因此产生对同一品牌系列产品或服务的重复购买行为，而且不会因为市场态势的变化和竞争性产品营销努力的吸引而产生转移行为”。目前，国内外学者普遍认为客户忠诚是一个复杂的多维概念，但是在客户忠诚维度结构的具体认识上仍存在分歧，包括：忠诚行为论、忠诚意愿论和忠诚综合论。

（2）客户忠诚使企业获得长期的盈利能力、使企业在竞争中得到更好的保护、能为企业带来口碑传播、为企业带来更多溢价以及忠诚客户对企业有更高的容忍度。

（3）大量研究显示，客户忠诚受到多种因素的影响。根据对客户忠诚的影响途径和作用性质，客户价值、客户满意、客户信任和转换成本应归结为客户忠诚的直接影响因素，而技术、社会文化、行为规范和情境等因素应归结为客户忠诚的间接和调节因素。客户价值、客户满意、客户信任和转换成本四个因素之间具有交互作用。

（4）客户忠诚度的综合评价多是通过评分方式获得，通常采用的方法包括专家经验评分法、权重评分法和 RFM 模型评分法。专家经验评分法是专家根据经验建立客户级指标体系和设定评分规则，对每个客户按周期给出一个评分结果；权重评分法是基于已建立的忠诚度衡量指标层次结果，邀请熟悉金融企业业务和客户关系管理的专家进行打分，将专家的打分结果进行汇总计算，形成指标的权重；RFM 模型评分方法是通过一个客户的近期购买行为、购买的总体频率以及花了多少钱三类指标来动态展示一个客户的整体轮廓。

（5）Jill Griffin（吉尔·格里芬）从行为维度和认知（态度）维度将客户忠诚分为不忠诚、虚假的忠诚、忠诚和潜在的忠诚；Simon Knox（西蒙·诺克斯）根据客户购买的产品和服务的品牌数量和客户的投入程度将客户划分为忠诚者、习惯性购买者、多品牌购买者和品牌转换者；凯瑟琳·辛德尔将客户忠诚分为垄断忠诚、惰性忠诚、方便忠诚、价格忠诚、潜在忠诚、激励忠诚和超值忠诚。

（6）金融企业提高客户忠诚的方法包括：努力实现客户的高度满意、提升客户感知价值、根据忠诚类型对客户进行分类管理、建立客户信任、提高转换成本。

思考练习

1. 金融企业为什么要进行客户忠诚管理？
2. 如何理解客户忠诚的三个维度？
3. 客户满意和客户忠诚的内在联系是什么？
4. 影响客户忠诚的因素有哪些？
5. 如何测量客户忠诚？
6. 如何对不同类型的忠诚客户进行管理？
7. 如何提高金融企业的客户忠诚？
8. 转换成本是如何对客户忠诚发挥作用的？
9. 交叉销售是如何影响客户忠诚的？

第七章　金融企业客户流失管理和服务补救

本章提要

客户流失管理是客户关系管理的重要组成部分，对客户忠诚和企业利益有着非常重要的影响。本章介绍了应该如何正确地看待客户流失、如何对客户流失进行预测和预防、客户流失的原因分析以及如何对流失客户进行管理，最后专门对服务补救进行了详细的阐述。

重点难点

- 对客户流失的正确认识
- 客户流失预测算法
- 客户流失的原因
- 客户流失的应对
- 服务补救

开篇案例：保险商的老客户为何快速流失

国内保险商们正在对付如期而至的保单给付高峰期，但一个足以令保险公司老总焦虑的数字却不恰当地冒出来。

据一家老字号保险公司的老总透露，在这拨数百亿元的给付金中，只有7%～8%的比例会回流。而在其他保险公司中，客户流失状况甚至有过之而无不及。这意味着，在前一份保单了结后，绝大多数客户会毅然决然地离开，而仅有极小部分选择“回头”。

说服一位老客户续保远比拉到一张新保单更容易，这是国外保险业通行的法则。但这件“容易事”却让国内保险公司栽了跟头。“相知多年，值得托付”，这是国内保险业内最知名的一句广告语，但那些老客户们最终却戏剧性地选择了“相知多年，形同陌路”。

数字残酷，它基本可以检验出中国老百姓对保险的接受程度。得出的结论是，中国老百姓仍然无法真心热爱保险。

在如日中天的股市中，这样的结果似乎情有可原，但仔细想想却有很多不明白之处。在国外，身处火爆股市中的人们仍然愿意攥着四五份不同功能的保单不放手，而为何唯独中国的保险客户"心猿意马"？

这让我们不由得将另一则消息与之联系起来。在这个保险给付高峰期，许多家寿险商在全国发起了大规模寻找"失踪"客户的行动，因为有大量到期给付的保单却找不到了自己的主人，保单主人明明花钱播种了，却忘记及时收获，这也是件颇令人费解的事情。

当然，保险公司可以"智慧"地通过寻找"失踪"客户，顺便催促他们交钱续保。但留下一个问题需要他们扪心自问：为什么身为金融服务行业的保险，其服务却能达到传说中的"踏雪无痕"，以至于客户们会忘记自己买了保单？

如果一份保单等同于一份存单，甚至连存单还不如，那么消费者有何理由在保单上多费心思？而长此以往，唯一的结果只能是客户遗忘，遗忘的不只是那点保险，还有保险商的品牌。一位购买了AO史密斯电器的朋友一直在笔者面前念叨安装电器全套流程中的"四个贴心"服务电话，让他真正体会了作为"上帝"的感觉。原来，有时留住消费者的心不过是说几句贴心话那么简单。

（资料来源：李隽琼，保险商的老客户为何快速流失，北京晨报，2007年9月17日，http：//finance. qq. com/a/20070917/002092. htm。）

客户流失一直是CRM关注的焦点，是许多行业关注的核心问题之一，特别在激烈竞争的电信、金融等行业，受到学术界和产业界的广泛关注。

客户流失是指某企业现有的客户中止继续购买其商品或服务，转而购买其竞争对手的商品或服务。对客户流失进行预测，对有价值的潜在流失客户采取挽留措施，称为客户挽留（客户保持）。

应当看到，在客户关系的建立阶段、提升阶段、维护阶段随时都有可能发生客户关系的破裂。如果金融企业没有尽快及时地回复客户关系，就有可能造成客户的永远流失。相反，如果金融企业能够及时采取有效措施，就有可能使破裂的关系得到恢复。

因此，当客户关系出现破裂时，企业不应该轻易放弃流失客户，而应该及时调查客户流失的原因，并且针对这些原因对症下药，努力去修补破裂的关系，挽回已经流失的客户，促使他们继续与企业保持关系，才能继续为企业创造价值。

第一节　正确看待客户流失

国外的经验表明：向新客户推销产品的成功率是15%；向现有客户推销产品的成功率是50%；向新客户进行推销的费用是向现有客户推销费用的6倍以上；发展一个

新客户的成本是维持老客户的成本的 3 ~5 倍；如果企业每年的客户保持率增加 5%，则利润增长 25% ~85%。由此可见，防止客户流失，维持优质客户，提高客户忠诚度，对降低金融企业的运营成本、提升企业的核心竞争力、获得最大效益具有重要意义。

但是，我们仍需客观正确地看待客户流失率，不要陷入一些误区。

一、客户流失的影响

正如我们反复提到的，流失一位优质客户会给金融企业带来巨大的损失。不仅会失去这位客户生命周期中可能带来的价值，他们还可能传播对企业不利的负面口碑，影响到企业其他潜在客户的消费和购买。长此以往，也会对金融机构的品牌和企业形象造成负面的影响。

但是，也存在一些情况，客户的流失对于企业来说，并不一定是坏事。例如，贡献度低而维持成本高的客户或者潜在风险大的客户的流失，反而有利于企业降低维护成本和客户违约成本，还可以因此降低责任风险。

二、有些客户的流失是不可避免的

金融企业的客户有一个新陈代谢的过程。特别是在今天的市场上，在各种因素的作用下，客户流动的风险和代价越来越小，流失的可能性越来越大。由于各种原因，总有一些客户无法被维持下来，幻想留住所有的客户是不现实的。就算能够做到，也可能会需要金融机构投入巨大的成本，得不偿失。所以，金融机构应当冷静地看待客户流失，不要盲目追求“客户零流失”的目标。

三、流失的客户有被挽回的可能

客户一旦流失，并不是一去不复返了，仍然有挽回的可能性。研究表明，向流失客户销售，每 4 个人中会成功一个；而向潜在客户和目标客户销售，每 16 个人才有 1 个会成功。出现这种现象的原因是：一方面，金融企业拥有流失客户的信息，相较于新顾客而言，他们更了解这些老客户，他们过去的购买记录会指导企业采取有效的措施挽回客户；另一方面，流失客户曾经是金融企业的客户，对企业也有一定的了解，甚至情感，因此，企业只要下足工夫，方法得当，还是有可能挽回客户的。

第二节　客户流失的预防——客户流失预测算法

对于金融企业来讲，不能总是等到客户已经流失了才采取措施去补救。最为有效的方法应该是预防，即在客户流失之前就去识别潜在流失的客户，研究他们流失的可能性，采取必要措施消除他们流失的原因，做到防患于未然。金融企业可以借助现有的几种客户流失预测模型来达到预防客户流失的目的。

目前，国内外客户流失预测算法主要包括基于传统统计学的预测、基于人工智能的预测、基于统计学习理论的预测、基于组合分类器的预测和基于仿生学算法的预测①。

第一，基于传统统计学的预测方法：主要包括贝叶斯分类器、聚类、回归和决策树等。这些方法的特点是对构建的模型有较强的可解释性，能够处理定类和连续性客户数据。随着研究的深入，这一阶段的不足逐渐被暴露出来，主要表现在：处理海量、多维、非线性的客户历史数据时效果不是很好；算法的泛化能力、灵活性比较差；算法处理真实数据的不对称性时能力不足。这些都对预测效果和精度产生了较大的影响。

第二，基于人工智能的客户流失预测方法：包括人工神经网络、自组织映射等。人工智能的引入将智能因素融入预测方法，促进了客户流失预测技术的发展。但是，这些方法主要依靠经验风险最小化原则，没有经过严格的逻辑推导和数学证明，容易产生过度学习问题，致使泛化能力下降。

第三，统计学习理论的典型代表——支持向量机（Support Vector Machine，SVM）：SVM 以统计学习理论和结构风险最小化原则为基础，具有良好的推广性能、泛化能力和较高的分类精确度。在引入统计学习理论后，客户流失研究取得了一些成果，但是仍然存在一些不足：SVM 等方法的预测准确度相对较高，但是模型的可解释性较差；这些方法没有很好地处理真实数据中客户类别的不对称性，从而影响了预测效果。

第四，组合分类器：近年来也被应用到了客户流失预测研究中。组合分类器的思想来源于 1990 年 Hansen（汉森）等提出的神经网络集成方法，提出了一种基于旋转变换的组合分类器模型，以欧洲银行、电信等四个数据库为对象，证明了该模型优于单一的预测算法。但是，组合分类器的有效性问题和最佳组合问题并未得到彻底的解决。

第五，基于仿生学算法的预测：是采用以蚁群算法为代表的仿生学算法对客户流失情况进行预测。蚁群算法模拟了蚁群寻找通往食物源最短路径的信息交换机制。每只蚂蚁在寻找路径的过程中，通过释放一定数量的信息素来影响其后蚂蚁的寻径行为。这种影响通过路径评价得到强化，形成一个正反馈环，通过蚂蚁之间的协同而获得最佳路径。此外，也有研究基于蜂群算法的客户流失预测模型。但是目前，这种算法在客户流失领域的具体应用很少。

这些算法中，使用最为广泛的三种算法是 Logistic 回归、决策树和人工神经网络②。Logistic 回归是一种使用一些已知的变量来预测未知变量的方法，属于线性回归，其根据最大似然原则使用训练样本数据对未知的回归系数进行估计；决策树是一种以实例为基础的归纳学习算法，着眼于从一组无次序、无规则的事例中归纳和推断出以决策树表示的分类规则；神经网络是一种人脑思考仿真的数据挖掘技术，具有和人类大脑

① 于小兵，曹杰，巩在武．客户流失问题研究综述［J］．计算机集成制造系统，2012（10）：2255－2256.

② 张宇，张之明．一种基于 C5.0 决策树的客户流失预测模型研究［J］．统计与信息论坛，2015（1）：90.

相似的结构和功能，在经过训练之后，系统可以在没有人为干预的情况下为新的输入数据做输出预测。

三种建模方法相比，决策树由于具有良好解释能力等得到了研究者和应用者的青睐。

第三节　客户流失的原因

一、过失流失

过失流失是由于金融企业自身工作中的过失引起客户的不满意而造成的。由于企业自身原因导致客户流失的可能性主要有以下几种：

（一）金融服务质量问题

在同等的外部条件下，金融企业的竞争力取决于它们所能提供的业务品种和服务手段的质量。服务质量问题包括：质量没有达到标准、客户利益受损、金融企业服务系统存在问题、金融产品质量不稳定、客户操作存在安全隐患等。

（二）金融服务缺乏创新

金融服务产品的相对单一，不能随时根据市场变化和用户需求，推出新的金融服务品种和调整金融发展战略，也必然导致客户的流失。因此完善金融服务品种和手段、提供实时创新的金融产品和增加个性化服务品种有利于银行固定一批优质客户，降低银行的客户流失率。

（三）虚假宣传

金融企业在广告中过分夸大其产品或服务的性能，或者企业员工由于绩效考核问题给客户做出虚假承诺，造成客户期望落空，也会导致客户的流失。

（四）服务态度、方式问题

金融企业及员工服务意识淡薄、对待客户态度冷淡粗鲁、不尊重客户、缺乏耐心、对客户提问和要求表示烦躁，服务僵化、推卸责任、效率低下、对客户抱怨和投诉处理不及时等，这些原因都会导致客户流失。

（五）银行内部员工的流失

银行内部员工的流失，可能导致和他长期保持联系的重要客户的流失。频繁的员工流动不仅增加了银行员工培训的成本，还会使客户不得不重新认识和熟悉新的接触对象，这可能增加了他们的不适而导致流失的发生。

（六）不注重企业形象

良好的企业形象会增加客户的信赖感。银行应该在各方面尽量避免产生负面的社会影响，以优质的产品和多元化的服务、良好的企业文化、完善的售后服务机制和积极进取的企业目标来赢得客户的信赖，从而减少流失的发生。

（七）规避风险

由于客户出现了风险信号，金融企业收到预警信号之后为了规避风险主动退出客户关系。

二、竞争流失

由于竞争对手的影响而造成的流失称为竞争流失。竞争突出表现在价格战和服务战上。如：客户找到了收益更高的产品而转移购买；竞争对手服务质量的提高；竞争对手产品技术手段的更新而使客户转向购买技术更先进的替代产品；等等，这些都可导致客户的流失。

相关知识与扩展7－1：余额宝或分羹银行理财市场，客户流失或难返银行

对存款具备替代性，客户流失或难返银行

支付宝推出余额宝后，如在理财市场上投下一颗重磅炸弹，一经推出就显示出强大的吸金能力。普益财富研究员吴泞江近日发布研究报告指出，余额宝的推出，最先挑动银行理财业务的神经，随着越来越多的现金管理工具的面世，将从不同方面分流本该流向银行的各种“闲钱”，加速货币基金对银行存款的替代，长期来看在分流银行理财产品的潜在客户。

风险小、流动性强，余额宝胜理财产品

余额宝的本质是被称为“准储蓄”的货币基金，其独具的实时支付功能，使其对储蓄存款有了更强的替代性。

“余额宝和银行理财产品的风险都来自于各自的投资对象，货币基金主要以短期的银行存款以及有固定票息的债券等安全性高、收益稳定的金融工具为投资对象，银行理财产品则没有一个统一的投资范围，因而投向类型不同的产品风险也不同。”吴泞江表示，“从整体上看，银行理财产品的投资范围更加广泛，部分产品还包括股票、基金

等高风险的金融工具。所以从投资领域上讲，整体上货币基金的风险小于银行理财产品。”

除了风险低，余额宝在流动性上也优于传统的银行理财产品。研究报告指出，余额宝不仅可以随时赎回基金，还能实时消费支付和转出，其流动性与活期存款相差无几。而对于银行理财产品而言，除开放式和基金化运作的产品外，都是封闭式的产品，即具有固定的投资期限，在产品运作期间，既不能提前赎回，也不能追加投资。“因此在购买理财产品的时候，投资者必须对资金的流动性需求做好充分的预估。”吴泞江表示。

银行理财产品唯一不逊色于余额宝的是理财收益方面。研究报告指出，余额宝自推出的第5日起，七日年化收益率均保持在4.30%以上值。而普益财富统计数据显示，在余额宝运行的6月至8月期间，银行理财产品的平均投资期限为113天，平均预期收益率为4.72%。不过，吴泞江对此表示：“不同的风险性和流动性，使得二者要求不同的投资回报水平，因此单纯的收益率并没有太多的可比性。”

逐利性使活期存款流向各种货币基金

吴泞江表示，余额宝是“零用钱”理财工具，同时为暂时还没有能力进入银行理财市场的投资者提供了理财渠道，而银行理财产品针对的是具有一定投资需求和风险承受能力的投资者。二者并没有直接的竞争关系，但长期来看，其对银行理财产品的潜在影响不可小觑。

“余额宝的收益率远远高于活期存款利息，随着市场的推广，以及投资者逐利的天性，将会使得更多的活期甚至是定期存款流向余额宝。”吴泞江分析，对于未来余额宝的长期客户而言，客户黏性将使得在没有看到明显的收益优势前，这部分客户很难再回到银行，银行理财产品的“揽储”功能也将大打折扣。

事实上，在余额宝业务推出之后，理财市场上各种类似的理财服务不断涌现，一时出现各种“宝”。这些“宝”同样都打着现金管理工具的旗号，但又有着不同的市场定位，如东方财富网推出的“活期宝”则是针对股票账户的闲钱。

“各种‘宝’背后都可能站着一只或几只货币基金，这种更加明确精准的客户定位，将从不同方面分流本该流向银行的各种‘闲钱’，加速货币基金对银行存款的替代，长期来看就是在分流银行理财产品的潜在客户。”吴泞江表示。

（资料来源：新快报，余额宝或分羹银行理财市场，客户流失或难返银行，2013年10月7日，http：//finance. hsw. cn/system/2013/10/07/051769251. shtml。）

三、自然流失

这种类型的客户流失不是人为因素造成的，而是由于金融企业客户的自然消亡导致的。这里的自然消亡指的是法律意义上的消亡，包括金融企业公司和机构客户的破产、重组、被兼并，以及个人客户的死亡等。

这样的客户流失是不可避免的，但是所占的比例很小，应该在弹性流失范围之内。

第四节　客户流失管理

一、客户流失的防范措施

（一）实施全面服务质量管理

顾客追求的是较高质量的产品和服务，如果我们不能给客户提供优质的产品和服务，终端顾客就不会对他们的上游供应者满意，更不会建立较高的顾客忠诚度。因此，企业应实施全面质量营销，在产品质量、服务质量、客户满意和企业赢利方面形成密切关系。这就要求企业必须识别自己的客户，调查客户的现实和潜在的要求、客户购买的动机、行为、能力，从而确定产品的开发方向与生产数量，进而提供适销对路的产品来满足或超越他们的需求和期望使其满意。

（二）建立以“客户为中心”的组织机构，树立“客户至上”的服务意识

拥有忠诚客户的巨大经济效益让许多企业深刻地认识到，与客户互动的最终目标并不是交易，建立持久忠诚的客户关系才是最终目的。

在这种观念下，不能仅仅把营销部门看成是唯一的对客户负责的部门，而企业的其他部门则各行其是。关系营销要求每一个部门、每一个员工都应以客户为中心，企业的所有工作都应建立在让客户满意的基础上，为客户增加价值，让客户达到长期满意。

（三）深入与客户进行沟通，防止出现误解

企业在执行过程中，最重要的就是与客户沟通。一方面，企业应及时将企业经营战略与策略的变化信息传递给客户，给客户提供与企业有关的产品和服务信息，让客户对于企业的产品和服务有充足的了解，从而做出他们的决定。同时把客户对企业产品、服务及其他方面的意见、建议收集上来，将其融入企业各项工作的改进之中；另一方面，应加强对客户的了解，经常进行客户满意度的调查。通过调查，了解客户的不满意之处，从而更好地改进赢得客户满意，防止老客户的流失。在沟通的过程中，切忌虚假承诺，对客户一定要以诚相待。

（四）突出差异服务，提升客户价值

客户对产品或服务的需求可分为三个层次：即核心价值、期望价值和附加价值的

需求。在关注货币价值和成本的同时，一定要同时关注非货币价值和非货币成本对消费者选择的影响。这就要求企业一方面通过改进产品、服务、人员和形象，提高产品的总价值；另一方面通过改善服务和促销网络系统，减少客户购买产品的时间、体力和精力的消耗，以降低货币和非货币成本，从而来影响客户的满意度和双方深入合作的可能性。

（五）采取创新产品策略，以特色吸引顾客

企业应针对市场需求不断开发新产品。相对有形产品来说，服务产品更容易被竞争对手模仿，因此，产品不断创新是培养顾客忠诚、保持客户的关键。此外，企业还应重视品牌效应提高品牌认知度，同时借助有形展示，使顾客切实感受到服务所带来的利益。

面对瞬息万变的市场环境，面对个性化、多样化的顾客需求，面对优胜劣汰的游戏规则，企业唯有不断地创新、创新、再创新才能赢得更多的客户，并持续地发展与壮大。公司通过技术创新、管理创新、产品创新、服务创新不断提高公司的核心竞争力，吸引和留住各方面的人才，实现经营利润的最大化。

公司的产品一旦不能根据市场变化做出调整与创新，就会落于市场的后尘，分销商利益也就可能会受到重大影响，客户流失概率将大大增加；技术创新是产品创新的基础，核心技术的开发与拥有是公司未来竞争制胜的法宝；而管理创新和服务创新是公司提升核心竞争力、实现最佳经营目标必不可少的有效途径。创新本身就是在实践经营过程中不断完善不断进步的过程，公司具备内在发展的驱动力、产品和服务有广泛的市场基础，就一定能在激烈的市场竞争中脱颖而出。

（六）加强市场监控力度，提高市场反应速度

企业要想持续地保持客户，那么在与客户合作时，一定要善于倾听客户的意见和建议。客户与企业间是一种平等的交易关系，在双方获利的同时，企业还应尊重客户，认真对待客户提出的各种意见及抱怨，并真正重视起来，对于客户提出的要求、问题、意见或建议等，都应及时地做出回应，在合理的情况下，尽量满足客户需求。即使无法达到客户要求，也应及时地给予客户答复，而不应让客户长时间等待。这些就需要企业内部要有相应的制度设计，对客户交易情况进行实时监控，及时把握客户动态，一旦出现客户流失的倾向，立即启动客户挽留措施。

（七）建立投诉和建议制度

95%的不满意客户是不会投诉的，仅仅是停止购买，最好的方法是要方便客户投诉。一个以客户为中心的企业，应为其客户投诉和提建议提供方便。金融企业基本上都开设了免费电话热线。很多企业增加了网站和电子信箱，以方便双向沟通。这些信

息流为企业带来了大量好创意，使它们能更快地采取行动，解决问题。

二、客户挽留策略

（一）访问流失的客户，争取把流失的客户找回来

可以采取的挽留措施包括：

（1）设法记住流失的顾客的名字和地址。

（2）在最短的时间用电话联系或直接访问。访问时应诚恳地表示歉意，送上准备的小礼品，并虚心听取他们的看法和要求。

（3）在不愉快和不满消除后及时准确地记录他们的意见，与其共商满足其要求的方案。

（4）满足其要求，尽量挽回流失的顾客。

（5）制定措施，改进企业工作中的缺陷，预防再次发生。

（6）想方设法比竞争对手做得更多、更快、更好一些。

（二）对不同客户区别对待

由于并不是每一位流失客户都是金融企业的优质客户，因此，企业需要衡量客户给企业带来的价值和挽留客户需要花费的成本。在资源有限的情况下，企业应该根据客户的重要性来分配挽留客户的资源。针对不同级别的流失客户，应该区别对待。

1. 对“关键客户”流失要极力挽回

这一类客户往往能给企业带来最大的利益。对任何一家企业来讲，关键的优质客户都是他们最重要的资产，也是企业得以发展的基石。因此，这部分客户的挽留工作是客户流失管理的重中之重。金融企业应当不遗余力地在第一时间挽回关键客户，不能让他们流向竞争对手。这是企业必须且不得不做的事情。

2. 对“普通客户”流失要尽力挽回

普通客户的重要性仅次于关键客户，且普通客户具有转变为关键客户的可能性。因此，金融企业也不能放任普通客户流失，他们在未来可能为该企业带来很大的利润空间。

3. 对“小客户”流失灵活应对

小客户对金融企业来说价值不高，要求苛刻、数量多且分散。对于这一类客户，金融企业需要理性考虑挽留的收益和成本。如果挽留难度小、不需要很大投入，则可以采取挽留策略。如果挽留难度大且需要高投入，则可选择放弃。

4. 对“劣质客户”流失顺其自然

有一些流失客户是不需要挽回的，包括：

（1）不能为企业带来利润的客户；

（2）无法履行合同的客户；

（3）无理取闹、损害员工士气的客户；

（4）要求苛刻，超过合理限度，妨碍企业向其他客户提供服务的客户；

（5）声望太差，与其建立联系会损害企业形象和声誉的客户。

对于这些客户，金融企业可以采取放任自流的态度，任其流失。甚至在个别情况下，企业需要设置一些壁垒和门槛，把这些客户排除在外。

相关知识与扩展7－2：商车费改会加重劣质客户逆选择风险

6月21日，新浪金融研究院和“慧保天下”联合主办的“费改及技术双重助力下的车险发展机会”专题研讨会在北京新浪总部举行。分子保险实验室创始人刘扬在会上指出，消费者迭代、运营成本上升以及商车费改给险企带来诸多挑战，保险公司只有具备良好的定价能力、成本控制能力，同时又能改善客户服务体验，才能在未来市场创造更大的价值。

最近有很多关于车险费改的负面讨论出现，比如高费用的问题，中小公司生存困局的问题，其实这很多问题在北京市场早就已经出现过了。

虽然此次商车费改是在监管控制整个节奏、维持整个秩序的情况下有计划、有步骤开展的，但我仍然认为不失为一次比较好的市场化的尝试，目前市场上出现的问题也都是市场化过程中必然出现的问题。

中小公司最大的问题是什么？机会总是留给有准备的人，但是中小公司明显对于商车费改准备得不充分，甚至没有准备。一些公司想准备，但因为业绩压力的问题，体制的问题，而无从下手。反而是大公司的准备相当充分。费改前后，大公司首当其冲，采取了比较激进的市场态度，这使得一些中小公司难以为继，纷纷向上反映，监管也确实采取了一些措施，包括之前停掉6家保险公司分支机构的经营，但所涉及的都是中小公司，说明大公司整体节奏的把握还是比较好的。

市场存在诸多挑战

近两年互联网保险大发展，同时也在经历消费者迭代的过程，90后开始买车，开始买保险，车险的消费群体正在发生翻天覆地的变化。

（1）对于UBI相关企业这无疑是个利好消息，因为曾有国外专家断言，UBI保险就是给千禧一带设计的产品。随着互联网成长起来的一代人对互联网的理解跟我们是完全不一样的。

消费者改变带来的变化是什么？我们必须从以保险公司为中心，变为以消费者为中心。在此时进行费改，对于保险公司来说是一种机会，也是一种挑战，要学会自己走路。

（2）人力成本上升，推高险企运营成本。近几年保险公司成本压力上升的速度非常快，手续费的上升还在其次，最重要的是人力成本的上升。再加上近些年来一些新公司的高薪诱惑，造成了人们预期的进一步膨胀。一些从事车险电销的公司从去年开始出现了倒闭的情况，单纯依靠人力的事情已经难以为继了。

（3）费改来临，考验险企风控能力。我们一直认为大公司的理赔和风控做得更好，中小公司做得较差，但实际情况恰恰相反，大公司的理赔实际上要比中小公司宽松，整体的风控也没有中小公司那样严格。

在这样的情况下，大公司的盈利水平为什么还这么高？在费改前费率都一样的情况下，优质客户与劣质客户差别不大，优质客户并不能享受到额外的优惠，劣质客户可能保费略高。

优质客户和劣质客户符合“二八法则”，费改前，保险公司是拆东墙补西墙，用优质客户的利润补贴劣质客户的亏损，优质客户越多，理赔的空间就越大。大公司基础客户量大，优质客户占比高，所以可以在理赔上相对宽松。理赔越松，业务越好做，客户满意度越高。可能小公司没发现这一点，一方面忽视了对业务的选择和风控，另一方面强化了理赔和成本控制，导致客户体验越来越差，业务上不去，整个经营就难以为继。这可能是小公司一直没有走出去的一个很大的误区。

这个情况在费改之后可能会发生一个很大的变化。“二八法则”仍然存在，但是优质客户的保费开始出现快速下降，在北京实施费改进入第三年、第四年的时候，这种变化是非常明显的。而且新的费改条例还存在的一个问题是，保费只跟赔款次数挂钩，没有跟赔款金额挂钩。从我掌握的山东、陕西的实际情况来看，一些优质险种的投保率下降速度非常快，很多地方五年以上的车甚至只投保交强险和三责险，人伤的赔付成本急速上升，优质业务的盈利空间变得越来越小。

与此同时，劣质客户的保费会变得更高，但保险界的一个共识是，保费越高逆选择越严重，道德风险越大。例如意大利，其车险市场是整个欧洲欺诈最严重的一个市场，所以保费畸高无比，保费越来越高，诈骗却越来越多，形成一个恶性循环，因此UBI才在意大利大行其道。

费改后，我们也需要面对这样一种情况，好的业务保费越来越少，劣质业务道德风险反而越来越高，怎么办？保险公司的定价能力、风控能力就显得格外重要。这意味着，你必须有一定的数据量，有一定的承保量，或者说有钱做实验。在这其中，小公司或许在局部市场还会有一定机会，但整体而言，机会越来越小。

车险风控我认为是未来一个非常重要的机会，保险公司只有具备良好的定价能力、成本控制能力，同时又能改善客户服务体验，才能在未来市场创造更大的价值。

机会在于创新技术与新兴市场的结合

第一个机会是UBI，其机会在于90后、千禧一带这些人。中国一项统计显示，驾龄在两年以内的车主出险率是非常高的，在欧美也是如此。在欧美车险是可以绑定驾驶人的，但在国内还不行。90后一代上班就可以买车，他们面临较为高昂的保费，UBI就有了发展的契机。谁的产品做得好，谁带来的客户体验更好，谁就能赢得市场机会。

第二个机会是新兴市场，例如新能源汽车。这是非常大的一个新兴市场，新能源汽车刚开始的时候风险并不高，但现在已经出现了很大不同，不但出险率高，案均赔款也高。对这些车型的管理跟原来传统的汽油车是完全不一样的，理赔也是完全不一样的，服务考量的角度也不一样，但是这个市场非常大。再例如共享经济，包括滴滴专车、顺风车，以及各类租车平台等，明显是营运车辆，投保的时候却是按照非营运车辆收费，保费至少少收了一半，风险水平明显提高。

新兴市场一定是高风险的，但如果选择放弃，就意味着丧失机会。结果还是取决于保险公司的定价能力和风险控制能力：你的数据挖掘能力有多强？能不能知道在这些高风险用户中哪些是低风险的？能不能通过管理手段将高风险用户风险降低？

未来的机会就在于互联网时代科技的创新，也就是新技术与新兴市场如何结合的问题。如果结合得好，这就是机会，如果结合得不好，就会丧失这个市场。

（资料来源：新浪财经，商车费改会加重劣质客户逆选择风险，2016年7月25日，http://finance.sina.com.cn/money/insurance/bxdt/2016-07-25/doc-ifxuhukz0938033.shtml。）

（三）针对重点原因制定对策措施

想要防止客户流失，就要对主要原因进行深入分析，以便找到影响客户流失的关键因素，以实现对客户流失有效管理。在制定对策措施时，可以制定对策表，以明确对策目标、具体措施、完成时间和责任人。

（四）做好对策实施、跟踪和效果检查

及时跟进并推动相关部门对策措施的落实工作，具体可以根据对策表时间做好跟进，对于进度明显滞后部门及时协调推动。如果不能达到预期目标，则需要重新评估并采取措施。

（五）总结教训，防患于未然

金融企业要对客户流失的原因、挽回流失客户的措施和效果进行总结，防止流失现象再次发生，不断改进金融企业工作中的缺陷。金融企业进行流失客户分析，有助于企业客户关系管理人员了解客户流失的方式、特征、原因及影响，对客户流失进行提前预警；有助于尽快发现市场变化、产品和服务缺陷并及时采取补救措施；有助于金融企业客户的维持与保留。

第五节 服务补救

服务的无形性、异质性、同步性和不可储存性等特点决定了服务失败（Service Failure）是在所难免的。在服务消费的过程中，每一次低于消费者预期的服务经历，都意味着服务失败的发生。金融企业在尽量避免失败的同时，更应考虑在出现服务失败的条件下如何有效地加以补救和解决，这是服务企业改善顾客满意状况和重新赢得顾客信任的有效途径。早有学者指出，服务补救应被企业看作维持客户关系的“关键时刻”（moments of truth）。甚至一些学者指出，遭遇服务失败的顾客如被成功补救，将会比从未遭遇过失败的消费者更加满意，更倾向于保持忠诚，更愿意宣传正向口碑，学者们把这种现象称之为服务补救悖论（Hart，Heskett 和 Sasser，1990；McCollough 和 Bharadwaj，1992）。我国也早就有“不打不成交”的说法，似乎在争端之后建立起来的满意更持久。由此看来服务企业发生了服务失败后还远未到失去顾客的程度，企业完全有机会通过合理正确的补救措施重新赢回顾客。在市场竞争日趋激烈、争夺新顾客成本不断增加的背景下，服务补救对于建立长期顾客关系的作用日益凸显①。

一、服务补救的概念

“服务补救”一词最早由英国航空公司在其“以消费者为先”的活动中首次提出，他们把服务补救定义为：组织为了抵消由于服务失误或者失败而产生负面影响的努力。Gronroos（1988）的解释为：服务补救是指服务提供者应对服务失误所采取的行动。

不同学者对服务补救的概念有不同的表述，总体来看，可以分为两类：一类是基于消费者抱怨的服务补救，一类是基于服务失误的服务补救。两者的不同之处在于：第一类服务补救行为以消费者抱怨为前提，在服务流程没有结束之前，对服务过程中的失误进行即时性补救；第二类定义则认为许多不满意的消费者并不抱怨，而且大部分不满意消费者的抱怨行为是勉强的，因此此类定义强调对服务系统中可能导致服务失误或已经发生失误的环节进行补救。它不仅涵盖第一类服务补救，还包括对服务补救需求的事前预测，即服务补救还是服务企业探寻和处理服务失误的前瞻性行为。由此可见，对于服务补救的解释，第二类定义是广义的，而第一类则是狭义的定义②。

二、服务补救策略

响应及时：进行服务补救关键是要做到快速反应，反应速度越快补救效果越好，

---

① 杜建刚，范秀成．服务补救中情绪对补救后顾客满意和行为的影响——基于情绪感染视角的研究［J］．管理世界，2007（8）：85.

② 于晓峰，陈丽清．服务补救与消费者满意度的关系研究［J］．黑龙江对外经贸，2009（6）：125.

否则没有得到妥善解决的服务失误就会很快扩大并升级。

给一线员工授权：由于一线员工服务水平的高低将直接影响到服务补救的效果，因此各部门要针对可能出现的服务失误进行服务补救训练，培训他们如何听取客户的抱怨，正确处理人际关系，提高随机应变能力、选择解决方案的能力和使用授权的能力等。

积极理解：了解顾客抱怨、不满的原因，识别顾客不满程度，当服务失败时服务人员应承认服务失误，耐心倾听顾客的投诉及抱怨，态度真诚，不能敷衍，注意观察顾客的情绪变化，响应顾客在抱怨过程中的心情。

立即道歉：道歉是最直接的服务补救方式，真诚的道歉会使顾客的心理得到一定的满足，在为服务失败道歉时，要对顾客直接的表达自身的感受而表示感谢，致歉时应当主动承认错误，承认服务过程中的失误，并进行合理的解释，但绝不可以在解释的过程中企图找借口减轻责任，不能让顾客产生员工在辩解、开脱的感觉。

及时赔偿：赔偿分为实物赔偿和心理赔偿，常见的实物赔偿形式有经济赔偿、赠送优惠券、赠送小礼物或是纪念品，常见的心理赔偿就是真诚的致歉以及让顾客感知到补救过程中的公平。赔偿补救必须要企业主动出击，让顾客感受到企业对自身的重视。

后续跟进：请顾客在接受服务结束后填写顾客满意度调查表，将顾客的反馈进行整合分类，客观分析失败原因，反思服务过程中发生的失误，有针对性地提高服务能力，改进服务方式，满足顾客多样需求，避免企业再犯同样的服务失误。在记录反馈时，也应记录好顾客的喜好，当顾客再次购买服务时能快速准确地提供符合顾客喜好的相应服务。

内部改善：部分顾客在接受服务失败时不会向企业反映，而是向亲友抱怨，而这种不好的口碑会使企业产生负面形象，因而服务人员应引导顾客将自身的感受反馈出来，企业应该鼓励那些有不满情绪的顾客积极向企业机构投诉，完善投诉机构，以便更加精准地找出服务不足之处，并及时进行补救。

案例7－1：保险公司不想再为“劣质”私家车客户理单

汉网消息（记者李泽玲）昨日，本报《三成保险公司对私家车惜售》稿件引起私家车主的广泛关注。多位车主表示现在买车险的确变难了。

读者王静说，她前天刚接到保险公司的提醒电话，称其出险次数太频繁，极有可能被保险公司列入“灰名单”，在来年续保时就比较“麻烦”。据了解，王静上个月10日才买的保险，截至本月4日，她已出险五次，虽然都是小磕小碰，但保险公司已提前下了“通牒”。

记者从武汉各财险公司了解到，车辆出险次数过多将会直接影响到来年续保，保险公司将视情况拒保或提高保费。“上一年出险次数达到三次以上的，第二年交强险续保时会按车型来上浮费率。如果出险次数达到五次，第二年就只能买到交强险、三者险，其他商业险种则有可能买不到了。”某财险公司湖北省分公司车险部相关负责人表示。

另一财险公司武汉分公司车险部相关负责人也说：“保险公司依据出险次数对客户进行区分，出险次数多的客户将会被列入‘灰名单’，如一年出险五次以上的客户，来年续保时保险公司会对其保险费率进行上浮，并送交省公司审核；而对一年出险七次以上的客户，我们都直接拒保。”

不想再为劣质客户埋单

武汉一财险公司车险部相关负责人认为，车险市场长期混乱，许多出险率高的车主一年换一家保险公司，每年保险公司都得为大量此类劣质客户“埋单”。通过出险次数来对客户进行区分，有助于转嫁保险公司的承保风险，并从整体上提升车主的安全行车意识，从整体上规范车险市场。

仅凭出险次数不公平

据了解，目前保险公司衡量出险次数的标准为报案次数，车主于先生认为，单凭出险次数来区分客户优劣太不公平了，一些赔付极小的事故和无责事故都算我的出险次数，那不是很亏。车主林小姐称，作为车主，谁愿意出险啊？出险次数多也不是我愿意的。

限制续保是合理的

中南财经政法大学金融学院教授姚壬元认为，保险公司根据出险次数来限制来年续保的行为是合理的，通过出险次数来限制续保有助于保险公司的经营管理和车险市场的整体发展。此外，机动车的出险频率与驾驶观念和技术水平有很大关系，此举有助于从整体上加强车主安全行车的观念。

（资料来源：中金在线，保险公司：不想再为“劣质”私家车客户埋单，http：//insurance. cnfol. com/090820/135，1387，6386083，00. shtml。）

思考题

1. 对于劣质客户，金融企业可以采取哪些方法将他们排除在外？
2. 对于劣质客户可能出现的逆向选择问题，企业应如何应对？

案例7-2：防止客户销卡，银行挽留有招

曾经一度是贵族身份象征的信用卡，在银行发卡大战中现在终于低下高贵的头——竞争白热化的今天，有的银行出现了办卡容易销户难的情况。历时4月终于成功销卡的刘女士，日前讲述了自己的经历，银行以“三步曲”热情留客。对此，我市金融界资深人士黄布一透露，以种种方式拖延销卡，主要是一些小银行不愿客户流失。

第一步：先稳客心

刘女士称，因所持信用卡还款不方便，今年4月提出销户。先到这家银行的江北支行，工作人员称柜台不办理，只能通过总行信用卡中心电话办理。电话中，接线员询问了销卡的原因，称“年费缴到年底建议年底再销户”。刘女士再三坚持下，接线员表示几天后有工作人员联系并确认销卡。

黄布一称，银行不可能接到销卡要求便立即办理。通常要询问所谓“原因”，尽力劝说。

第二步：以“礼”相待

刘女士等了近一月也没有银行人员来确认。5月9日再次致电银行。接线员查询后称，没有销户登记，可以重新登记，但卡上有8000分消费积分能兑换礼品。刘女士说，她需要的答复不是礼品，而是立即销卡。接线员热情地说，已办理了销户，仍会送礼品。

黄透露，一些银行对工作人员考核有硬指标，内容包括受理销卡申请多少、是否尽力挽留、挽留成功比例等。

第三步：从头再来

刘女士不仅没接到银行人员的销卡确认，6月初，反而接到该行重庆分行人士的促销电话，推荐一种专为信用卡持有人量身打造的理财新品。刘质疑“我不是已经销户了吗?”对方甚为诧异：“我手中资料显示你的卡是有效卡呀!”

再次致电该行信用卡中心，接线员称资料上注明“挽留成功”，该卡没有销户。在刘女士的坚持下，接线员又作了销户登记。7月下旬，刘女士致电询问，接线员答复“没有销户登记”。刘女士斥责银行拖延时间，质问“到底如何才能与银行脱离关系?”

基于刘女士的态度坚决，接线员当即为她办理了销卡，立即生效，不需另外的确认。刘女士不解，办卡只用了1月，而销卡却用了4月，为何要费那么多周折?

黄布一认为，信用卡持有人被银行看作优质客户，各银行现在都有发卡指标和任务。如销卡，对银行来说，是优质资源流失。因此通常会以种种方式挽留，一些并非

坚决要求销卡的客户往往会被挽留，尤其是一些小银行“挽留”过于热情，拖延时间，招致客户不满。

（资料来源：重庆晚报，防止客户销卡，银行挽留有招，2007年7月30日，http：//money.163.com/07/0730/13/3KLDTPQC00251OGL.html。）

思考题

1. 请对案例中出现的银行挽留客户的方法做出评论。

2. 请结合自己的经历，想想金融机构还有哪些做法是会引起客户不满的？应如何解决？

本章小结

（1）客户流失是指某企业现有的客户中止继续购买其商品或服务，转而购买其竞争对手的商品或服务。要正确看待客户流失：有些客户的流失是不可避免的；流失的客户是可以挽回的。

（2）国内外客户流失预测算法主要包括基于传统统计学的预测、基于人工智能的预测、基于统计学习理论的预测、基于组合分类器的预测和基于仿生学算法的预测。通过预测算法，可以对潜在流失客户进行预警，降低客户流失率。

（3）客户流失的原因包括：过失流失（金融服务质量缺陷、金融产品和服务缺乏创新、虚假宣传、服务人员态度问题、员工流失、不注重企业形象和规避风险）、竞争流失和自然流失。

（4）客户流失的防范措施包括：实施全面服务质量管理；建立以“客户为中心”的组织机构，树立“客户至上”服务意识；深入与客户进行沟通，防止出现误解；突出差异服务，提升客户价值；采取创新产品策略，以特色吸引顾客；加强市场监控力度，提高市场反应速度；建立投诉和建议制度。

（5）客户挽留策略包括：访问流失的客户，争取把流失的客户找回来；对不同客户区别对待；针对重点原因制定对策措施；做好对策实施、跟踪和效果检查；总结教训，防患于未然。

（6）金融企业在尽量避免失败的同时，更应考虑在出现服务失败的条件下如何有效地加以补救和解决，这是服务企业改善顾客满意状况和重新赢得顾客信任的有效途径。服务补救是指服务提供者应对服务失误所采取的行动。它不仅涵盖第一类服务补救，还包括对服务补救需求的事前预测，即服务补救还是服务企业探寻和处理服务失误的前瞻性行为。服务补救可以采取以下策略：响应及时、给一线员工授权、积极理解、立即道歉、及时赔偿、后续跟进和内部改善。

思考练习

1. 金融企业为什么要实施客户流失管理?
2. 应该如何正确看待客户流失?
3. 客户流失的原因主要有哪些?
4. 如何对客户流失进行预防?
5. 如何对客户实施挽留?
6. 服务补救有什么作用?
7. 如何实施服务补救?

第八章　金融企业客户关系管理的实施

本章提要

本章在前面章节的基础上，分析了金融企业实施客户关系管理的影响因素，并对金融企业 CRM 系统的具体功能和建立流程进行了介绍，最后对 CRM 系统的类型和常用软件进行了说明。

重点难点

- 影响金融企业客户关系管理实施的关键因素
- CRM 系统的建立流程
- CRM 系统分类及搭建

开篇案例：平安银行对公 CRM："不一样"的发展历程

2012 年，平安与深发两行整合收官，平安银行启动了对公 CRM 建设。历时三年，立体化的 CRM 已初步建成。回顾历程，平安银行对公 CRM 系统建设有其独特性，可以总结为数据管理、业务管理、联动管理及销售管理四个阶段。

1. 数据管理阶段

即建设客户信息查询系统（BECIEF）的阶段。BECIEF 系统提供了基础的数据查询及展示功能，支持总、分行业务管理的一般性数据需求。两行合并之初，迫切需要大量数据支持战略决策，却缺乏面向对公客户的管理信息系统及时、准确地统计分析各类业务信息。为破解窘迫的局面，平安银行紧急开发了 BECIEF 系统，以支持对公客户信息的简单查询和汇总统计，吹响了对公 CRM 系统建设的前奏曲。

2. 业务管理阶段

即建设客户经理绩效管理系统（PMS）、客户关系管理信息系统（CTMS）等独立业务管理系统的阶段。BECIEF 系统建成之后，用于管理销售队伍的 PMS 与用于管理对公客户的 CTMS 两个项目火线上马，正式吹响了平安银行对公 CRM 系统建设的号角。为实现全行统一的对公客户经理绩效考核体系，并确保两支销售队伍合并的有序衔接、平稳过渡，平安银行制定了《对公客户经理管理办法》。PMS 系统的建立有效统一了

“度、量、衡”，即统一客户经理业绩计量标准、等级产能标准和薪酬产能标准，并根据地区/分行的差异化灵活进行调整。在 PMS 系统的辅助下，平安银行第一次在全行范围内对客户经理实现了统一、公平、透明的考核。为建立统一的客户管理体系，提升客户价值，平安银行制定了《对公客户管理办法》。CTMS 系统清晰计量了每一个对公客户为银行创造的价值及占用的资源，进而根据投入产出分析进行客户分层并制定差异化营销策略。对贡献度高的客户，银行会增加资源投入，提高营销层级，在单笔业务定价上给予倾斜；对贡献度低的客户，则要求分行限期提升客户等级或者有计划地分批退出。在 CTMS 系统的支持下，总行成功地使“提升客户贡献度、优化客户结构”成为分支行基础客户管理的核心价值导向。总之，在业务管理阶段，CRM 系统可以支持细分领域的数据管理需求，帮助业务部门达成管理目标。PMS 与 CTMS 的成功开发为平安银行对公 CRM 系统的实践奠定了坚实的基础。

3. 联动管理阶段

即整合客户信息查询、客户管理、客户经理考核、在线营销物料库等功能，并形成以“数据集市 + 功能模块”为特征的对公 CRM 系统架构的阶段。在全新的系统架构之下，平安银行进一步明确了数据标准与口径，建立了统一的数据仓库——对公数据集市。对公数据集市打通了各个业务管理系统的篱笆，原有独立的系统整合成为 CRM 的功能模块，最大限度发挥了业务协同管理效应。例如，系统自动提取低效客户清单（资源占用多但产出低）和高产低效客户经理清单（产能虽高但收益率较低），将高产低效客户经理办理的低效客户作为客户退出的重点，通过 CRM 直接生成具体名单下发给分、支行，进行追踪及检视。在这一阶段，CRM 系统各项功能模块深度融合，产生“1 + 1 > 2”的效果，促进了业务联动管理的落地。

4. 销售管理阶段

对公 CRM 系统运行之后，对精细化管理的贡献度日益突出，CRM 系统建设的第四个阶段——销售管理阶段提上日程。平安银行从对公 CRM 实践中深刻地认识到，强大的系统支持是精细化管理落地的必备条件，必须通过系统的自动化、智能化、线上化逐步取代烦琐的手工计算和线下流程。响应“打造强大总行”的号召，系统建设被提升到新的高度。不仅搭建了全新的 CRM 系统架构，还在新架构上迭代开发并完善了产品核算、推送管理、精准营销等功能模块，产品的精准营销和客户经理的行为管理正是这个阶段最突出的运用。目前，平安银行对公 CRM 系统建设仍处在销售管理阶段，并将矢志不渝地沿着精细化管理之路前进。

平安银行对公 CRM 系统旨在构建全行集中的公司业务营销管理平台，有效支持银行各层级公司客户关系管理，并为实现销售流程线上化、产品交叉销售、智能化销售体系提供技术支撑。目前对公 CRM 系统内通核心系统、管理会计系统、信贷管理系统等，外接短信平台、邮件服务、移动 App（客户端软件）、Call Center（呼叫中心）、行业资讯等，囊括了客户管理、营销支持、在线营销物料库、报表系统、管理驾驶舱、产品核算、品牌宣传、绩效考核、决策支持等功能模块。实现了客户、产品、队伍三位一体的有机融合，并能为各经营机构量身定做符合差异化、专业化经营管理特色的CRM子集。

第一节　金融企业实施客户关系管理的影响因素

一、金融企业实施客户关系管理的准备工作

客户关系时代的到来，为企业的经营和发展创造了新的环境，使企业面临着更多的机遇和挑战，金融企业引入客户关系管理已经是业界共识。但是正如我们在第二章所分析的，客户关系管理在我国金融企业的应用存在很多问题。要想客户关系管理的应用达到其应有的效果，必须先明确本企业的核心业务和未来的发展方向，以及客户关系管理在整体战略中的作用。表8－1中列出了企业在实施客户关系管理战略之前必须考虑的事项。

表8－1　实施客户关系管理战略之前必须考虑的事项

企业及产业	企业的战略意图是什么？企业的资源和能力优势何在？ 产业结构的现状和未来可能发生的变化如何？ 本企业是否与产业结构相适应？ 在本行业内部是否存在足以瓦解现有市场结构的战略联盟？
竞争定位	本企业的竞争对手具有怎样的特征？他们如何展开竞争攻势？ 新进入的竞争对手的未来发展前景如何？ 是否有新进入的企业具有某些既得优势，可以不受传统结构的束缚？
市场渠道	不同分销渠道在当前和将来的作用如何？ 新的电子分销渠道存在哪些机会？ 产品或服务如何销售出去？产品或服务对客户的重要性如何？ 谁负责决策的制定？
客户	谁是本企业当前或潜在的客户？主要由哪些细分市场构成？ 是否存在微细分、一对一营销和大规模定制化的机会？ 本企业与客户存在或准备建立什么样的关系？ 是否将客户沟通的结果反馈到经营中，以针对客户需求做出调整？ 本企业准备采用什么样的信息技术平台来满足现在或将来的客户需求？

资料来源：KAJ STORBACKA，JARMO RLEHTINE. Customer Relationship Management：Creating Competitive Advantage Trough Win－win Relationship Strategies［M］. New York：McGraw－Hill，2001：115.

通过对表8－1中所列问题的回答，金融企业可以对自身的状况有一个清晰的认识，有助于制定本企业当前或未来的客户关系管理战略。

二、金融企业实施客户关系管理的影响因素

客户关系管理要想真正发挥作用必须依赖客户关系管理价值链上的基本活动，同时，这些活动会直接影响到客户关系管理的效果。这里将影响客户关系管理的各因素归结在表 8－2 中。

表 8－2　　金融企业实施客户关系管理的影响因素

影响客户关系管理能力的因素	影响方式
信息技术	使相关流程实现优化和自动化，提高效率；提供多种方式与客户随时交流；实现客户信息共享
领导	制定合理的客户关系管理能力发展目标；协调企业的各个部门；提供足够的财务支持
企业文化	使企业员工建立起以客户为中心的价值取向；激励员工为提升客户关系不断创新；树立形象，吸引更多的潜在客户
人力资源管理	员工是否具有以客户为中心的价值观并用其指导实际行动直接影响客户的购买欲望；员工的知识结构和服务技巧影响企业为客户服务的情感化和个性化水平；企业员工的全局观影响最终的客户价值
组织设计	企业的集权程度影响员工的积极性和创造性；中间管理层的多少影响信息流动速度和真实性；各部门整合程度影响为客户服务的效率
供应链伙伴	通过企业间的协调和资源优化，降低成本，共享信息，使客户价值最大化

资料来源：马刚．客户关系管理［M］．大连：东北财经大学出版社，2008.

（一）信息技术

CRM 软件信息系统不仅要使相关流程实现优化和自动化，而且必须在流程中建立统一的规则，以保证所有活动在完全相同的理解下进行。这一全方位的视角和数据库形成了一个关于客户以及企业组织本身的一体化蓝图，其透明性更有利于与客户之间的有效沟通。因此，CRM 的软件结构充分体现了以客户为中心的思想，对企业客户关系管理能力的提升具有重要作用。

（二）高层领导

高层领导对客户关系管理的认识和理解越充分、越深入，对客户关系管理能力的培养就越支持和关心。如果缺少了这样的支持者，针对提升客户关系管理能力的前期

研究、规划也许会完成，也会完成一些小流程的重新设计，可能会购买相关的 CRM 技术和设备，但企业出现有意义的改进的可能性很低。根据美国一项针对 226 家实施客户关系管理的企业的调查显示，这些企业投在每一个 CRM 使用者身上的成本，平均是 10385 美元（包括软硬件、实施、培训及技术支持），然而其中实施客户关系管理产生显著成效的企业，投在每一个 CRM 使用者身上的成本，平均却高达 17003 美元。不管怎么节省，客户关系管理要实施成功，都有一个投资门槛。抱有投资少量资源尝试一把的心态的企业，通常的下场是白白浪费钱。另外，为提升客户关系管理能力所引起的组织变革也要支付相应的成本。所以，客户关系管理能力的发展需要高层领导的理解以获得足够的财务支持确保成功。

（三）企业文化

企业文化是为一个组织中所有成员所共享并作为公理来传承给组织新成员的一套价值观、指导信念、理解能力和思维方式。它代表了组织中不成文的、可感知的部分。每个组织成员都涉入文化之中，但文化通常不为人关注，只有当组织试图推行一些违背组织基本文化准则和价值观的新战略和计划时，组织成员才切身感受到文化的力量。

以产品为中心的企业文化对客户关系管理能力的培养有阻碍作用，而以客户为中心的企业文化能够通过其导向功能和约束功能使企业员工建立起以客户为中心的价值取向，在与客户的交流过程中更多地考虑客户的利益，避免损害客户利益来满足企业利益的短视行为，实现客户与企业的双赢。同时，以客户为中心的企业文化让客户是企业的利润和长期竞争力的源泉的观念深入人心，能够将员工团结起来，激励员工为提升客户关系和企业的长期发展不断创新。当以客户为中心的企业文化形成固定模式后，能够在社会上树立企业全心为客户服务的形象，从而赢得人们的信赖和好感，吸引更多的潜在客户。因此，以客户为中心的企业文化能够提升企业的客户关系管理能力。

（四）人力资源管理

客户对企业的感观和客户关系的维系依赖于与客户交流的企业员工的服务质量。因为客户无论通过何种方式与企业接触，都是与企业中的人员交流。企业员工的观念、技能和素质直接影响到企业为客户创造和传递的价值以及企业与客户的关系。

首先，企业员工是否具有全心全意为客户着想的观念，是否把以客户为中心的企业文化中的条条款款转化为真心为客户付出的实际行为直接影响客户的购买欲望和企业形象。其次，企业在激烈的竞争中脱颖而出，不仅仅需要员工的服务态度好，热情周到，更重要的是关注客户的个性化需求与情感需求，而客户的个性化需求和情感需求的表现方式比较模糊，因此，基层人员对产品知识和企业背景知识的熟悉程度，以及在心理学、社会学和技术方面的素养，敏锐的洞察力和高超的服务技巧，对现场各种微妙信息的捕捉和把握以及适当的决策能力对客户关系的影响至关重要。最后，影响企业与客户关系的不只是企业营销部门的营销人员和直接为外部顾客提供服务的其他服务人员，它包括所有的企业员工，在为客户创造和传递价值的过程中，任何一个环节的低效率或低质量都会影响最终的客户价值。所以，企业的每一个员工都应当具有全局观念，生产研发部门的人员也需要及时了解市场的变化和客户的需求，积极配合营销部门的要求，研制生产客户喜爱的产品。

（五）组织设计

组织的集权程度、管理层次的多少和整合程度对客户关系管理能力有重大影响。过于集权容易压低员工的主创精神，因此，给基层员工授予更大的权利，有利于调动他们的积极性，发挥其创造性，使他们在面对客户的个性化需求时能够采取更为灵活和多样的措施，而不必对每件小事都层层上报等待审批。这样不仅为客户提供更为快捷、准确和个性化的服务，而且满足了员工实现自我价值的愿望，使员工更加满足和忠诚，对员工未来的服务质量产生积极的影响，从而推动客户关系管理能力的发展。过多的管理层次使信息沟通渠道过长，造成信息失真以及由不相容目标所导致的代理成本的增加，决策者也无法对顾客的需求和市场的变化做出快速反应。压缩中间管理层，能够使信息快速流动，有利于消除高层管理者与客户之间的鸿沟，让高层管理者随时了解客户的需求和变化，及时制定应对策略，在满足客户需求的同时提高企业利润。企业的整合程度指企业能否跨越传统的职能部门的界限，让各个部门整合起来为客户服务。企业的整合程度越高，各部门间的合作程度就越高，工作就越协调，就越能够有效地减少各部门间的合作交流障碍。

（六）供应链伙伴

随着全球经济的一体化，人们发现在全球化大市场的竞争环境下，任何一个企业都不可能在所有业务上都成为最杰出者，企业与企业的竞争已经不是个别企业在一定时间、一定空间，为争夺某些终端、某些顾客的一对一的单打独斗了，也不主要是为了争夺市场占有率和覆盖率的竞争，而是基于产品开发设计、生产制造、配送与分销、销售与服务的跨时空的整体性竞争。因此，企业外部的供应链伙伴也对客户关系管理能力产生重大影响。

三、金融企业客户关系管理战略实施的关键点

（一）确保战略实施过程协调一致

作为企业总体战略的一部分，客户关系管理战略必须同其他相关战略之间保持协调一致。为了取得客户关系管理战略实施的成功，企业应该在组织内部有效地沟通各

种战略意图，确保组织的战略意图得到绝大多数员工的理解和认同。如果企业希望以客户导向作为基本经营理念，以提高客户满意度为根本目的，但没有一套完整的战略来保证客户导向型观念，并获得组织上下的普遍认可，即使费了多番周折，也无济于事，始终摆脱不了传统产品导向型观念的影子。因此，要实现战略过程的协调一致，必须强调各部门之间业务活动的相互配合，共同服从于组织整体的客户关系战略。

（二）调整组织结构——从“交易管理”转向“关系管理”

事实上，一个企业的组织结构能够在一定程度上反映该企业对客户和客户关系所持的基本理念。通过考察生产、营销、销售、采购和其他业务活动在整个企业中的地位，可以很清楚地知道企业到底崇尚什么。从客户关系管理的角度看，客户是企业最重要的资产，能不断为企业带来收益，因此，企业的所有活动都应该围绕客户关系展开。“关系管理”不仅要为本企业的产品寻找客户，还应该投入大量的努力来维持和培养关系，以增加客户关系可能带来的价值。而关系价值的增加必须通过改善关系的过程来实现，企业必须在组织结构上做出调整，促进跨部门的协作，以适应“关系管理”的需要。如果组织过于分权化，可能难以为客户提供协调一致的服务，影响服务的质量和一贯性；而过于集权化的组织则不利于发挥各部门或员工的积极主动性，也无法创造性地为客户提供服务。因此，企业应该根据自身的实际情况，在集权和分权之间做出权衡，做出选择。对于那些尽可能标准化或程序化的过程，企业应尽可能内化到组织规章或软件系统中，以形成对员工自主性的一种约束机制，在充分发挥员工积极主动性的同时，保证企业的统一形象。

（三）培育有利于客户关系管理实施的组织文化

组织文化是影响客户关系管理战略成败的重要因素。通常，组织文化是一种无形的因素，是企业在长期发展和成长过程中形成的理念和价值观。总体来讲，有两个方面的文化因素会影响客户关系管理的效果，第一个是实施重大变革的能力。如果一个企业在历史上曾经经历数次失败的变革或者内部员工普遍缺乏迎接挑战的勇气，那么可能会形成一种惧怕变革的保守文化。在这样的组织文化氛围中，要想迅速引入客户关系管理恐怕十分困难，因此，必须采用循序渐进的方法，逐渐营造一种有利于变革的文化，慢慢地将客户导向型观念灌输到每个员工的心中。第二个是各业务部门之间的协作意识。各部门之间是否愿意合作，是否遵守承诺，是否服从共同的战略等，均是影响客户关系管理战略成败的重要因素。由于这些因素往往是无形的，企业很难对它们进行衡量和测评，因此，企业必须采用一些定性的手段，来分析当前文化中存在的优势和劣势。在发展优势的同时，消除文化上的劣势，使企业的整体文化更有利于客户关系管理战略的成长和发展。

（四）建立一个集成的信息环境

对于每一位客户而言，与企业发生接触和信息交换的渠道有很多种，既有电子方式的，如电子邮件、互联网、电话等，也有非电子方式的，如信函、服务接触等。为了给客户提供一个有效的接触方式并综合地利用各种客户数据，企业应该建立一个集成的信息环境。一方面，企业可以通过该环境，获取客户数据，了解客户的想法和需求；另一方面，客户可以通过该信息环境，选择最有效的信息获取方式，实现有效的沟通。在前面我们已经谈过，客户关系管理是基于数据的一种管理，如果没有完善的客户信息和数据，也就不可能实现真正意义上的客户关系管理，而一个集成的信息环境无疑可以实现对各种数据的有效收集和汇总，为实现 CRM 奠定数据和信息的基础。

（五）争取企业高层的大力支持

要成功地实现客户关系管理，不仅需要在组织上、文化上和技术上做出重大调整，而且还需要调节各部门之间的活动，因此，获得组织高层人员的认同和支持是十分必要的。没有组织高层人员的支持和参与，几乎不可能实施任何跨部门的业务战略，也不可能营造有利于客户关系管理的组织结构和文化，更不可能投入巨资来兴建集成的 CRM 信息技术系统。在实施客户关系管理的过程中，至少应该有一名高层经理人员具体负责对整个过程的支持。直接支持客户关系管理过程的高层经理必须满足如下三方面的条件：首先，高层经理的支持不能仅停留在面上，还必须深入了解客户关系管理的内涵和相应的运作模式；其次，高层经理必须能够对整个客户关系管理过程施加积极的、正面的影响，敦促跨部门的合作；最后，高层经理还必须逐步采取措施，确保整个企业高层都能对客户关系管理有一个全面的理解和认识，以进一步获得企业高层的支持。

第二节　金融企业 CRM 系统的建立

一、CRM 系统的定义

金融企业 CRM 系统是以对客户数据的管理为核心，建立客户数据库，记录金融企业在市场营销与销售过程中和客户发生的各种交互行为，以及各类有关活动的状态，提供各类数据模型，为后期的分析和决策提供支持。通俗地说，CRM 系统就是利用软件、硬件和网络技术，为企业建立一个客户信息收集、管理、分析、利用的信息系统。具体地说，一个合格的 CRM 系统的工作应该包括以下几个部分：

（1）帮助记录、管理所有公司和客户打交道过程中的记录，并且能够通过分析，辨别哪些客户是值得努力的，以及这些客户都有哪些特点、哪些趋势。这对充分理解客户很有用。

(2) 实现自动化管理，动态地跟踪客户需求、客户状态变化到客户订单，记录各种客户意见系统。

(3) CRM 系统可以通过某些自动的电子渠道（如短信、电子邮件、网站等）承担某些“机械化”的任务。例如，当你要向客户推销某个新产品，你可能一个人无法向很多客户进行说明，或者拜访他们，你可能希望有很多下属，按客户进行分工，按照你期望的方式、在期望的时机、采用统一的说法来说明或者拜访客户。这个时候，CRM 系统可以帮助你将这些说法、方式、时机等用电子方式表达出来，并且帮助你将这些东西分配到你的下属那儿去，让他们按照要求执行，并通过 IT 系统自行将结果反馈给你。

二、CRM 系统的主要特征

CRM 系统是以最新的信息技术为手段，运用先进的管理思想，帮助企业最终实现以客户为中心的管理模式。一个完整的客户关系管理系统应当具有综合性、集成性、智能化和精简性、高技术等特征。

（一）综合性

客户关系管理系统首先综合了大多数企业的客户服务、销售和营销行为优化和自动化的要求，其标准的营销管理和客户服务功能由支持多媒体和多渠道的联络中心处理来实现，同时支持通过现场和数据仓库提供服务。销售功能由系统为现场销售和远程销售提供客户和产品信息、管理存货和定价、接受客户报价和订单来实现。统一的信息库下开展有效的交流管理和执行支持，使得交易处理和流程管理成为综合的业务操作方式。无论在新兴行业还是传统行业，CRM 都使企业拥有了基于畅通有效的客户交流渠道、综合面对客户的业务工具和竞争能力，从而能帮助企业顺利实现由传统企业模式到以电子商务为基础的现代企业模式的转化。

（二）集成性

企业资源规划（ERP）等应用软件系统的实施给众多企业带来了内部资源的优化配置，客户关系管理（CRM）则将从根本上改革企业的管理方式和业务流程。更为重要的是，CRM 在电子商务背景下，将努力实现企业级应用软件尤其是与企业资源规划、供应链管理、集成制造和财务等系统的最终集成。CRM 解决方案因其具备的强大的工作流引擎，可以确保各部门各系统的任务都能动态协调和无缝完成。以 CRM 与后台 ERP 的集成为例，CRM 的销售自动化子系统，能够及时向 ERP 系统传送产品数量和交货日期等信息。营销自动化和在线销售组件，可使 ERP 的订单与配置组件功能发挥到最大，客户可以真正实现按需要配置产品，并现场进行订购。事实上，企业经营者都明白倘若他们不能把销售和服务部门的信息和后台联系在一起，那就会导致许多潜在营业额的流失，只有将 CRM 与 ERP 集成、前后端应用软件完全整合才可能成为未来的赢家。而且，CRM 与 ERP 的集成还可确保企业实现跨系统的商业智能，这将是 CRM 系统的下一个特点。

（三）智能化和精简性

客户关系管理应用系统还具有商业智能的决策和分析能力。CRM 的成熟将使得它不光能实现商业流程的自动化，而且能为管理者提供分析工具或代为决策。CRM 系统中包含并深化了大量有关客户的信息，CRM 通过成功的数据仓库建设和数据挖掘，对市场和客户需求展开了完善和智能的分析，并为管理者提供决策的参考。CRM 的商业智能还可以改善产品定价方式、提高市场占有率、提高客户忠诚度、发现新的市场机会。一个优化的 CRM 系统在整合 ERP 系统后，其商业智能将大大增强。同时，商业智能要求对商业流程和数据应采用集中管理的办法，这样可简化软件的部署、维护和升级工作；而基于互联网部署的 CRM 解决方案，包括通过 Web 浏览器可以实现用户和员工随时随地访问企业的应用程序和知识库，节省了大量的交流成本。

（四）高技术特征

客户关系管理系统应用涉及种类繁多的信息技术，如数据仓库、网络、语音、多媒体等多种先进技术，同时为实现与客户的全方位交流，在方案布置中要求呼叫中心、销售平台、远端销售、移动设备以及基于互联网的电子商务站点的有机结合，这些不同的技术和不同规则的功能模块和方案要被结合成为一个统一的 CRM 环境，就要求不同类型的资源和专门的先进技术的支持。以多媒体的企业客户联络中心为例，以 CTI 技术支持的呼叫中心中，要能让 Web 用户通过使用互联网、在线聊天系统或视频会议系统来与它实时进行交互式的交流，它的实施就要求有关人员具备呼叫中心和 Web 环境等多方面的技术知识。此外，CRM 为企业提供的数据知识的全面解决方案中，要通过数据挖掘、数据仓库和决策分析工具的技术支持，才能使企业理解统计数据和客户关系管理模式、购买行为等，在整合不同来源的数据并以相关的形式提供给业务管理者或客户方面，IT 的影响是巨大而又是最终的。不过，技术终归是使商业目标实现的工具。除非一个企业理解了实施客户管理策略的业务驱动力量和影响力，否则拥有多少专门技术都不能保证它取得成功。

三、CRM 系统的具体功能

（一）客户信息管理

客户信息管理是整个 CRM 系统的基础，其中一些数据由客户经理和客服人员在日常工作中进行收集，另外一些数据则通过系统模块从营业系统中获得。通过收集客户相关资料信息，为客户建立全面的客户档案资料，以便为系统中的其他模块提供信息关联。其他业务模块可以根据这些信息开展客户分析、销售跟进、满意度提升、客户转化和客户维持等具体工作。

（二）市场营销管理

营销管理一般包括市场调查管理、营销项目管理、营销方案管理、营销方式管理、营销人员管理、营销活动管理、营销成本管理和竞争对手管理等。CRM 系统对不同渠道不同营销模式接触的客户进行分析和记录，同时对金融机构的营销效果进行评价，以为下一步营销方案提供支持。

（三）销售管理

销售管理主要用于提高专业销售人员的大部分活动的自动化程度，提高工作效率，实现从销售机会到销售结束的全过程销售业务管理。销售人员可以基于 CRM 系统对多种销售渠道进行管理，如电话销售、现场销售等，同时支持移动通信设备或掌上电脑设备的接入，使销售人员能够实时整合和反馈销售信息，并满足客户的多方面要求。销售管理一般包括：销售过程管理、销售计划管理、销售合同管理、销售渠道管理、客户需求管理、销售活动管理及佣金管理等。

（四）客户服务管理及客户关怀

如前所述，客户服务是影响客户满意和客户忠诚的重要因素。因此一定是 CRM 系统中相当重要的一块。CRM 系统覆盖了从与客户的首次接触到服务账户管理的整个服务流程，可以帮助企业有效提高服务质量、增强服务能力，迅速根据客户需求进行分析调研，延长客户生命周期。CRM 系统在客户关怀方面的重要环节就是集成呼叫中心，以快速响应客户需求。呼叫中心是一种基于计算机和通信网络集成的综合信息服务系统，有助于金融企业与客户快速建立稳定、良好的关系，实现与客户的互动交流，提高服务质量。

四、金融企业 CRM 系统的建立流程

金融企业 CRM 系统的建立是一项复杂的系统工程，涉及企业文化、IT 应用环境、业务流程以及 CRM 所实现的功能模块等有关内容的关联及协调问题。CRM 系统的实施应该是以业务过程来驱动的，而不是以技术来驱动的。

CRM 系统的成功建立依赖于有步骤、有规划的具体实施。一般来说，可以遵循以下若干流程[①]。

---

① 安贺新，苏朝晖．商业银行客户关系管理［M］．北京：清华大学出版社，2013.

（一）成立CRM项目小组

在高层管理者的支持下组建有力的CRM项目小组，可以从组建CRM系统的主要部门中抽选，为保证其工作能力，还需要对项目小组进行全面的CRM培训工作。一般的项目小组由金融企业内部成员、外部的系统供应商或咨询公司及最终用户代表组成。按照角色分配可以分为项目经理、应用模块小组、技术支持小组、项目领导小组等，其中内部成员主要由金融企业的高层领导、相关实施部门的业务骨干和计算机技术人员构成。

（二）选择系统供应商

金融企业要根据自身特点选择软件厂商，全面了解所选择的软件厂商，进而选择适合的技术平台。CRM软件的选型可分为定制和购买套装软件两种。对于金融行业来讲，由于客户数据和企业后台的计费系统、业务系统等紧密相连，而且这些行业的客户数据庞大，需要专业的数据挖掘工具才能充分进行分析，因此选择定制的行业版CRM是较好的选择。由于定制版的CRM系统没有一个统一的标准，金融企业对CRM系统的选择要依据对CRM的远景规划和近期实施目标来进行，应该注重CRM系统自身各个部分功能的集成和整合。另外，还需充分考虑系统供应商的开发经验和实力，考察其产品的开放性、技术支持能力的可持续发展性。

1. 选择CRM产品须考虑的问题

（1）CRM产品的可行性。CRM产品的可行性即CRM产品是否适合企业自身特点，是企业选择CRM产品的基础。

（2）CRM产品的方便易用性。由于接触CRM软件的主要是业务人员，CRM软件的简便易用对于这些人员来说是最重要的。

（3）CRM产品的可定制性。CRM软件同样需要提供一对一的定制化服务，以满足企业的不同需求。

（4）CRM产品的实施周期。为避免人员流动性给项目实施所带来的不便和影响，因此企业应当选择实施周期短的解决方案。

（5）CRM产品的投资回报率。CRM软件应该符合企业的当前业务需求，满足目前的业务模式；企业所投入的资金，能获得预定的回报，而且希望投入越少所获得的回报越多——即企业期待高投资回报率。

（6）CRM产品的开放性。由于企业可能同时采用了多个厂商的产品，并且企业内部有不同的部门，因此CRM软件的开放性易于系统整合。

（7）CRM产品支持。

（8）CRM产品的成本。

2. 选择 CRM 厂商须考虑的问题

（1）CRM 厂商的业务咨询分析能力是厂商实力的基础，也是企业选择 CRM 厂商的先决条件。

（2）CRM 厂商的技术实施能力是厂商实力的保证，也是企业选择 CRM 厂商的首要影响因素。

（3）CRM 厂商的成功实施案例。企业可以在厂商的成功案例中寻找与企业自身相似的情况作比较，并可以从中寻找经验和教训。

（4）CRM 厂商的信誉度。

（5）CRM 厂商能够分配给企业的开发人员。厂商分配给企业开发人员的多寡决定着企业受重视的程度。

（6）CRM 厂商的服务体系。厂商服务体系是否完善是企业选择厂商不得不考虑的问题，并且完善的服务体系可以解除企业的后顾之忧，尤其是本地化的服务和升级服务。

（7）CRM 厂商提供的软件基本功能测试。这点是目前多数企业容易忽视的，厂商提供的软件基本功能测试包括性能测试、数据安全测试和接口设置等方面，而这些基本功能决定着企业 CRM 系统的实施是否能够顺利进行。

（三）咨询、调研和需求分析

通过咨询和调研，了解金融企业与客户交往的主要环节，进行详细的需求分析，并对原有的业务流程进行精细分析、评估，确定 CRM 系统的实施范围，确定对 CRM 系统的具体要求。在这个过程中，财务分析和费用分配是关系 CRM 系统成功与否的重要因素。一般包括：详尽的财务分析、实施 CRM 所需的费用及分配、CRM 运营成本分析、实施 CRM 后的利润增长评估及投资回报率分析等。

（四）项目策划

CRM 系统方案的设计与确定需要金融企业与供应商之间的配合和共同努力。一般应该先部署当前最需要的功能，然后再根据需要进行扩展。

（五）系统配置

CRM 系统的配置和客户化要满足大部分的业务要求。同时应该对金融企业的员工进行培训，使得他们能掌握尽量多的技术知识，CRM 系统所需的软、硬件也要在这个阶段进行安装。

（六）系统测试

测试工作的重点是让内部技术人员了解系统的安装过程和系统各环节的性能，进行数据转换，将各个部门的数据资料和需求输入系统，由供应商对不理想的地方进行修改和重组。

（七）CRM 系统的运行

金融机构以渐进的方式推进 CRM 项目，允许根据业务需求对 CRM 系统进行调整。同时，针对 CRM 方案确立相应的培训计划对员工进行培训，确保 CRM 系统成功运行。

（八）CRM 系统的维护与修正

设置专门的系统管理员，确保对系统运营的支持。同时，在使用系统的过程中，需要根据金融企业需求对系统进行不断的补充、调整和完善，这将是一个长期的、持续的过程，并定期检查系统的运行情况，发现问题及时解决。

相关知识与扩展：招商银行借咨询之力，以 CRM 系统推进转型

尽管银行对批发业务的 CRM（客户关系管理）需求旺盛，但是银行界却鲜有成功案例。招商银行借助 IBM 的帮助，采用咨询与开发同步的创新模式，成功地构建了批发业务 CRM 系统，并为其批发业务管理的提升以及招商银行二次转型奠定了坚实的基础。

突破 CRM 困境

纵然招商银行的客户关系管理在国内商业银行中属于领先水平，但从管理的精细化角度出发，他们在批发业务方面的客户关系管理却还有待提升。差距主要体现在以下四个方面。

首先，招商银行在支行层面的批发业务管理相对比较粗放。招商银行的 IT 建设在业界享有盛誉，但在批发业务领域客户关系管理方面却明显滞后。由于缺乏一个合适的工作平台，客户经理在开展日常业务时只能把客户信息记录在电脑的 Excel 表格或者记事本上。由于无法全部掌握银行的批发业务内容，有时候客户提出需求时，客户经理只好打电话到柜台去查询后才能给出答复。

其次，客户经理处于单打独斗的状态，不利于招商银行未来成为金融服务提供商的目标实现。招商银行拥有几十种批发业务品种。在营销过程中，由于缺乏有效的工具，客户经理往往只熟悉少量的产品，因而只能向客户推荐和销售少数自己熟悉的产品，有限的企业客户资源难以得到有效利用，其最终结果是：招商银行批发业务中单个客户的盈利能力较低。因此，招商银行公司银行部需要借助团队的力量来整合营销资源，深度挖掘商机，并提高客户的满意度。

再次，销售方法不统一，销售流程不清晰，销售有效性有待提高。这是因为招商

银行在批发业务层面缺乏系统化的项目管理机制和配套的推进和辅导机制，因而往往只能对项目结果反映的业务数据进行管理，对项目过程的管理却比较弱。

最后，在业绩考核方面缺乏统一的标准和薪酬体系。这在一定程度上影响了对公司银行业务部门客户经理的积极性的调动。

尽管招商银行多年来一直在努力提升批发业务客户关系管理，但大多采用传统方式，而少有体系化的科学的方法，难以实现本质上的改善。为此，招商银行批发条线营销负责人一直在探索如何在传统的方法之上引入科学的方法和工具，突破营销管理的瓶颈。

事实上，我国各商业银行一直想在 CRM 系统建设上有所突破，但是都遇到了或多或少的问题，因为银行 CRM 系统绝非简单的割裂的一个系统，它要求核心业务系统为其提供准确的数据。招商银行也早在 2002 年起就着手建设批发业务的 CRM 系统，时经 6 年才准备就绪，直到 2008 年项目才正式启动。

寻求创新模式

2008 年，为了实现全面的批发业务客户管理，招商银行正式启动 CRM 项目，其目标是：为客户经理提供能够满足他们业务开展需求的工具；通过 CRM 项目将优秀客户经理和团队的经验固化下来从而优化业务流程；构建一个信息共享平台，减少信息沟通的成本；系统的推行不仅是工具的运用，同时是营销方法和流程的变革。

针对批发业务的 CRM 系统——特别是营销流程——对于国内外银行而言可以说是新鲜事物，没有什么先例可遁，因此必须采用创新的思路来实现。招商银行决定采用自行设计、开发、合作伙伴提供业务咨询并辅助实施的策略来建设全新的 CRM 系统。这主要考虑到三个方面的因素：

首先，招商银行希望保留核心的开发、设计技术等。一方面，招商银行本身的 IT 能力比较强，已经自行开发了很多系统，具备自行开发的能力；另一方面，自行开发便于银行将 CRM 系统与其他系统整合，形成一个完整的企业 IT 架构。

其次，目前成熟的 CRM 系统多是针对零售业务的，即使采用成熟的 CRM 产品，招商银行还是需要做很多二次开发工作。批发业务和零售业务的客户关系管理很不一样，零售业务强调的是服务便利性和以客户为中心，而批发业务要求更高，特别是随着批发业务种类的不断丰富，客户希望银行能够提供综合的服务。这对银行的销售模式提出了新的要求，要求不是单一客户经理，而是一个专业的团队来为客户服务。

最后，在系统上线之后，招商银行要根据优化的管理流程来优化系统，还可能会增加一些新的功能，他们希望自身拥有对系统持续改进的能力。鉴于合作伙伴在系统实施中所担当的重要角色，招商银行对合作伙伴提出了很高的要求：合作伙伴要对 CRM 具有前瞻性的视角，要充分了解国内外银行业管理现状，有营销管理方法和流程设计的经验，同时还要有强大的系统实现能力。经过严格的招投标，招商银行最终选择了 IBM 作为其 CRM 建设的合作伙伴。

不走弯路的秘诀

在 IBM 的帮助下，招商银行初步把 CRM 项目分成两期来进行。一期项目主要是搭建提高客户经理服务能力的 CRM 工具系统，同时进行新的销售方法和流程的设计。

根据招商银行批发业务的特点，IBM 帮助招商银行设计了“点金五式”流程，其中包括：目标与计划管理、商机管理、客户信息管理、营销推进管理和业务管理。与此同时，招商银行搭建了 CRM 平台的框架，上线了客户信息管理、客户管理、活动管理、产品与知识库管理、业绩管理、权限管理和报表管理七大功能。

2009 年 9 月，招商银行在一期项目的基础上，启动了二期项目，目标在于为实施新的销售流程和方法提供工具，以提高客户满意度、产品交叉销售率和销售成功率。具体功能包括优化大客户销售计划和商机管理（包括销售线索管理、商机管理），并增加了客户营销团队申请、过程管理、客户反馈三个功能。

CRM 项目是招商银行非常重要的项目，得到了银行高管层的高度重视。此项目的高效快速实施充分体现出招商银行过硬的执行力。作为项目负责人，雷财华更是投入了大量的精力。据了解，在流程设计阶段，雷财华把 50% 的精力都放在 CRM 项目中，与 IBM 的专家共同探讨业务流程等问题。

在项目推进策略上，招商银行从引导实施到长期制度的做法可圈可点。也就是说，在项目实施开始，招商银行只是鼓励分支机构的客户经理将客户相关数据导入系统中；后来大家逐渐接受并熟悉系统后，再将这项工作作为工作指标要求客户经理去执行，从而形成了长期的机制。正是这一机制，有效地保证了 CRM 系统中信息的完整性和实时性。

对招商银行来说，CRM 项目不仅仅是信息化项目，而且是管理项目。但是从表面上来看，系统上线后，客户经理增加了不少的工作量，比如说，要填写很多的信息。为此，招商银行专门做了大范围的培训，为员工解答工作量增加的原因，以及如何让系统更好地为业务所用。

2010 年 7 月，招商银行完成了批发业务 CRM 二期项目的建设，基本没有走什么弯路。招商银行之所以没走弯路，主要有三方面原因：其一，招商银行和 IBM 之间沟通比较顺畅、配合比较默契；其二，IBM 拥有丰富的行业经验，能够很好地把握招商银行的需求；其三，一开始就有良好的规划，从全局出发进行项目实施过程，比如说，在一期项目中就考虑到了二期该怎么做。

二次转型的基石

2009 年 10 月，招商银行行长马蔚华对外界披露，招商银行已经进入第二次转型阶段，要以低资本消耗的方式来发展业务，提高定价能力和非利差收入的比重。而 CRM

项目恰恰承载着招商银行批发业务资源整合的使命，通过销售方法和销售流程变革提高营销投入产出比。

CRM 一、二期项目实施后，招商银行在批发业务上实现了一个统一、两个集中、三个平台、四个转变，从而有效支持批发业务的二次转型。其中，一个统一为统一度量衡，两个集中为客户信息集中、营销信息集中，三个平台为客户信息平台、CRM 工作平台和营销管理工作平台，四个转变为业务数据化、管理流程化、营销精细化和销售过程化。在具体业务层面上，CRM 项目所带来的收益颇丰。

1. 实现对营销过程的全面把握

以往招商银行每个分行要管理多个支行的多个团队，难以全面把握所有营销项目的过程，因而很难作出决策应该重点支持哪些商机。支行为了获取更多的营销资源，往往要展开高层攻关工作。这样，分行即使得到了一定营销资源，成本也比较高，耗费的时间也比较长。现在只要支行把需求申请通过系统提交上来，分行层面就很容易看到项目的实际进展情况，从而决定到底该给该项目提供什么资源，“有了 CRM 平台的支撑，中后台对前台的支持变得更加主动，支持能力得到了很大提升，从整个招行来说，对市场的反应能力得到加强。”雷财华总结说。此外，借助 CRM 系统，招商银行还可以对未来的业绩进行预测。

2. 对客户资源进行集中、有效管理

借助 CRM 系统，招商银行对客户的重要联系人信息进行集中管理，不但解决了银行公司客户私有化问题，而且提高了营销工作的连续性、有效性。客户经理可以借助系统全面了解分管客户的信息，为营销提供更有效的支持。

3. 提高联动效率，使得以客户为中心成为全行一致的行为

过去招商银行公司银行部提倡以客户为中心，在实际执行层面却只能落实在一线客户经理层面上，而中后台只能通过产品创新等途径间接来执行以客户为中心的理念。现在借助 CRM 平台，结合配套的管理制度，针对每个商机，招商银行可以调动前、中、后台的所有营销资源，真正做到以客户为中心，并提高客户的满意度。

4. CRM 平台成为知识积累和营销提升能力的一个有效工具

CRM 中客户营销分析和营销技巧都是基于标杆客户经理和团队工作经验并借鉴先进的管理方法和工具总结出来的，通过系统固化成流程将标杆经验进行推广，未来可根据标杆经验不断优化。典型案例资源能帮助客户经理不断提升业务能力，新的客户经理可以借助系统设置的流程快速适应新的岗位。

5. 系统构建了一个新型考核平台，充分调动了客户经理积极性

现在，CRM 系统成为招商银行公司银行部客户经理日常业务运作和管理人员制定并推进营销战略的有效工具，并且系统提供的数据已经被考核部门作为员工和部门绩效评估的依据。借助 CRM 系统提供的数据，招商银行实现了以利润为口径的考核方法和透明的考核流程，提高了考核效率，使得业绩考评结果既能满足员工个人成长的要

求，又能满足招商银行的战略需求。

选对合作伙伴，驾驭多变的世界

IBM 全球企业咨询服务部积极与客户协作，为客户提供持续的业务洞察、先进的调研方法和技术，帮助他们在瞬息万变的商业环境中获得竞争优势。从整合方法、业务设计到执行，我们帮助客户化战略为行动。凭借我们在 17 个行业中的专业知识和在 170 多个国家开展业务的全球能力，我们能够帮助客户预测变革并抓住市场机遇实现盈利。

（资料来源：风信网，招商银行借咨询之力以 CRM 系统推进转型，2011 年 6 月 17 日，http：//www. ithov. com/server/105239. shtml。）

第三节　CRM 系统软件简介

一、CRM 系统的分类

CRM 应用系统是一个以客户为核心的、由客户驱动的系统，通过客户交互渠道提供一个销售（Sales）、市场营销（Marketing）和服务（Service）的统一平台。因此，CRM 应用系统架构应考虑所有与客户相关资源的整合，逐步建立以客户为中心的应用系统体系结构，分阶段完成公司信息系统的建设。

从逻辑层次上，CRM 应用体系分为协作型 CRM（CCRM）、操作型 CRM（OCRM）、分析型 CRM（ACRM）等。CCRM 是处理通过多个渠道与客户的交互，建立一个无缝的协作服务平台。OCRM 针对实时在线型应用，以满足面向客户的营销和销售为主。ACRM 针对非实时性业务应用的要求，在数据内容上以面向分析型应用和战略性分析为主①。

（一）协作型 CRM

协作型 CRM 是指企业与客户协同处理业务交易的工作，比如客户服务中心接受客户电话报案、业务咨询、投诉等事件。这些活动需要客服人员和客户之间的交互和协同，需要包括电话系统、互联网系统、柜台系统等多个 IT 系统的支持。使用这些功能的人员主要为客服人员、客户经理等。

渠道是企业和客户进行交互的界面，是客户体验银行服务成功与否的关键所在。主要的 CRM 渠道有以下几种：

---

① 于海澜．保险企业如何实施 CRM［J］．中国金融电脑，2007（11）：10－12.

（1）电子渠道。电子渠道是通过电子设备访问保险公司系统的方式，包括互联网、电子邮件、传真、呼叫中心、移动电子设备（WAP 手机、PDA）等。

（2）呼叫中心。呼叫中心在结构上分为 ACD（自动呼叫分配）、IVR/AVR（交互/自动的语音应答）、CTI（计算机电话集成）。呼叫中心是 CRM 应用的一个重要渠道，尤其是客户服务或者电话营销。

（3）分支机构。分支机构、营业网点是与客户交互的重要渠道，也是获取客户信息和提供客户服务的主要渠道之一。

（4）合作伙伴渠道。包括代理商、经纪人、合作伙伴等，主要通过互联网来访问共同的客户群信息，进行商业合作、信息共享。

（5）员工。提供给各个不同部门的员工统一的客户视图，从而提高工作效率，提高员工满意度，进而提高服务质量，提高整体客户满意度。

（二）操作型 CRM

也称运营型 CRM，或者“前台”CRM，它与客户直接发生接触，集中管理与客户接触的全部历史信息，包括：业务办理、收付、服务、客户营销、客户反馈以及所有和客户进行的历史交易事件等。

操作型 CRM 主要是由 CRM For Sales、CRM For Services、CRM For Marketing、CRM For e－Business 等功能模块组成。销售部门、市场部门、客户服务部门等都是操作型 CRM 的实施对象。各业务处理系统和操作型客户关系系统会出现客户信息的同步问题。由于大量的历史信息存于各个业务子系统之中，可以借用信息总线技术，抽取到 CIF 中，再与其他系统共享。

操作型客户存储的信息包括：资源信息（客户有什么）、权限信息（客户能做什么）、历史信息（客户做过什么）。操作型客户关系管理系统的功能主要集中在以下几方面：

（1）客户管理：个人客户信息管理、企业客户信息管理、联系历史管理、账户管理、潜在客户管理；

（2）市场营销管理：市场活动管理、产品和服务推荐、目标客户、营销反馈、同业信息、合作伙伴管理；

（3）销售管理：销售目标和计划、机会管理、业务申请、销售奖励和薪酬；

（4）客户服务：服务请求、投诉、签约信息、客户满意度；

（5）基础功能：报表、知识库、权限和系统设置等。

目前，市场上大多数的 CRM 产品关注的焦点是操作型 CRM 产品，主要解决企业市场、销售、服务过程中的协作问题，并使这些过程有效集成且自动化。其主要作用是构造一个面向客户的协作环境，帮助企业的各个触角（部门与人员）发掘市场机会，并促进其转化为企业收益。

（三）分析型 CRM

分析型 CRM，也称为“后台”CRM，用来分析发生在前台的客户活动。分析型系统的用户不需要直接同客户打交道，而是从操作型系统所产生的大量交易数据中提取有价值的各种信息，以及对将来的趋势做出必要的预测，是一种企业决策支持工具。分析型系统的主要功能有以下几点：

（1）客户分析（analysis）：旨在让行销人员可以完整、方便地了解客户的概括信息，通过分析与查询，掌握特定细分市场的客户行为、购买模式、属性以及人口统计资料等信息，为营销活动的展开提供方向性的指导。此外，营销人员可以通过客户行为分析功能追踪行销活动的执行过程，从而了解这类活动的内容和随之传达的信息对客户所造成的实际影响。

（2）客户建模（modeling）：主要依据客户的历史资料和交易模式等影响未来购买倾向的信息来构造预测模型。从技术方面看，客户建模主要是通过信息分析或者数据挖掘（data mining）等方法获得。一旦这种模型得以建立，企业就可以对每一个客户进行价值评估并在适当的时机以适当的方式与这个客户进行沟通，从而创造更多的盈利机会。

（3）客户沟通（communication）：客户分析的结果可以与客户建模形成的一系列适用规则相联系。当这个客户的某个行为触发了某个规则，企业就会得到提示，启动相应的沟通活动。根据客户与企业之间发生的貌似偶然的交互活动，企业可以迅速发现客户的潜在需求并作出适当的反应。

（4）个性化（personalization）：功能企业根据不同客户的不同消费模型建立相应的沟通方式和促销内容，以非常低的成本实现真正的一对一营销。

（5）优化：每个营销人员每天应当处理多少个目标客户？每隔多长时间应该对客户依次进行例行联络？各类行销方式对各类客户的有效程度如何？对于这些问题，分析型 CRM 的优化（optimization）功能都可以提供答案，帮助企业建立最优的处理模式。

（6）接触管理（interaction）：可以帮助企业有效地实现客户联络并记录客户对促销活动的反应态度，将客户所发生的交易与互动时间转化为有意义、高获利的行销商机。

分析型 CRM 需要各种新技术（数据仓库、数据挖掘、OLAP 和决策支持技术）的支撑，可以把大量的销售、服务、市场及业务数据进行整合，将完整可靠的数据转化为有用的、可靠的信息，为客户服务和新产品的研发提供准确的依据。

（四）CRM 系统搭建

一个完整的 CRM 系统应该是将以上三种类型的子系统进行整合，结合数据仓库和数据挖掘技术，搭建起金融企业的整个 CRM 系统（见下图）。

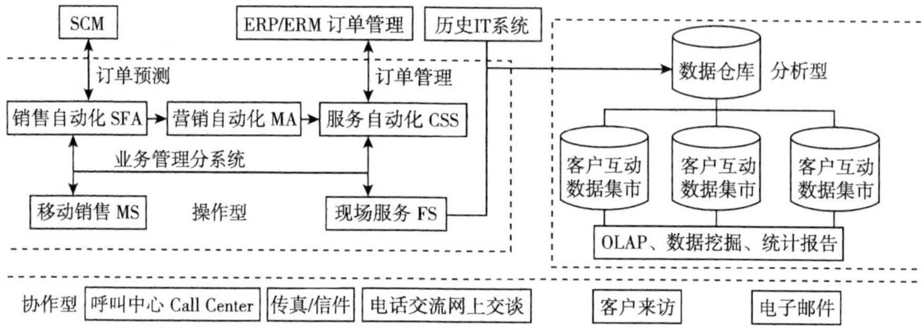

CRM 系统构建图

资料来源：张玉颖，姚家奕．浅析数据仓库在客户关系管理中的应用［J］．2004（3）：127.

一个强大的 CRM 解决方案应该是把接触点的操作型 CRM 和分析型的后台数据仓库相结合。这也就产生了协作型的 CRM。而后端和前端走向融合的关键点在于系统是开放的，只有开放的系统才能把各自的优点结合起来。

二、国内外 CRM 产品介绍

（一）国外 CRM 产品

1. Oracle Siebel 托管型 CRM①

最新的 Oracle Siebel 托管型 CRM 版本 14 拥有业界最为全面的 CRM 功能、下一代可用性、先进的定制能力和全面的集成性，将提高最终用户效率，并帮助各种规模的企业赢得出色的业务成果。

Oracle Siebel 托管型 CRM 软件拥有包括自动化销售、市场和服务功能在内的全面的前端业务。除此之外，该软件还具有一些其他独特的功能：用于实时决策的嵌入式分析功能和预置数据仓库；无须电话基础设施就可支持客户服务人员的预置虚拟客户服务中心；各种行业版本可进一步节省与配置工作有关的时间、劳动力和成本，并帮助客户加速获得回报。

Oracle Siebel 托管型 CRM 软件具有以下应用特点：

（1）可用性。通过 AJAX、Web 2.0 组件等最新的浏览器技术，Oracle Siebel 托管型 CRM 软件简化了用户任务、最大限度地减少了浏览所需步骤、鼠标点击次数和页面刷新次数，并具有强大的页面定制功能，有助于建立个性化的工作环境，因此为提高生产率和提升用户体验竖立了新的标准。

---

① 硅谷动力，Oracle Siebel 托管型 CRM 软件全新亮相，2007 年 4 月 16 日，http：//www.enet.com.cn/article/2007/0426/A20070426560866_ 2.shtml。

（2）个性化定制。全面的流程、数据和用户界面的轻松定制功能为企业用户独特的商务流程提供支持。该软件支持嵌入企业最佳解决方案、简化数据输入并为不同类型的记录配置不同的布局。另外，该软件还提供强大的主页定制功能，用户可以自主安排页面元素，以适应所喜欢的工作方式。同时增强的定制功能还使得企业无须IT专业人员参与就能定制应用，大大优化了商务流程支持能力并提高了最终用户效率。

（3）全面集成性和扩展性。Oracle Siebel 托管型 CRM 软件可以轻松快速地实现与其他应用软件和系统在数据、用户界面、流程等所有层面的深度集成，并且由于该软件采用了 Oracle 融合中间件技术，保证客户既可以使用预集成的解决方案，享受完整的一体化支持，也可以对解决方案进行扩展，以满足企业特殊的需求。

2. SAP CRM

从某种意义上讲，SAP 商务套件（SAP Business Suite）是世界上最完整的自适应商务软件系列产品，其先进的功能性支持全面集成、行业专用功能，并具有无限扩展能力和易于开展网上协作的特点。

SAP CRM 全面掌握客户信息、随时保持在线联络、保证实时交流、优化客户信息来源了解客户动向等，充分支持企业在以客户为中心，追求创新的产品服务、更高层次的生产过程和维持持久有益的客户关系方面的期望。所提供的策略包括：

（1）针对特定行业、业务流程场景供企业定制并灵活实施。

（2）兼容其他 SAP 商务套件和第三方解决方案，为提升企业内部效率、市场灵敏度和电子商务网络价值。

（3）整合各类联系渠道，创建不间断的客户信息流、交互流和交易流，协助企业将业务流程与客户紧密同步联系，降低交易成本。

（4）深入分析已有客户数据库，帮助企业优化客户信息，实现客户价值。

（5）集成客户、供应商、合作伙伴、供应链和业务流，快速响应客户需求，提高协作效率。

（6）提供个性化工具和信息，提升员工快速响应客户需求的能力。

而向中小企业以 SaaS 模式销售产品是 SAP 的新选择。2007 年 9 月，SAP 发布了基于 SaaS 的按需软件服务——Business By Design。

3. Microsoft Dynamics CRM

Microsoft Dynamics CRM 4.0 是一个完全集成的客户关系管理（CRM）系统。使用 Microsoft Dynamics CRM，企业可从第一次接触客户开始，在整个购买和售后流程中创建并维护清晰明了的客户数据；可以强化和改进公司的销售、营销和客户服务流程，提供快速、灵活且经济实惠的解决方案。

微软 Dynamics CRM 4.0 的最大特色，在于操作接口不同于一般 CRM 软件，它让使用者能以网页浏览器的接口存取系统，或者在 Outlook 中直接操作，这套 CRM 能够追踪联络人的消息、工作进度或信件，它也具备离线功能，方便业务人员外出时使用。此外，它也结合了 SQL Server 的报表服务，制作与检视报表上更加方便。工作流程也可自行新增、自订，让所有使用者依循制定的流程来工作。不过使用上最为明显的，还是 Dynamics CRM 4.0 正式新增了正体中文语言套件，使用者操作系统时不必再为语言不通所困扰。

使用 Outlook 来操作系统，向来是这套产品的特色。只需要安装 CRM for Outlook，就像使用外挂程序一般，依然保有个人邮件收发的区域，只是多了 CRM 的工作环境。除了 Outlook 整合之外，从 3.0 开始，Dynamics CRM 也能整合其他 Office 应用程序。例如，将连络人、营销活动、合约或知识库等数据，汇出至 Excel，并在这套 Office 应用程序上编辑。

它的离线功能也值得一提，对业务人员十分方便。使用 CRM for Outlook 可以将客户数据下载至个人计算机，在没有网络的环境下，依然能对客户的数据或者订单状况加以修改，只要在下一次连接至 CRM Server 的同时，便可以将修改的数据同步。Dynamics CRM 4.0 的联络人，除了基本信息之外，还可以针对偏好的联络方式、活动记录、次要联络人或者商机管理等，储存更详细的记录。

4. Salesforce

Salesforce 是创建于 1999 年 3 月的一家客户关系管理（CRM）软件服务提供商开发的，其总部设于美国旧金山，致力于通过在线为全球用户提供按需 CRM 解决方案。Salesforce CRM 的主要模块包括自动化销售管理、合作伙伴关系管理、多渠道客户服务、市场营销管理、数据分析与预测等。现在，Salesforce 的版本越来越多，而 Salesforce 基于平台的强大可开发性让国内用户也有机会以低廉价格享受到 Salesforce 的服务。Salesforce 为了进入中国市场，也与国内的软件服务商达成合作伙伴的关系，希望通过二次实施定制和开发，能带来适合中国企业的 Salesforce 版本。

5. Avaya 公司呼叫中心①

Avaya 公司是专业的呼叫中心平台提供商，处于全球呼叫中心市场领先者的位置，拥有全球最大的客户群，具有其他厂家无可比拟的技术优势和丰富的行业经验。Avaya 公司可以提供全球功能最强大、最完善的 ACD 产品，其拥有大量先进的专利技术和算法，基于此可实现非常复杂的应用，这也是 Avaya 公司之所以能在全球呼叫中心市场占有率保持领先的根本原因之一。Avaya 公司在自动呼叫分配（ACD）领域居第一位，拥有亚太地区 42% 的市场份额。

（1）电信级的可靠产品，强大、稳定的话务处理能力。S8700 Media Server 拥有业界最高的呼叫处理能力（BHCC = 300000 次）和 99.999% 的电信级可靠性。

① 吉亚通信，呼叫中心：Avaya 公司十个技术优势以及特点，2010 年 10 月 11 日，http://www.jytelecom.com/zuijingenxin/484.html。

（2）丰富的组网方案。Avaya 公司利用其先进成熟的组网技术，为全球许多呼叫中心提供了跨城市、跨地区甚至跨国家的灵活组网方案。

（3）灵活的远端解决方案。CentreVu 呼叫中心系统可以以 Definity 为核心，根据具体的用户需求提供不同的远端坐席解决方案，使得坐席人员不再受空间、位置的限制，可随时随地向外界提供服务。

（4）业界率先推出融合的语音、数据网络。Avaya 公司的 ECLIPS 企业级 IP 通信解决方案使企业组织能够将语音和数据系统融合成一个稳定的网络，提供了面向企业内部网、外部网和公共交换网的真正 IP 语音通信服务。

（5）完整的呼叫中心解决方案。Avaya 公司可以提供完整的客户服务中心系统的解决方案，其 Call Center 系统能不断进行技术创新及升级以适应市场发展的需要，同时基于 CentreVu 呼叫中心，Avaya 公司全面推出了以交互管理、承诺管理及商业智能为核心的 CRM 解决方案，将前台多媒体接入、呼叫及业务流程管理及企业后台运行系统紧密结合。

（6）强大的外拨解决方案。Avaya 公司的 Mosaix PDS 预测智能拨号系统，可提供业界最精确的预测拨号算法及增强的呼叫进程分析，它的精确度最多能比其他预测拨号系统高 30%。

（7）功能强大、开放的平台及全开放式的标准，如：CSTA、HP ACT/CCM、IBM CALLPATH、MS TAPI 等，方便集成厂家的集成及 2 次开发。国内数十家主要呼叫中心集成商都提供基于 Avaya 公司的呼叫中心平台的集成方案。

（8）Avaya 公司的呼叫中心平台结合吉亚通信提供完备的统计数据及报表，在提高员工工作效率、有效管理资源、提高客户满意度和忠诚度、提高员工满意度方面为管理者提供完备、有效的管理报表。

该公司在中国已建立了完善的战略联盟体系和强大的分销、安装及售后服务体系，在供货、安装及售后服务方面提供给客户最强大的支持。

（二）国内 CRM 产品

1. WiseCRM

WiseCRM NBS 系统是专门针对成长型企业设计的客户关系管理系统，为中小企业提供随需而变、可持续发展改进的策略性方案，来帮助成长型企业完善客户关系管理，提升客户价值。

WiseCRM NBS 系统以 360 度全方位服务于客户，可以帮助企业更好地管理客户、提高销售成功率并且提供优质完善的客户服务。通过从销售线索建立到机会立项，直至实现订单、跟踪款项的全程来掌握销售过程。实现报价和订单管理的自动化，缩短了销售周期并大大提高销售成功率。WiseCRM NBS 主要功能如表 8－3 所示。

表 8－3　　WiseCRM NBS 主要功能

功能模块	主要内容	设定目标
公司管理	公司管理、联系人管理、子客户管理、客户档案管理	帮助企业全方位地了解客户，并能方便地实现部门间信息共享
销售管理	线索产生、形成机会、报价系统、实现订单、跟踪收款、进出货管理	帮助企业进行销售流程的全面管理
服务管理	服务请求、服务派发、服务队列、形成知识库	帮助企业及时解决客户服务要求，实现“一对一”营销，提高客户满意度
产品管理	产品分类、度量单位设置、价格管理、库存管理	帮助企业方便了解产品属性，以及随时了解产品的库存情况，并支持多仓库管理
活动管理	活动计划、活动历史、日历管理	帮助企业实现高效的时间管理，并能在每个项目中了解相关活动
市场管理	费用管理、邮件管理、邮件营销管理、知识管理	帮助企业实现有效管理市场活动，合理控制市场营销费用
分析报表	各类报表以及分析功能自定义	帮助企业有效制定合适的市场策略、辅助决策
系统设置	界面布局设计、权限设置、分类定制、下拉列表设置、字段添加、地址维护	帮助企业更有效地进行系统的管理和维护

除此之外，WiseCRM NBS 系统还提供基于 Java/J2EE 架构的全新 WiseCRM NBS 的集销售、客户、服务和市场于一体的客户关系管理解决方案。

2. MyCRM①

MyCRM 系列产品，实用、易用、成熟，在中国 CRM 市场始终保持着领导品牌的地位：市场占有率第一、企业用户数量最多、实用的产品、先进可靠的技术、丰富的实施经验、优秀的服务品质使 MyCRM 软件成为众多企业的首选。MyCRM 系列产品以 CRM 理念为基础，结合中国企业的特点，形成了自身的特点和优势，在改善企业营销能力、加强企业决策支持、实现企业信息化等方面能提供现实有效的支持和帮助。

MyCRM 企业版是 MyCRM 系列产品中，功能最多、应用最丰富的产品。适合中型、大型企业进行完整的 CRM 应用。MyCRM 企业版有市场、销售、服务三大类应用，并把产品功能分为“系统功能层”“基础功能层”“标准业务功能层”和“特定业务功能层”四个层次。MyCRM 的功能模块配置灵活，客户可以根据自身的应用需要选择适合的模块。

① 360 百科，MyCRM，http：//baike. so. com/doc/7593537－7867632. html。

系统功能层：主要提供系统管理类功能，如：权限管理、自定义配置、业务流程、信息规则、分析模型等；以及系统工具类功能，如：消息、知识库、邮件、日程、文档、公告、BBS 等。

基础功能层：主要提供基础信息管理，如：组织、客户、联系人、公共关系、产品、人员等，以及任务管理、行动管理、费用管理、绩效管理、数据分析与决策支持等功能。

标准业务功能层：是指标准的营销业务功能，包括战役管理（市场管理）、线索管理、机会管理、客户管理、服务管理、用户管理等。

特定业务功能层：是指具有行业特点的特定业务功能，如：数据库营销、销售项目管理、渠道销售管理、交易管理、合同管理、实施服务管理等，以及二次开发模块。

3. 用友 iCRM

用友是目前国内拥有较强分析能力的少数 CRM 厂商之一。

用友 iCRM 包括 EIS、DSS 和 EVA 三个部分。其主要功能包括基础管理、客户管理、市场管理、销售管理、服务管理、系统管理和客户自助 7 个模块，从业务层面、管理层面对企业的相关的业务进行支持，并通过电子商务手段延伸企业的前端直接到客户，使得客户变“被动”为“主动”，最大限度实现客户的价值。

在技术特点上，用友 iCRM 基于 Java 技术的 C/S 架构，面向的用户是区域分支机构较多、需要集中管理客户资源的企业。通过帮助用户建立集中的数据平台，使得企业用户的总公司与分支机构间数据可以实现统一管理、资源共享、上报/下达的应用，并避免客户资料的重复录入、重复跟单等情况的出现。

用友是从财务软件中转型发展过来的，是国内少数的 ERP + CRM 厂商之一。如前所述，用友的 CRM 企业用户主要来自于其 ERP 客户，并且主要的销售方式是在 ERP 中连带销售其 CRM 产品，取得了一定的效果，作为国内 CRM 厂商其市场占有率较高。因此，相比对 ERP 的投入，CRM 方面的开发和营销力度略显不足，并且其专业化水平有待进一步加强。

4. 金蝶

金蝶 TEEMS CRM 属于操作型系统，由销售、市场和服务三个子系统组成，应用架构分为协作型 CRM 和分析型 CRM 两大部分。协作型系统采用自动化机制，主要是用来管理客户与企业进行双向沟通的方式，其主要目的在于支持各种客户交互方式。分析型系统以使用数据仓库、数据挖掘以及复杂的分析功能为基本特点，通过多层次和多视角的商业智能和客户行为分析，透视客户需求、消费习惯、行为模式等，拥有能够真正理解客户行为、期望、需要、历史以及与企业建立全面关系的 CRM 功能。

在一定程度上来讲，金蝶在 Java 技术的应用上具有较强的开发实力，为其 ERP 和 CRM 产品的不断完善提供了技术保证。金蝶 CRM 市场定位为面向成长型、成熟型和稳定型企业提供完整的客户关系管理解决方案，但是金蝶主打产品是财务软件，CRM 是其多元化、转型化的产品，在专业化方面金蝶正在努力缩短与有实力的厂商的距离，并进一步加大投入，为我国企业提供更为优质的产品和服务

5. 用友 TurboCRM

TurboCRM 是我国专业实施 CRM 的软件厂商之一，其所推出的客 e 通客户管理软件用户满意度较高，并有较多的成功案例。客 e 通能够准确把握中国企业客户管理的五大关键需求：完整信息记录、有效整合管理、方便查询检索、多维数据分析、灵活安全易用。

客 e 通能够满足企业对客户信息记录和整合管理的核心需求。其管理对象非常明确，不但能够满足客户资源管理的需要，同时，也使产品更加快速、直观地体现效果和更容易使用。

客 e 通采用标准的 C/S 三层结构应用模式：客户端——应用服务层——数据库层。对于跨地域应用，客 e 通支持 Web 终端服务以实现真正意义上的 B/S 应用，用户在远端可以通过浏览器实现客 e 通的异地应用。客 e 通具有管理目标明确、适合各种业务、全面信息展现、全面客户接触、灵活安全易用等特点。

6. 联想 IT 1for1

联想 IT1for1 的主要目标客户是强调客户销售和服务过程的跟踪，希望实现企业前端业务协同工作；具备一定计算机应用环境的中小企业，尤其是 IT 企业。联想 IT1for1 客户关系管理解决方案主要为企业提供一对一的客户关系管理解决方案，实现市场、销售和服务协同工作的管理平台，为企业提供一套行之有效的客户管理手段和方法，帮助企业规范客户界面，提高客户满意度，增加销售收入，帮助企业全面提升核心竞争力。其包括以下主要功能：客户管理、销售管理、市场管理、服务管理、决策支持。

案例：证券行业客户关系管理系统解决方案

解决方案全称：证券行业客户关系管理系统解决方案

开发商：上海复旦金仕达计算机有限公司

用户单位名称：广东证券

背景情况

广东证券股份有限公司的分支机构——广东证券顺德管理总部成立于 1992 年 11 月，是顺德市最早成立的证券公司。经过几年的发展，现已成为顺德市规模最大，实力最雄厚的证券经营机构，拥有绝对的市场份额。广东证券顺德管理总部建设 CRM 系统的设想是基于当前经纪业务面临的挑战和未来发展的方向而提出的。从顺德管理总部在顺德市证券市场的地位来看，广证占有绝对的市场份额，如果进行价格战，对广证顺德管理总部来说是得不偿失的。只有在服务上下工夫，提高服务的质量和特色，

才能在市场竞争中赢得胜利，所以坚定不移地走服务的道路、走信息化服务、个性化服务的道路才是广证顺德的长久发展之道。

在市场方面，广证顺德在顺德市的证券市场中拥有绝对的客户份额。由于成立时间比较早，加上脚踏实地的经营，在广证顺德积累了一大批优质的客户，他们是广证顺德利润来源的主要贡献者。但是，随着证券市场竞争加剧，在短短时间内顺德地区新增加了多家证券公司的服务机构，由原来的三四家，增加到现在的11家；佣金自由化政策的出台，对广证顺德客户份额造成了猛烈的冲击，特别对于优质客户的流失，对广证顺德利润保证构成了严重的威胁。在这种情况下，广证顺德采取了一系列的措施，加大IT投入、加强服务质量，在传统的经纪业务领域和对手展开竞争，但这种竞争由于具有同质、无个性化特点等特征，更多地受到价格因素的影响，所以广证顺德处在被动防守的境地。这时候，研究开发个性化的服务，进行全面的业务创新和服务创新成了广证顺德必然选择。而实施客户关系管理，虽然不能直接产生业务创新和服务创新，但它能帮助公司领导、营业部经理、客户经理发现真正有价值的客户，找到这些客户的迫切需求，从而进行针对性的业务创新和服务创新，实现经纪业务更高层次的服务，在竞争中赢得主动。

在客户服务方面，广证顺德一开始就在不断尝试不同的服务手段和方式，比如，广证顺德开始阶段采用客户经理和信息研发人员合作服务的方式，一个客户经理配备一个信息研发人员，在对客户服务过程中，两个人相互配合，一个负责客户的跟踪服务，一个负责信息收集整理研究，从而希望能给客户提供一些专业和周到的服务。但是，在这种方式下，由于研发人员的力量、精力有限，只能向客户提供别人的研究成果，对于信息的准确性和针对性没有任何体现，所以对客户的服务也是比较肤浅，实际的效果是没有对客户产生积极的影响。广证顺德在发现这个问题之后，积极地调整了组织结构，把素质良好、具有较强分析研究能力的信息人员集中到了区域管理总部，专门成立了相应的研究后台部门，在这个部门里，所有的研究人员根据市场的特点，专门进行金融品种、行业、热点、市场动态、大盘走势的研究，并根据对信息的掌握，产生自己的投资组合，并在资产管理和客户进行应用。而这个部门最大的功能还在于对广证顺德所有的客户经理提供资讯信息服务，使得这种服务更加专业化、更加具有权威性、更加准确，客户经理在整个服务过程中更有信心，服务质量和效率能得到明显提高。但是，在这个过程中，广证顺德决策者们也意识到下面一些问题：

（1）后台研究部门的研究内容和客户的需求存在脱节，研究成果存在浪费；

（2）后台研究部门的研究方向没有针对性，研究人员对广证的客户群体缺乏清楚的认识；

（3）后台的研究部门和前台的服务部门没有建立信息通道，双方的信息不能实现共享；

（4）客户经理的服务缺乏目的性，不能针对不同的客户选择不同的研发成果；

（5）后台研究部门和前台服务部门不能形成一定的监督制约机制，无法形成互相促进提高的反馈循环。

广证顺德的管理者们清楚地认识到，这些问题的解决只有依靠建立客户关系管理系统。首先是改造业务流程，提高后台研究部门和前台服务部门的联络、沟通、监督；其次是全面整合客户资料和数据，为研究人员、客户经理提供全面真实的客户信息，从而进行针对性的研究和服务；最后是实现后台和前台的信息共享。

在管理方面，广证顺德沿袭的是证券营业部经营的一贯体制，即总部到营业部、营业部到客户经理的三级管理模式。虽然在这种模式下，广证顺德实行了成本、收入按营业部单独核算，人员的编制、薪酬由营业部决定的方法，进一步提高客户服务竞争力，但是，随着证券市场竞争模式和方向的转变，建立强大的营销体制，更多地争夺客户，成为任何一个证券公司考虑的大事，建立一个完善的经纪人体制已经成为证券经纪营销的基础。在这方面，只有将客户和客户经理或者经纪人、经纪人和营业部或者营销部门建立有机的联系，才能在市场的竞争中形成一个强有力的团队，才能在客户拓展和服务上不断进步。建立客户关系管理系统不但能在客户分析和服务业务流程上发挥积极的贡献，而且对建立一个良好的经纪人管理体制起到不可忽视的作用。随着该系统的不断完善，以此为基础的经纪人工作平台和管理平台的建立，必然为广证顺德实现从传统经纪业务到当前经纪营销业务的转型打下坚实的基础。

业务实施过程

广证顺德 CRM 系统建设从广证顺德和金仕达签订合同开始，上线运行，经历了下面三个阶段：需求调研、设计开发、调试培训。在需求调研阶段深入到顺德管理总部的各个部门以及下辖营业部进行针对性的调查和座谈，了解他们的基本思路和设想，业务流程、急需解决的问题等，双方抱着求实、创新的态度，认真考虑解决问题的途径和办法，总结出了广证顺德基本需求。设计开发严格遵从 ISO 9001 规范进行开发，通过现场的安装使用、培训，逐步将广证顺德的管理体系按照以客户为中心的理念，从而真正发挥系统的效果。广东证券顺德管理总部 CRM 系统基于柜台系统历史数据以及其他相关数据源，构建数据仓库系统，以数据仓库系统为核心提供区域总部各类人员使用的相关业务系统，可以分为经理管理系统、客户经理系统、分析师系统、维护管理系统。经理管理系统、客户经理系统、分析师系统主要完成数据展示、业务报表和信息查询功能，提供给 CRM 业务人员使用。维护管理系统主要提供给证券公司信息技术人员使用，是 CRM 系统的基础和支持平台，主要用于从柜台系统（生产系统）和其他数据接口（如客户背景资料、证券市场资料等人工录入管理库表）采集抽取、清洗整理、格式转换、加载入库，以及整个 CRM 系统的日常管理和维护。

系统提供的主要业务功能包括：

（1）交易分析：证券交易、新股交易、成交委托比、证券委托、换手率、证券流量、现金流量、资金交易。

(2) 资产分析：资金余额、证券余额、盈亏分析、套牢程度、资产、利润、持仓率。

(3) 排行榜：成交金额、委托方式、托管市值、资金交易、资金余额、资产情况、佣金情况、贡献率、热门股等排行。

(4) 客户分析：客户资料查询、客户证券交易、客户资金存取、客户相对收益、客户对账单、客户中意的证券、客户喜欢的交易方式、客户盈亏情况、客户交易费用、客户套牢程度、客户贡献率。

(5) 每日提醒。

(6) 资讯主动通知服务。

(7) 每日工作。

系统开发采用的实现技术、平台、开发工具如下：

(1) 操作系统平台：Windows2000 Advance Server

(2) 软件开发平台：IIS、SQL Server2000、Analysis Services、Office2000、IE

(3) 相关开发工具：VB6.0、Excel2000、Frontpage2000、VI6.0、VC6.0

(4) 客户端平台：Windows98 (NT，2000)、IE5.0

效果与反馈

系统实施成功已经两个多月了，广证顺德利用该系统成功地改变了传统的经营思路和管理模式，真正走向了以经纪人为核心，以客户服务为基础的管理新路。系统的成功使用，极大地提高了广证顺德的管理服务水平，得到了用户的极大好评。

其他具体描述

客户关系管理系统永远不会是一种成型的产品，它将会根据不同用户的管理模式而变。因此系统的投入是十分巨大的，由于短期内系统带来的效益不是十分明显，每个公司都会采取分阶段实施的方式进行。

由于这是一套管理系统，又采用了数据仓库技术，因此实际运行时系统的软硬件投资会超过一百万元，对于管理人员的培训也是十分重要的，投入也会十分巨大。

(资料来源：畅享网，证券行业客户关系管理系统解决方案，2003 年 2 月 21 日，http：//www.vsharing.com/k/2003－2/460202.html。)

思考题

1. 金融企业在实施客户关系管理之前需要做好哪些准备工作？
2. 金融企业在建立 CRM 系统过程中需要注意哪些问题？

本章小结

(1) 要想客户关系管理的应用达到其应有的效果，必须先明确本企业的核心业务和未来的发展方向，以及客户关系管理在整体战略中的作用。影响客户关系管理效果的因素有信息技术、高层管理、企业文化、人力资源管理、组织设计和供应链伙伴。因此，企业在实施客户关系管理时需要注意以下关键问题：确保战略实施过程协调一致、调整组织结构——从“交易管理”转向“关系管理”、培育有利于客户关系管理实施的组织文化、建立一个集成的信息环境、争取企业高层的大力支持。

(2) 金融企业 CRM 系统的具体功能包括：信息管理、市场营销管理、销售管理、客户服务和客户关怀。金融企业 CRM 系统的建立流程包括：成立 CRM 项目小组、选择系统供应商、咨询、调研和需求分析、项目策划、系统配置、系统测试、CRM 系统的运行和 CRM 系统的维护与修正。

(3) CRM 应用系统是一项以客户为核心的、由客户驱动的系统，通过客户交互渠道提供一个销售、市场营销和服务的统一平台。从逻辑层次上，CRM 应用体系分为协作型 CRM（CCRM）、操作型 CRM（OCRM）、分析型 CRM（ACRM）等。CCRM 是处理通过多个渠道与客户的交互，建立一个无缝的协作服务平台。OCRM 针对实时在线型应用，以满足面向客户的营销和销售为主。ACRM 针对非实时性业务应用的要求，在数据内容上以面向分析型应用和战略性分析为主。

(4) 国外的 CRM 系统软件主要包括：Oracle Siebel 托管型 CRM、SAP CRM、Microsoft Dynamics CRM、Salesforce 和 Avaya 公司呼叫中心。国内的 CRM 系统软件主要有：WiseCRM、MyCRM、用友 iCRM、金蝶、用友 TurboCRM 和联想 IT 1for1。

思考练习

1. 影响客户关系管理实施的关键性因素有哪些？
2. CRM 系统的主要功能有哪些？
3. CRM 系统的三种类型是什么？
4. 如何构建金融企业的 CRM 系统？
5. 请分析金融企业 CRM 实施失败的原因，并说明如何在金融企业实施 CRM 战略。

第九章　金融企业数据仓库与数据挖掘

本章提要

数据仓库的建立和运用能够有效提升金融企业 CRM 系统的有效性。本章主要对金融企业数据仓库、联机交易处理（OLTP）和数据挖掘技术进行了详细介绍。

重点难点

- 数据仓库与数据库的区别
- 联机交易处理（OLTP）
- 数据挖掘技术

开篇案例：大数据艺术：让金融企业“痛点”变“亮点”

互联网世界的用户“争夺战”愈演愈烈，企业获客成本随之不断攀升。新一代消费者“都在网上”，80 后、90 后逐渐进入财富积累阶段，对银行、证券、保险等金融产品与服务信息，由被动接受转为主动获取。互联网拓新获客成了金融企业很难做、但又不得不做的事情。

在业务需求以及国家“互联网 +”战略的推动下，金融企业纷纷加大电商部门或网络金融部门的投入，对于这样的部门，客户数据是一项重要的刚需，随之匹配的人力资源投入、管理成本和运营成本也不断增加，这也成为金融企业的一大问题。根据国际知名咨询公司麦肯锡的报告显示：在大数据应用综合价值潜力方面，信息技术、金融保险、政府及批发贸易四大行业潜力最高。就国内市场而言，尽管金融保险对大数据的需求很多，但很多企业在大数据时代却面临着诸多的真实痛点。

据介绍，金融企业天然具有海量数据，也纷纷重金投入到自身“数据仓储”的建设中，但是在数据的价值挖掘和应用上痛点很多。典型问题如：由于基础数据没有进行大数据化处理，无法进行数据分析；因数据维度不全，无法进行精准的客户画像；内部数据与外部数据难以打通等。因此，很多金融企业虽然拥有海量数据，但是无法使用，或者不知如何使用。

李廷威认为，在大数据时代，银行、证券、保险等金融机构的用户不再是蒙着面纱的神秘顾客。万丈金数独有的金数云平台及完善的用户行为采集分析体系，通过对用户阅读、消费行为的分析，就可以持续地帮助金融机构为用户画像。

其实，客户画像是个技术含量很高的创意性工作，包括：整理企业大量非规范、非格式化数据；多维度、多平台收集企业用户数据以及用户的行为习惯；标签化实现用户画像，抽象出用户的信息全貌，为应用大数据提供根基；凭借用户画像，挖掘用户需求喜好，以对用户进行精准营销，切实提高数据产能。

由于这套解决方案的基因就是面向互联网，所以它擅长连接“互联网一代”的年轻群体，这个群体集中在25~30岁，这让和万丈合作的金融保险企业感到兴奋，看到了未来的希望和机遇。以万丈金数为招商银行提供的数据管理方案为例，通过小半年时间，它帮助银行提升了数倍的数据效能，招行个人消费贷款某部咨询落单率由行业平均的4%上升到双位数，远高于其同行数据。万丈金数应用解决方案实施到招商信诺，经过一年多的时间，数百万招商信诺的潜在客户记录数据逐步扩展为2亿多条的用户行为记录，平均每个用户新增400多条行为记录，为招商信借大数据应用、精准营销提供了坚实基础。

李廷威也强调，数据不是所有企业的灵丹妙药，大数据效能的释放也不是一朝一夕就能见到的。企业对于大数据的布局越长远，企业内部的参与面越广、参与度越高，大数据对于企业转型升级的推动作用也就越明显。“所以在这些年的实践中，不光是客户选择我们，同时我们也在选择客户。”万丈金数会主动选择那些把大数据作为“战略”的企业来合作。在这样的企业中，不仅是数据部门，业务部门、战略部门都会深度参与到“数据工程”之中来。

（资料来源：张汉青，刘丽，田楠楠．万丈金数：激活金融企业的数据基因，经济参考报，2016年4月22日，http：//dz. jjckb. cn/www/pages/webpage2009/html/2016 -04/22/content_ 17926. htm。）

第一节　数据仓库

随着20世纪90年代后期互联网的兴起与飞速发展，我们进入了一个新的时代，大量的信息和数据迎面而来。用科学的方法去整理客户信息和数据、对客户信息进行精确分析和准确判断的需要比以往更为迫切，实施客户关系管理的有效性也比以往更受关注，客户数据仓库也是基于这种需要出现的。

一、数据仓库的定义和构成

数据仓库之父比尔·恩门（Bill Inmon）在1991年出版的“Building the Data Warehouse”（《建立数据仓库》）一书中所提出的定义被广泛接受，数据仓库是一个面向主题的（Subject Oriented）、集成的（Integrate）、相对稳定的（Non - Volatile）、反映历史变化（Time Variant）的数据集合，用于支持管理决策。

在应用系统中，数据仓库主要有数据源、仓库管理和分析工具三部分组成，如图9-1所示。

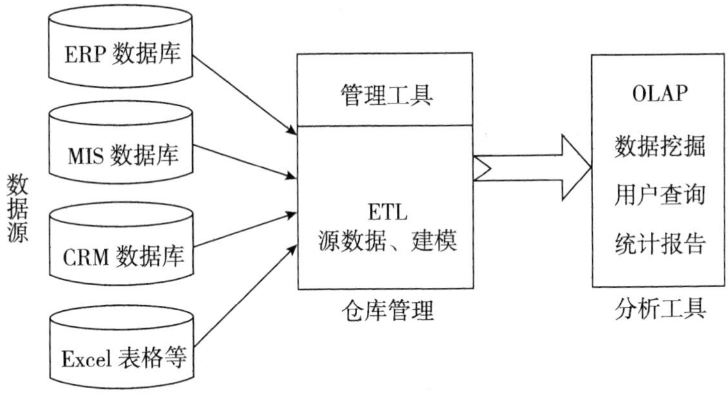

图9-1　数据仓库的构成

资料来源：张玉颖，姚家奕. 浅析数据仓库在客户关系管理中的应用［J］. 价值工程，2004（3）：128.

数据源是数据仓库可以利用的各种数据；仓库管理主要包括根据需求建立数据模型和日常维护工作；分析工具是用来完成实际决策所需的各种查询检索工具、报表生成工具、OLAP工具和数据挖掘工具等。

数据仓库的主要功能是：利用数据仓库理论所特有的资料储存架构对企业通过信息系统的联机交易处理（OLTP）经年累月所累积的大量资料加以系统的分析整理，以利于各种分析方法如联机分析处理（OLAP）数据挖掘（Data Mining）的进行，并进而支持例如决策支持系统（DSS）、主管信息系统（EIS）的创建，帮助决策者能快速有效地从大量资料中分析出有价值的信息，以帮助决策拟定及快速回应外在环境变动，帮助建构商业智能（BI）。

数据仓库是一个过程而不是一个项目，数据仓库是一个环境而不是一件产品。数据仓库提供用户用于决策支持的当前和历史数据，这些数据在传统的操作型数据库中很难或不能得到。数据仓库技术是为了有效地把操作形数据集成到统一的环境中以提供决策型数据访问的各种技术和模块的总称。所做的一切都是为了让用户更快更方便查询所需要的信息，提供决策支持。

二、数据仓库的特点

（一）面向主题

操作型数据库的数据组织面向事务处理任务，各个业务系统之间各自分离，而数据仓库中的数据是按照一定的主题域进行组织的。主题是与传统数据库的面向应用相对应的，是一个抽象概念，是在较高层次上将企业信息系统中的数据综合、归类并进行分析利用的抽象。每一个主题对应一个宏观的分析领域。数据仓库排除对于决策无用的数据，提供特定主题的简明视图。

（二）集成的

数据仓库中的数据是在对原有分散的数据库数据抽取、清理的基础上经过系统加工、汇总和整理得到的，必须消除源数据中的不一致性，以保证数据仓库内的信息是关于整个企业的一致的全局信息。

（三）相对稳定的

数据仓库的数据主要供企业决策分析之用，所涉及的数据操作主要是数据查询，一旦某个数据进入数据仓库以后，一般情况下将被长期保留，也就是数据仓库中一般有大量的查询操作，但修改和删除操作很少，通常只需要定期的加载、刷新。

（四）反映历史变化

数据仓库中的数据通常包含历史信息，系统记录了企业从过去某一时点（如开始应用数据仓库的时点）到目前的各个阶段的信息，通过这些信息，可以对企业的发展历程和未来趋势做出定量分析和预测。

三、与传统数据库的区别

数据仓库是在数据库已经大量存在的情况下，为了进一步挖掘数据资源和决策需要而产生的，它并不是所谓的“大型数据库”。数据仓库的方案建设的目的，是为前端查询和分析作为基础，由于有较大的冗余，所以需要的存储也较大。

下表体现了数据仓库与数据库的区别。我们可以看到，数据库只存储当前数据，而数据仓库存放历史数据；数据库主要面向业务操作，而数据仓库面向数据分析和决策支持；数据库中的数据是动态变化的，随时刷新，而数据仓库中的数据是静态的，一般不会改变；数据库的使用频率比数据仓库的使用频率高，数据访问量少，且要求的响应时间短。

数据仓库与数据库的区别

特性	数据仓库	数据库
数据	历史数据	当前数据
面向	数据分析	业务操作
存储	多为只读	读写操作

续　表

特性	数据仓库	数据库
使用频率	较低	高
数据访问量	多	少
要求的响应时间	可以很长	较短
关注	信息输出	数据输入

由于数据库和数据仓库应用的出发点不同，因此数据仓库与业务数据库系统是相互独立的，但是数据仓库又同业务数据库系统密切相关。

数据仓库是将业务操作型系统提取出来，辅以企业外部数据，将这些数据经过清洗和转换，存储在数据仓库中。数据仓库不只存储业务数据，还存储记录数据信息的元数据。数据仓库中还可以抽取部门型数据仓库，即数据集市。数据最终传送给数据挖掘系统或数据展现系统，以供数据分析或展现给用户。所以，数据仓库不是简单地对数据进行存储，而是对数据进行“再组织”。

四、数据仓库在 CRM 中的应用

借助于数据仓库的 OLAP 多维分析和数据挖掘技术，CRM 可以制定市场策略、产生市场机会、提高企业的利润。数据仓库在 CRM 中的业务流程如图 9－2 所示。

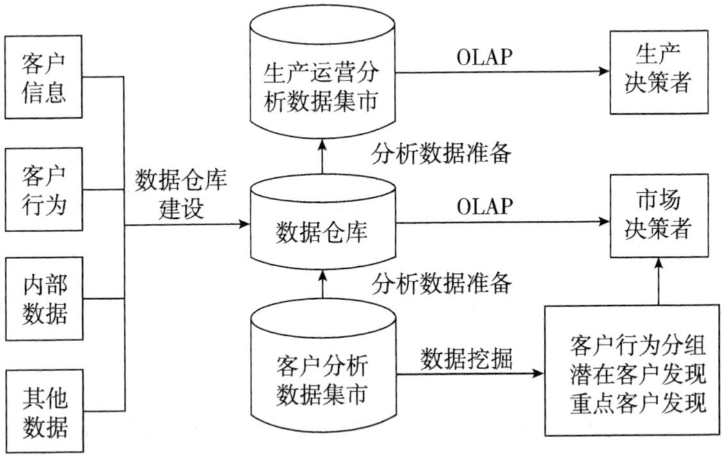

图 9－2　数据仓库流程

资料来源：张玉颖，姚家奕．浅析数据仓库在客户关系管理中的应用［J］．价值工程，2004（3）：128.

首先，数据仓库将客户行为信息和其他相关的客户数据抽取、集成、转换并加载到数据仓库中来，为市场分析提供数据准备；其次，数据仓库将生产分析结果以 OLAP

或报表形式传递给生产决策者，对客户信息进行数据挖掘，将发现结果和客户行为的在线分析传递给市场专家。市场专家利用这些分析结果，制定准确、有效的市场策略。

（一）动态、整合的客户数据管理和查询功能

CRM 的数据仓库必须是动态的、整合的数据库系统。动态的要求是指数据库能够实时地提供客户的基本资料和历史交易行为等信息，并在客户每次交易完成后，能够自动补充新的信息；整合的要求则是指客户数据库与企业其他资源和信息系统要综合、统一，各业务部门及人员可根据职能、权限的不同实施信息查询和更新功能，客户数据仓库与企业的各交易渠道和联络中心必须紧密结合等。

（二）客户行为分析

包括整体行为分析和群体行为分析。前者用来发现企业所有客户的行为规律，后者根据客户行为的不同将客户划分为不同的群体，分别分析各个群体的行为特征。群体行为分析又称为“行为分组”。通过行为分组，CRM 用户可以更好地理解客户，发现群体客户的行为规律。在行为分组完成后，还要进行客户理解、客户行为规律发现和客户组之间的交叉分析。

（三）重点客户发现

就是找出对企业具有重要意义的客户。重点客户发现主要包括：发现有价值的潜在客户、发现有更多的消费需求的同一客户、保持客户的忠诚度。

（四）客户流失警示

企业的客户数据仓库将通过对客户历史交易行为的观察和分析，发挥警示客户异常购买行为的功能。如一位客户的购买周期或购买量出现显著萎缩变化时，就是潜在的客户流失迹象。客户数据仓库通过自动监视客户的交易资料，对客户的潜在流失现象作出警示。

（五）性能评估

用来评价市场活动能否达到预定的目标，它是评价客户行为分析和改进市场策略性能的重要指标。同时，重点客户发现过程也需要对其性能进行分析，然后在此基础上修改重点客户发现过程。性能评估以客户所提供的市场反馈为基础，通过数据仓库的数据清洁与集中过程，将客户对市场的反馈自动地输入到数据仓库中，从而进行客户行为跟踪。

相关知识与扩展：假如没有数据仓库 CRM 会怎样
——美洲银行 CRM 的成功启示

数据仓库：CRM 的双腿

1990 年左右，为了满足市场的需要，许多国外公司开始开发 SFA（销售队伍自动化系统），随后，则是着力于 CSS（客户服务系统）的开发和推广。到了 1996 年，一些公司把 SFA 和 CSS 两个系统合并起来，并加上了市场营销、现场服务。在这基础上再结合 CTI（计算机电话集成技术），于是形成了集销售与服务为一体的呼叫中心。这基本上就是今天的 CRM 系统。自 1999 年以来，随着电子商务的兴起，CRM 向 eCRM 方向发展。据国际著名研究机构分析，全球的 CRM 市场正以每年 50% 的速度增长。到 2004 年，分析、咨询和系统集成服务将成为 CRM 市场中的生力军，其年增长率将达到惊人的 82%，并会对全球企业造成冲击。在以商业银行经营管理为基础的信息系统建设方面，以美国为代表的现代商业银行的发展历程在 20 世纪 80 年代中期陆续建立了管理信息系统（MIS），实现了对业务交易和经营管理信息的一体化管理；在 90 年代初期，陆续建立了决策支持系统（DSS），在对业务交易信息和经营管理一体化的基础上实现了对信息分析、加工的集成；到了 90 年代中期，世界各国大型商业银行先后花巨资开始建立能够解决上述这些复杂问题的数据仓库（BDW）体系。

《美国银行家》杂志对美国商业银行的调查表明，有 30% 的美国商业银行能准确地说出谁是他们盈利来源最多的客户，有 20% 的美国商业银行能在 10 分钟之内讲清楚重要的客户使用了多少种银行产品，而这些银行比较优势的获得全都得益于高效先进的数据仓库和数据仓库技术基础上 CRM 的应用。数据仓库技术的出现，使得银行业可以实现对海量数据的集中分析处理。数据仓库技术像 CRM 的双腿一样，让这种先进的管理理念跑在银行经营的坚实土地上。

美洲银行的“仓库”管理

美洲银行的数据仓库型客户关系管理系统是美国银行业中开发比较成功的一种数据仓库客户关系管理系统。美洲银行以美国西海岸为中心，拥有约 2000 家营业店铺和 7000 多台 ATM，为 1100 多万名客户提供服务，每日业务处理量达 1600 件以上；ATM 的每日交易件数约为 2600 万件。美洲银行拥有北美最大的客户信息数据。

由于数据仓库给银行带来了详细的客户信息，美洲银行的营销部门使用数据仓库来进行精确的客户细分，从而开展更准确、更有利的商业活动。同时，该银行利用预测性建模，实现更有效的分析、测量和锁定高利润客户。在一次直邮客户联系行动中，美洲银行的加州数据仓库将需要用邮件联系的客户数降低了 40%，而反应率却增加了

97%，定购率增加了21%，仅仅这个应用就为银行产生了4500万美元的利润。

美洲银行引进数据仓库型客户关系管理系统后，在数据处理上可以以更低的成本、更综合的方式分析出有用的信息。比如，以前需要6个多小时、30多美元的费用才能检索出的信息，现在只要几分钟时间和20多美元的费用就可以实现。同时，以前不容易实现的一些分析事项也可以很有效地实现。如：在各客户的收益性分析中各顾客的交易成本的分析、ATM及柜台的平均交易成本，以及客户的交易次数等，现在利用数据仓库型客户关系管理系统可以很容易实现。

事实上，单就数据仓库本身而言，美洲银行利用这一技术实施个性化服务，早在1994年就感受过强烈的应用快感。在当年的旧金山大地震中，美洲银行利用邮编快速地找出受灾的客户名单，提供灾后重建的贷款，极大地增强了客户关系，增加了银行收入。

1996年，美洲银行用Visual Basic开发出称之为“销售网”的应用软件并配置到各营业店铺。“销售网”有10个采取对话形式检索的画面，目的在于选择销售房屋净值贷款的顾客对象、分析顾客特性，以及可以及时反馈传输数据的软件系统。

1997年，美洲银行在行内设置100多处数据仓库型客户关系管理系统的利用终端，1500多名职员有权使用这些终端。这些有权使用数据仓库型客户关系管理系统的职员，每天平均检索3000件以上的信息，面向全行数千职员提出各种报告。

美洲银行数据仓库型客户关系管理系统的文件由5000个表及50000个栏目构成，由40多个子系统来供给源数据。系统可以在线提供13个月的时间序列数据。若需要以前的数据则通过复读磁盘记录可以恢复。

随着“销售网”的推广，2003年美洲银行面向个人融资的总件数中，74%是借助数据仓库型客户关系管理系统挖掘分析的信息，通过电话直接推销而成功的。现在，美洲银行逐渐将数据仓库型客户关系管理系统与电话银行相结合，向每天甚至每时更新数据、深入发掘数据仓库型客户关系管理系统潜力的方向发展。

全员入“库”是美洲银行的成功之道

美洲银行CRM项目的成功当然首先是归功于将数据仓库技术运用到了CRM研发中，不仅提高了系统的稳定性与时效性，而且提升了各类信息的综合利用率。数据仓库技术最大的优势就在于它的集成性、面向主题和数据挖掘能力，采用了数据仓库技术后，美洲银行CRM系统加快了响应时间，在降低成本费用的同时，也提高了客户信息的价值。更关键的是，美洲银行教会了所有员工如何去运用数据仓库技术，全员的参与使全行上下均能聚焦客户服务。行内上千名员工成为系统的用户，每天查询大量的客户信息，有针对性地选择目标客户进行营销，大部分的成功案例均是借助数据仓库型CRM系统挖掘分析的信息。这也使得全行上下都认可了以客户为中心的经营策略，接受了CRM的理念与系统。当然系统的实施方式也举足轻重。美洲银行的做法是分阶段实施，由一个主题应用开始逐步展开。具体地说，就是在确定了实施的业务内容与需要的信息来源后，按照零售与批发这两种类型的客户分别开发系统，并在功能实现上逐步延伸，分阶段进行。相比较而言，现阶段，国内大部分商业银行在逐步完成了数据大集中系统建设后，必将迅速感受到应用数据仓库技术的迫切需求。这种技术将有助于国内银行对长久以来以账户为核心或以产品为核心的数据按统一规则进行清洗、转换，从而充分地加以利用，形成以客户为核心、全面集成顾客信息的数据仓库。其实已有部分国内商业银行开始着手数据仓库的构建，做得较突出的是招商银行和中国工商银行。其中，工商银行在已启动数据仓库项目的同时还开始了个人客户关系管理（PCRM）与法人客户关系管理（CCRM）两个主题的系统研发与运用。这说明，银行在客户服务创新方面所缺的并不是技术，而是能做到全员参与新技术应用所不可或缺的体制变革。

（资料来源：董平．假如没有数据仓库 CRM 会怎样——美洲银行 CRM 的成功启示［J］．信息产业报道，2004(8)：33－34.）

第二节　联机分析处理（OLAP）

联机分析处理（OLAP）系统是数据仓库系统最主要的应用，专门设计用于支持复杂的分析操作，侧重对决策人员和高层管理人员的决策支持，可以根据分析人员的要求快速、灵活地进行大数据量的复杂查询处理，并且以一种直观而易懂的形式将查询结果提供给决策人员，以便他们准确掌握企业（公司）的经营状况，了解对象的需求，制定正确的方案。

一、OLAP 的 12 大准则

联机分析处理的概念最早是由关系数据库之父爱德华·库德（E. F. Codd）博士于 1993 年提出的，是一种用于组织大型商务数据库和支持商务智能的技术。OLAP 委员会对联机分析处理的定义为：使分析人员、管理人员或执行人员能够从多种角度对从原始数据中转化出来的、能够真正为用户所理解的、并真实反映企业维特性的信息进行快速、一致、交互的存取，从而获得对数据的更深入了解的一类软件技术。OLAP 数据库分为一个或多个多维数据集，每个多维数据集都由多维数据集管理员组织和设计以适应用户检索和分析数据的方式，从而更易于创建和使用所需的数据透视表和数据透视图。

库德同时提出了关于 OLAP 的 12 条准则。OLAP 的提出引起了很大的反响，OLAP 作为一类产品同联机事务处理（OLTP）明显区分开来。库德提出 OLAP 的 12 条准则来描述 OLAP 系统：

准则 1：OLAP 模型必须提供多维概念视图；
准则 2：透明性准则；
准则 3：存取能力推测；
准则 4：稳定的报表能力；
准则 5：客户/服务器体系结构；
准则 6：维的等同性准则；
准则 7：动态的稀疏矩阵处理准则；
准则 8：多用户支持能力准则；
准则 9：非受限的跨维操作；
准则 10：直观的数据操纵；
准则 11：灵活的报表生成；
准则 12：不受限的维与聚集层次。

二、联机分析处理逻辑概念和典型操作

（一）联机分析处理的逻辑概念

OLAP 展现在用户面前的是一幅多维视图。

（1）维（Dimension）：是人们观察数据的特定角度，是考虑问题时的一类属性，属性集合构成一个维（时间维、地理维等）。

（2）维的层次（Level）：人们观察数据的某个特定角度（即某个维）还可以存在细节程度不同的各个描述方面（时间维：日期、月份、季度、年）。

（3）维的成员（Member）：维的一个取值，是数据项在某维中位置的描述（“某年某月某日”是在时间维上位置的描述）。

（4）度量（Measure）：多维数组的取值（如：2010 年 1 月，上海，信用卡，￥10000000）。

（二）OLAP 的典型操作

OLAP 的基本多维分析操作有钻取（Drill－up 和 Drill－down）、切片（Slice）、切块（Dice）以及旋转（Pivot）等。

（1）钻取：是改变维的层次，变换分析的粒度。它包括向下钻取（Drill－down）和向上钻取（Drill－up）/上卷（Roll－up）。Drill－up 是在某一维上将低层次的细节数据概括到高层次的汇总数据，或者减少维数；而 Drill－down 则相反，它从汇总数据深入到细节数据进行观察或增加新维。

（2）切片和切块：是在一部分维上选定值后，关心度量数据在剩余维上的分布。如果剩余的维只有两个，则是切片；如果有三个或三个以上，则是切块。

(3) 旋转：是变换维的方向，即在表格中重新安排维的放置（如行列互换）。

三、联机分析处理系统的体系结构和分类

数据仓库与 OLAP 的关系是互补的，现代 OLAP 系统一般以数据仓库作为基础，即从数据仓库中抽取详细数据的一个子集并经过必要的聚集存储到 OLAP 存储器中供前端分析工具读取。

OLAP 系统按照其存储器的数据存储格式可以分为关系 OLAP（Relational OLAP，ROLAP）、多维 OLAP（Multidimensional OLAP，MOLAP）和混合型 OLAP（Hybrid OLAP，HOLAP）三种类型。

1. 关系联机分析处理（ROLAP）

ROLAP 将分析用的多维数据存储在关系数据库中并根据应用的需要有选择地定义一批实视图，也存储在关系数据库中。不必要将每一个 SQL 查询都作为实视图保存，只定义那些应用频率比较高、计算工作量比较大的查询作为实视图。对每个针对 OLAP 服务器的查询，优先利用已经计算好的实视图来生成查询结果以提高查询效率。同时用作 ROLAP 存储器的 RDBMS 也针对 OLAP 作相应的优化，比如并行存储、并行查询、并行数据管理、基于成本的查询优化、位图索引、SQL 的 OLAP 扩展等。

2. 多维联机分析处理（MOLAP）

MOLAP 将 OLAP 分析所用到的多维数据物理上存储为多维数组的形式，形成“立方体”的结构。维的属性值被映射成多维数组的下标值或下标的范围，而总结数据作为多维数组的值存储在数组的单元中。由于 MOLAP 采用了新的存储结构，从物理层实现起，因此又称为物理 OLAP（PhysicalOLAP）；而 ROLAP 主要通过一些软件工具或中间软件实现，物理层仍采用关系数据库的存储结构，因此称为虚拟 OLAP（VirtualOLAP）。

3. 混合联机分析处理（HOLAP）

由于 MOLAP 和 ROLAP 有着各自的优点和缺点，且它们的结构迥然不同，这给分析人员设计 OLAP 结构提出了难题。为此一个新的 OLAP 结构——混合型 OLAP（HOLAP）被提出，它能把 MOLAP 和 ROLAP 两种结构的优点结合起来。迄今为止，对 HOLAP 还没有一个正式的定义。但很明显，HOLAP 结构不应该是 MOLAP 与 ROLAP 结构的简单组合，而是这两种结构技术优点的有机结合，能满足用户各种复杂的分析请求。

第三节　数据挖掘

一、数据挖掘的定义

数据挖掘（Data Mining）又称数据库中的知识发现（Knowledge Discover in Database，KDD），就是从大量的、不完全的、有噪声的、模糊的、随机的实际应用数据中，提取隐含在其中的、人们事先不知道的，但又是潜在有用的信息和知识的过程。这个定义包括好几层含义：数据源必须是真实的、大量的、含噪声的；发现的是用户感兴趣的知识；发现的知识要可接受、可理解、可运用；并不要求发现放之四海皆准的知识，仅支持特定的发现问题。

从广义上理解，数据、信息也是知识的表现形式，但是人们更把概念、规则、模式、规律和约束等看作知识。人们把数据看作是形成知识的源泉，好像从矿石中采矿或淘金一样。原始数据可以是结构化的，如关系数据库中的数据；也可以是半结构化的，如文本、图形和图像数据；甚至是分布在网络上的异构型数据。发现知识的方法可以是数学的，也可以是非数学的；可以是演绎的，也可以是归纳的。发现的知识可以被用于信息管理、查询优化、决策支持和过程控制等，还可以用于数据自身的维护。因此，数据挖掘是一门交叉学科，它把人们对数据的应用从低层次的简单查询，提升到从数据中挖掘知识，提供决策支持。

二、数据挖掘的功能

数据挖掘通过预测未来趋势及行为，做出前摄的、基于知识的决策。数据挖掘的目标是从数据库中发现隐含的、有意义的知识，主要有五类功能。

（一）自动预测趋势和行为

数据挖掘自动在大型数据库中寻找预测性信息，以往需要进行大量手工分析的问题如今可以迅速直接由数据本身得出结论。一个典型的例子是市场预测问题，数据挖掘使用过去有关促销的数据来寻找未来投资中回报最大的用户，其他可预测的问题包括预报破产以及认定对指定事件最可能作出反应的群体。

（二）关联分析

数据关联是数据库中存在的一类重要的可被发现的知识。若两个或多个变量的取值之间存在某种规律性，就称为关联。关联可分为简单关联、时序关联、因果关联。关联分析的目的是找出数据库中隐藏的关联网。有时并不知道数据库中数据的关联函数，即使知道也是不确定的，因此关联分析生成的规则带有可信度。

（三）聚类

数据库中的记录可被划分为一系列有意义的子集，即聚类。聚类增强了人们对客观现实的认识，是概念描述和偏差分析的先决条件。聚类技术主要包括传统的模式识别方法和数学分类学。20 世纪 80 年代初，Mchalski 提出了概念聚类技术及其要点是，在划分对象时不仅考虑对象之间的距离，还要求划分出的类具有某种内涵描述，从而避免了传统技术的某些片面性。

（四）概念描述

概念描述就是对某类对象的内涵进行描述，并概括这类对象的有关特征。概念描述分为特征性描述和区别性描述，前者描述某类对象的共同特征，后者描述不同类对象之间的区别。生成一个类的特征性描述只涉及该类对象中所有对象的共性。生成区别性描述的方法很多，如决策树方法、遗传算法等。

（五）偏差检测

数据库中的数据常有一些异常记录，从数据库中检测这些偏差很有意义。偏差包括很多潜在的知识，如分类中的反常实例、不满足规则的特例、观测结果与模型预测值的偏差、量值随时间的变化等。偏差检测的基本方法是，寻找观测结果与参照值之间有意义的差别。

三、数据挖掘的基本步骤

数据挖掘包括确定分析和预测目标、建立数据挖掘库、分析数据、建立模型、模型评估与验证、模型实施等几个基本步骤。具体过程如图 9－3 所示。

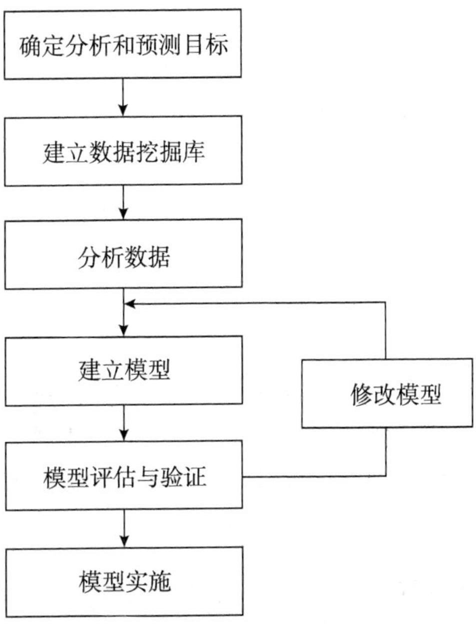

图 9－3　数据挖掘的基本步骤

（一）确定分析和预测目标

这是数据挖掘的第一步，确定分析和预测的目标相当于需求分析，主要是明确业务目标。只有确定了分析目标才能提取数据、选择方法，因此，确定分析和预测目标是数据挖掘的基础条件。数据挖掘的实施过程也都是围绕着这个目标进行的。同时，定义了数据挖掘的分析目标也就定义了评价这一挖掘模型的标准。比如，数据挖掘的目的是找到高价值客户，根据数据挖掘得到的规则能否正确发现高价值客户，或者说，挖掘出来的高价值客户中有多少是真正的高价值客户就成为评价挖掘模型的最重要的标准。

（二）建立数据挖掘库

建立数据挖掘库是数据挖掘过程中较为复杂的一步。首先要进行数据收集，在前面我们介绍了数据挖掘的数据来源，数据挖掘可以从关系数据库、数据仓库、事务数据库或高级数据库中收集数据。对于收集到的数据，应对数据的来源、大小、存储位置和数据在使用上的限制等进行详细的记录。完成数据收集后，要对数据进行描述，比如数据包含哪些属性、共有多少条记录、属性名称、有多少不完整的记录和不完整的记录缺少的是哪些属性等。数据挖掘库可以是一个单独的数据库，也可以和数据仓库建立在相同的物理介质上。数据挖掘库中还应包括数据的元数据。

（三）分析数据

分析数据即对数据挖掘库中的数据进行分析，比如计算数据的平均值、标准差等统计信息，以便发现数据的分布情况。对数据有了全面、细致的了解以后，就可以针对数据挖掘分析目标选择合适的变量和记录。对于变量的选择，首先要考虑对结果有影响，可以反映结果的变量。

（四）建立模型

建立模型是选择合适的方法和算法对数据进行分析，得到一个数据挖掘模型的过程。建立模型时选择正确的方法和算法是必需的。建立模型是一个反复进行的过程，它需要不断地改进或更换算法以寻找对目标分析作用最明显的模型，最后得到一个最合理、最适用的模型。

（五）模型评估与验证

为了验证模型的有效性，选择最优的模型，一般会将数据集中分为两部分，一部分用于建立模型，另一部分则用于测试模型。因为如果用相同的数据对模型进行建立和测试，可信度就不高了。为了保证模型的有效性和可用性，对模型的测试也是一个反复进行的过程。对模型的验证主要需要考虑以下几个方面：

（1）模型的准确性。对于数据挖掘模型来说，模型的准确性是最重要的。利用各种验证方式对模型进行测试的主要目的也是为了验证模型的准确性。

（2）模型的可理解性。模型在准确的基础上还应该容易理解，比如数据挖掘人员了解不同的输入对结果的影响，预测成功或失败的原因等。同时，挖掘结果也应该具有可理解性。如果挖掘算法将数据进行了分组，或预测了数值，但这些分组和预测的数值没有任何作用，或不容易理解分组后数据的关系，这样的模型都缺乏可理解性。

（3）模型的性能。模型的性能主要是指运行的速度、输入结果的速度、实现代价、复杂度等。运用不同的算法，产生的模型的性能也是不同的。对于数据挖掘模型来说最好的模型是在准确和可理解的基础上，追求模型的高性能。

模型建立和模型检验是一个反复的过程。如果模型检验后发现模型效果不是很好，就要对模型进行修改甚至重新建模，直到建立的模型通过验证和评估为止。

（六）模型实施

模型建立并通过验证以后就是具体实施了。模型的实施有两种情况：一种是将数据挖掘模型得到的结果提供给信息需求者或者管理者，以辅助管理者的决策分析；还有一种情况就是保留模型，以后每遇到类似问题就用这个模型进行分析，或者将模型用于不同的数据集上（这些数据分析需要采用相同的方法）进行分析。

在模型的使用过程中，随时间及环境的变化，还应对模型进行重新测试，并对模型进行相应的修改，这就是模型维护的过程。

四、数据挖掘常用技术

（一）人工神经网络

人工神经网络（Artificial Neural Networks，ANNs）也简称为神经网络（NNs）或连接模型（Connectionist Model），是对人脑或自然神经网络（Natural Neural Network）若干基本特性的抽象和模拟。人工神经网络以对大脑的生理研究成果为基础，其目的在于模拟大脑的某些机理与机制，实现某个方面的功能。目前在神经网络研究方法上已形成多个流派，最富有成果的研究工作包括：多层网络 BP 算法，Hopfield 网络模型，自适应共振理论，自组织特征映射理论等。人工神经网络是在现代神经科学的基础上提出来的。它虽然反映了人脑功能的基本特征，但远不是自然神经网络的逼真描写，而只是它的某种简化抽象和模拟。

神经网络近来越来越受到人们的关注，因为它为解决大复杂度问题提供了一种相对来说比较有效的简单方法。神经网络可以很容易地解决具有上百个参数的问题（当然实际生物体中存在的神经网络要比我们这里所说的程序模拟的神经网络要复杂得多)。神经网络常用于两类问题：分类和回归。

人工神经网络的特点和优越性，主要表现在三个方面：

第一，具有自学习功能。例如实现图像识别时，只要先把许多不同的图像样板和对应的应识别的结果输入人工神经网络，网络就会通过自学习功能，慢慢学会识别类似的图像。自学习功能对于预测有特别重要的意义。

第二，具有联想存储功能。用人工神经网络的反馈网络就可以实现这种联想。

第三，具有高速寻找优化解的能力。寻找一个复杂问题的优化解，往往需要很大的计算量，利用一个针对某问题而设计的反馈型人工神经网络，发挥计算机的高速运算能力，可能很快找到优化解。

神经元网络和统计方法在本质上有很多差别。神经网络的参数可以比统计方法多很多。由于参数如此之多，参数通过各种各样的组合方式来影响输出结果，以至于很难对一个神经网络表示的模型做出直观的解释。实际上神经网络也正是当作“黑盒”来用的，不用去管“盒子”里面是什么，只管用就行了。在大部分情况下，这种限制条件是可以接受的。比如银行可能需要一个笔迹识别软件，但他没必要知道为什么这些线条组合在一起就是一个人的签名，而另外一个相似的则不是。在很多复杂度很高的问题如化学试验、机器人、金融市场的模拟和语言图像的识别等领域神经网络都取得了很好的效果。

（二）决策树

所谓决策树法（decision tree），就是运用树状图表示各决策的期望值，通过计算，最终优选出效益最大、成本最小的决策方法。决策树一般都是自上而下地生成的。每个决策或事件（即自然状态）都可能引出两个或多个事件，导致不同的结果，把这种决策分支画成图形很像一棵树的枝干，故称决策树。决策树就是将决策过程各个阶段之间的结构绘制成一张箭线图，我们可以用图9-4来表示。

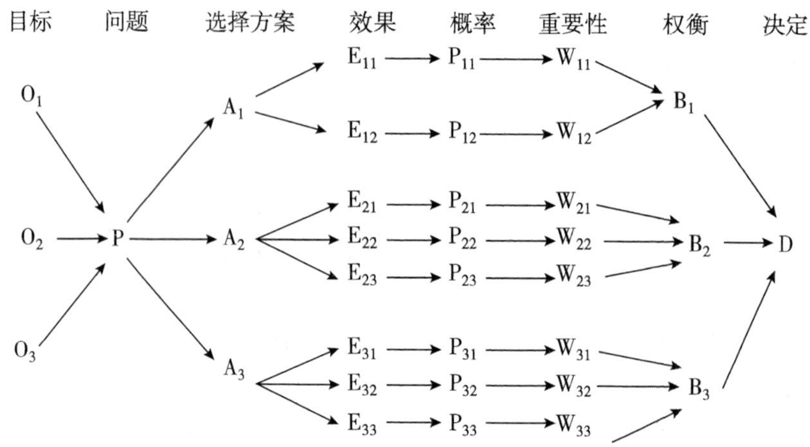

图9-4 决策树

决策树一般由方块节点、圆形节点、方案枝、概率枝等组成，方块节点称为决策节点，由节点引出若干条细支，每条细支代表一个方案，称为方案枝；圆形节点称为状态节点，由状态节点引出若干条细支，表示不同的自然状态，称为概率枝。每条概率枝代表一种自然状态。在每条细枝上标明客观状态的内容和其出现概率。在概率枝的最末梢标明该方案在该自然状态下所达到的结果（收益值或损失值）。这样树形图由左向右，由简到繁展开，组成一个树状网络图。

决策树方法的优点包括：可以生成可以理解的规则；计算量相对来说不是很大；可以处理连续和种类字段；决策树可以清晰地显示哪些字段比较重要。缺点则有：对连续性的字段比较难预测；对有时间顺序的数据，需要很多预处理的工作；当类别太多时，错误可能就会增加得比较快。

决策树法作为一种决策技术，已被广泛地应用于企业的投资决策之中，它是随机决策模型中最常见、最普及的一种决策模式和方法，有效地控制了决策带来的风险。应用决策树决策方法必须具备以下条件：

（1）具有决策者期望达到的明确目标；

（2）存在着决策者可以选择的两个以上的可行备选方案；

（3）存在着决策者无法控制的两种以上的自然状态（如气候变化、市场行情、经济发展动向等）；

（4）不同行动方案在不同自然状态下的收益值或损失值（简称损益值）可以计算出来；

（5）决策者能估计出不同的自然状态发生概率。

（三）遗传算法

遗传算法是一种基于生物自然选择与遗传机理的随机搜索算法，是一种仿生全局优化方法。遗传算法具有的隐含并行性、易于和其他模型结合等性质使得它在数据挖掘中被加以应用。遗传算法的应用还体现在与神经网络、粗集等技术的结合上。如利用遗传算法优化神经网络结构，在不增加错误率的前提下，删除多余的连接和隐藏单元；用遗传算法和 BP 算法结合训练神经网络，然后从网络提取规则等。但遗传算法的算法较复杂，收敛于局部极小的较早收敛问题尚未解决。

（四）近邻算法

K 最近邻（K - Nearest Neighbor，KNN）分类算法是数据挖掘分类技术中最简单的方法之一。所谓 K 最近邻，就是 K 个最近的邻居的意思，说的是每个样本都可以用它最接近的 K 个邻居来代表。

KNN 算法的核心思想是，如果一个样本在特征空间中的 K 个最相邻的样本中的大多数属于某一个类别，则该样本也属于这个类别，并具有这个类别上样本的特性。该方法在确定分类决策上只依据最邻近的一个或者几个样本的类别来决定待分样本所属的类别。KNN 方法在类别决策时，只与极少量的相邻样本有关。由于 KNN 方法主要靠周围有限的邻近的样本，而不是靠判别类域的方法来确定所属类别的，因此对于类域的交叉或重叠较多的待分样本集来说，KNN 方法较其他方法更为适合。

KNN 算法不仅可以用于分类，还可以用于回归。通过找出一个样本的 K 个最近邻居，将这些邻居的属性的平均值赋给该样本，就可以得到该样本的属性。更有用的方法是将不同距离的邻居对该样本产生的影响给予不同的权值（weight），如权值与距离成反比。

（五）基于历史的 MBR（Memory - Based Reasoning）分析

先根据经验知识寻找相似的情况，然后将这些情况的信息应用于当前的例子中。这就是 MBR 的本质。MBR 首先寻找和新记录相似的邻居，然后利用这些邻居对新数据进行分类和估值。使用 MBR 有三个主要问题：寻找确定的历史数据；决定表示历史数据的最有效的方法；决定距离函数、联合函数和邻居的数量。

（六）数据挖掘技术——粗糙集

粗糙集理论基于给定训练数据内部的等价类的建立。形成等价类的所有数据样本是不加区分的，即对于描述数据的属性，这些样本是等价的。给定现实世界数据，通常有些类不能被可用的属性区分。粗糙集就是用来近似或粗略地定义这种类。

（七）数据挖掘技术——模糊集

模糊集理论将模糊逻辑引入数据挖掘分类系统，允许定义“模糊”域值或边界。模糊逻辑使用0.0 和1.0 之间的真值表示一个特定的值是一个给定成员的程度，而不是用类或集合的精确截断。模糊逻辑提供了在高抽象层处理的便利。

五、数据挖掘在金融行业十大应用

目前数据挖掘在各行各业应用广泛，在金融行业的应用收到了很好的效果。

（一）风险控制（贷款偿还预测和客户信用评价）

有很多因素会对货款偿还效能和客户信用等级计算产生不同程度的影响。数据挖掘的方法，如特征选择和属性相关性计算，有助于识别重要的因素和非相关因素。例如，与货款偿还风险相关的因素，包括货款率、资款期限、负债率、偿还与收入（payment - to - income）比率、客户收入水平、受教育程度、居住地区、信用历史等。而其中偿还与收入比率是主导因素，受教育水平和负债率则不是。银行可以据此调整货款发放政策，以便将货款发放给那些曾被拒绝、但根据关键因素分析其基本信息显示是相对低风险的申请者。

（二）交叉销售（业务关联分析）

通过关联分析可找出数据库中隐藏的关联网，金融企业存储了大量的客户交易信息，可对客户的收入水平、消费习惯、购买物品等指标进行挖掘分析，找出客户的潜在需求；并对各个产品和服务进行交叉分析，找出关联性较强的产品，从而对客户进行有针对性的关联营销，提高银行业绩。

（三）客户市场细分

根据金融企业大量的客户资料，利用有效的聚类或者协同过滤，将客户有效地划分为不同的组，使得具有相同需求和消费行为的客户分为一组，从而可以对每一组总结各自的特点，对每个组开展有针对性的活动。

此外，针对不同的客户类型设计出量体裁衣的产品组合、沟通方式，以及客户服务，从而达到提高客户忠诚度、实现关联销售、最优化定价、产品直销、产品再设计，以及渠道管理的目的。而这些目标的实现，致使客户管理总体成本降低、客户关系得以改善，最终成功实现零售业务块利润率的提高。

（四）客户价值分析

根据“二八原则”，找出重点客户，即对金融企业创造80%价值的20%客户实施最优质的服务，通过对客户金融产品的使用频率以及持续性等指标判断客户的忠诚度。

（五）客户流失预警

根据客户属性特征、金融产品使用等数据，运用数据挖掘技术，找到流失客户的共同特征，从而针对具有相似特征而还未流失的客户进行有针对性的弥补或者营销活动，从而起到避免客户流失到其他公司和稳定本企业客户的作用。

（六）新客户开发以及产品推广

通过探索性的数据挖掘方法，如自动探测聚类和购物篮分析，可以用来找出客户数据库中的特征，预测对于银行营销活动的响应率。那些被定为有利的特征可以与新的非客户群进行匹配，以增加营销活动的效果。

数据挖掘还可从数据库存储的客户信息中，根据事先设定的标准找到符合条件的客户群，也可以把客户进行聚类分析让其自然分群，通过对客户的服务收入、风险、成本等相关因素的分析、预测和优化，找到新的可赢利目标客户。

（七）客户评分

评分技术是金融业广泛使用的一项技术，包括风险评分、行为评分、收益率评分、征信局评分以及客户评分等。评分技术是将客户的海量信息数据运用有效的数据挖掘和处理手段，对各种目标给出量化评分的一种手段。

（八）反洗钱活动

金融交易活动是洗钱犯罪行为的一个重要环节，通过分析金融机构的客户信息和交易数据，运用合适的数据挖掘方法，介乎客户背景，识别出可疑金融交易记录，最后根据贝叶斯判定原理，综合各个层次的可疑信息，得到交易记录的整体可疑度，最终为反洗钱监测提供快速准确的参考。

案例：数据挖掘之路保险业还要走很远

作为中国金融业的三驾马车之一——保险业，经过数年的发展，市场竞争早已进入白热化。如何保持核心竞争力，如何增强产品的差异化，使企业立于不败之地，是保险企业时刻需要面对的问题。而保险行业，产品创新之难，早已成为行业公认的事实。无疑，信息技术成为企业提高自身竞争力的必然选择。保险行业信息化经过多年的发展，基础建设已经完善，而积累大量保单信息、客户信息、交易信息、财务信息等数据，却未得到充分的利用。近些年，越来越多的保险企业把眼光锁定数据挖掘，希望通过对数据深层次的分析及挖掘，为保险行业趟出一条新路。

现状

Gartner Group 在最近的技术调查中，将数据挖掘和人工智能列为“未来 3 ~5 年内对行业产生深远影响的五大关键技术”之首，并且将数据挖掘和并行处理体系列为“未来五年内投资十大新兴技术”的前两位。数据挖掘的前途虽然很光明，但是，目前在保险行业的应用却不那么乐观。

新华保险信息技术部副总经理周建军表示，目前，保险行业对于数据挖掘，大部分企业尚处于浅层次的应用，应用板块包括营销、客户分析、业务拓展、风险防御、高层决策等方面。民生人寿保险有限公司信息技术部副总经理刘东城也表示，目前，数据挖掘在保险行业进展比较缓慢。

1989 年，KDD（数据库中的知识发现）这一概念就已经在第十一届国际联合人工智能学术会议上第一次被提出。时至今日，为何数据挖掘在保险行业的应用还停留在报表分析等浅层次的应用？保险行业的 CIO 对于数据挖掘又有哪些无奈？

瓶颈

近些年，各家保险企业逐渐认识到商务智能、数据挖掘的重要性，BI也纷纷提到项目建设的日程上。但是，对于数据挖掘更深层次的应用，很多保险行业的信息主管们也表示，目前保险行业的一些现状已经成为制约数据挖掘深层次应用的瓶颈。

中国人民健康保险公司副总经理杨建表示，数据数量是制约保险行业数据深入挖掘的根本原因。商务智能、数据挖掘的基础就是数据。数据如果没有一定量的积累，数据挖掘也很难达到有效的应用。另外，保险公司的系统非常繁杂，除了负责日常承保、理赔等核心业务的系统之外，往往还有专门的客服系统、CRM、网站、电子商务、财务系统、精算系统、准备金系统等。如果要使用数据挖掘就需要先建立数据仓库，抽取各系统的数据，但往往很多公司各系统之间相对独立，这就出现了数据孤岛的现象，而数据也很难整合、统一到一起。除此以外，投入产出比也是保险公司建设数据挖掘的重要考量。目前，很多外企数据挖掘的配套方案都会包括咨询和实施，因此应用的方案一般都比较贵，而数据挖掘的建设回报并没有立竿见影的效果，所以，这一点也是很多保险企业的顾虑。

王国林补充道，数据挖掘最大的瓶颈在于数据的质量。保单信息、客户信息往往无法保障百分之百的真实、有效。数据分析，对于数据的要求非常高，包括客户的年龄、收入、婚姻状况、职业等属性，而数据的准确度直接影响着数据挖掘的准确度。虽然保险公司已经采取回访等措施去解决这一问题，但是面对巨大的数据量，还是需要更彻底的解决方式。

对于保险行业数据的质量问题，Informatica公司中国区高级技术顾问姜炜也提出了自己的看法，数据挖掘建立在数据真实性和完备性的基础之上。如果数据不能真实准确地反映实际发生的业务，或者数据是不完备的，这就意味着数据分析和数据挖掘的来源不可靠，分析的结果也必然不可靠。因此从顺序角度来说，数据质量管理要在数据挖掘之前做。决定数据质量的原因有很多，直接因素有：信息因素、技术因素。间接因素有：流程因素和管理因素。大多数造成数据质量问题的原因，背后通常都与管理缺失因素有关。因此数据质量管理，除了针对数据本身的检查、修改和监控，也包含对流程上的管理和改善。数据质量管理，不仅需要通过数据质量检查（清洗）工具和一定的检查规则（Rule），发现数据问题并且改正数据，还需要通过访谈获得管理上的缺陷，以制定预防措施，这些都需要依靠专家的经验。

质量检验是数据挖掘过程中的重要环节，是数据预处理工作的基础。长期以来，国内IT系统在运行过程中对于数据质量缺乏关注。很多项目由于开始未经过周密的数据质量检验，导致通过数据挖掘建立的模型有偏差，甚至结果完全错误。数据质量问题已严重影响到数据挖掘技术的应用，成为数据挖掘项目成败的关键因素。数据质量的定义目前对数据质量还没有统一的定义，针对数据挖掘工作，一般是指合适数据挖掘使用的程度。数据挖掘的模型很多，针对不同的模型，对数据质量的要求也各不相同。数据质量问题产生的原因在信息创造、生产、整合的全部过程中，任何环节出现疏漏、错误，都将导致数据质量问题，影响数据挖掘的结果。

刘东城对于数据挖掘的瓶颈也做了自己的补充，除了数据量、数据质量等条件的制约，在技术上，一方面，数据挖掘缺乏统一的指标，目前，对于不同的保险企业，数据挖掘基本都是在基础指标上做了扩充；另一方面，更丰富的数据模型的建立，数据仓库需要把数据进行归类，按照不同主题建立不同的数据模型，比如：被保险人的信息、投保人的信息、受益人的信息等，每一类主题也可以再进行细化，以便数据仓库使用，便于产品优化、决策支撑、客户分析等应用。

杨建也同意刘东城的建议，并表示，数据挖掘标准的制定以及数据模型的开发，需要各种保险企业与服务厂商一起进行商讨，使需求和供给达到最大化的平衡；另外，也需要与一些专门研究数据挖掘模型、算法的高校全作，达到实践与理论相融合。

对于数据挖掘在保险行业未来的发展，保险企业的信息主管都持有乐观的看法。

未来

新的技术总会给行业带来无限的希望及商机，世界已经进入数据爆炸的时代，那些能在数据之间发现联系并将其转化为商业机会的公司，不仅能给用户带来便利，还将赚得盆满钵满。

对于未来数据挖掘的发展方向，刘东城认为，未来，保险行业将进行客户归并，逐渐形成一个统一的数据平台。现在北京、上海有些行业协会已经开始提倡这一想法。数据统一之后就可以作为行业的数据平台与医院、社保进行对接，与此相关的各种措施也会逐一进行，比如用户信息的保密、数据安全等。也许以后我们在购买产品就像我们现在在网上购买飞机票、火车票一样简单，数据挖掘的深入应用，也会为客户量身定制保险产品。

王国林认为，未来数据挖掘真正的意义在于如何留住老客户，保险行业有一句非常著名的理论，“留住一个老客户，比挖掘一个新客户更加重要”，对于一个保险企业来说新单量大说明业务拓展得好，但是，老客户续保多则反映很多因素，比如产品、服务、宣传、企业决策等方方面面。利用数据挖掘，在技术上可以研究出不同年龄、职业、城市甚至是民族、性别的客户有哪些共性，续保的客户又有哪些共同的行为特征。未来，客户精细化分析、业务追踪、产品配套分析都将是数据挖掘的最大主题。

用友软件助理总裁、金融事业部总经理郑海伟认为，未来数据挖掘对于保险行业而言，带来的机遇是不可想象的，也许会带来无穷的价值，将使业务运营从处理发展为管理。而未来的数据挖掘的发展方向是“全面的数据管理；丰富、易配置、可组合的分析模型；越来越方便的结果展现”。

对保险公司来说，数据挖掘确实是一件能提升业绩、降低成本的事情。但是不能把数据挖掘过于IT化、程序化，在实施的过程中要和精算、市场、IT等部门密切配合才能保证数据挖掘的成功。

是的，数据挖掘离保险行业很近，数据挖掘离保险行业又很远，很近是因为大部分企业已经在进行浅层次的应用，而很远是因为大部分企业还未找到数据挖掘真正的宝藏。就像零售业非常著名的“啤酒和尿布”的理论一样，数据挖掘真正能为保险行业带来什么，数据挖掘真正的价值对于保险行业何时不再是海市蜃楼，看来数据挖掘之路，保险行业还要走得更远。

（资料来源：畅享网，数据挖掘之路，保险业还要走很远，2012年6月11日，http：//www. vsharing. com/k/vertical/2012 - 6/660581. html。）

思考题

1. 保险企业在数据仓库进行数据挖掘时遇到哪些瓶颈？原因是什么？
2. 要解决目前保险行业利用数据挖掘的瓶颈可以采取哪些措施？

本章小结

（1）数据仓库是一个面向主题的、集成的、相对稳定的、反映历史变化的数据集合，用于支持管理决策。在应用系统中，数据仓库主要由数据源、仓库管理和分析工具三部分组成。

（2）数据仓库存放历史数据；面向数据分析和决策支持；仓库中的数据是静态的，一般不会改变；数据库的使用频率比数据仓库的使用频率高，数据访问量少，且要求的响应时间短。

（3）数据仓库在CRM中有以下几方面的作用：动态、整合的客户数据管理和查询功能、客户行为分析、重点客户发现，客户流失预警、性能分析。

（4）联机分析处理系统是数据仓库系统最主要的应用，侧重对决策人员和高层管理人员的决策支持。OLAP系统按照其存储器的数据存储格式可以分为关系OLAP、多维OLAP和混合型OLAP。

（5）数据挖掘就是从大量的、不完全的、有噪声的、模糊的、随机的实际应用数据中，提取隐含在其中的、人们事先不知道的，但又是潜在有用的信息和知识的过程。数据挖掘主要有以下五类功能：自动预测趋势和行为、关联分析、聚类、概念描述、偏差检测。

（6）数据挖掘常用技术包括：人工神经网路、决策树法、遗传算法、邻近算法、基于历史的MBR（Memory - Based Reasoning）分析等。

思考练习

1. 数据仓库与传统的数据库有什么区别?
2. 数据仓库、OLAP 和数据挖掘的联系和区别是什么?
3. 数据挖掘的主要技术有哪些?
4. 数据仓库和数据挖掘技术在金融行业的应用现状如何?
5. 金融企业应如何建立基于数据仓库的客户关系管理系统?

参考文献

［1］马刚．客户关系管理［M］．大连：东北财经大学出版社，2008.

［2］菲利普·科特勒．营销管理［M］．上海：格致出版社，2012.

［3］朱丽特·鲍威尔．3300万人的房间［M］．纽约：金融时报出版社，2009.

［4］邵兵家．客户关系管理——理论与实践［M］．北京：清华大学出版社，2004.

［5］韩建东．国有商业银行客户关系管理研究［J］．河北金融，2011（7）．

［6］范云峰，王建国．银行客户关系管理［M］．北京：中华工商联合出版社，2012.

［7］夏媛媛．CRM在证券业的应用［J］．现代情报，2004，6（6）：182－183.

［8］李巍．客户关系管理在银行中的应用［J］．合作经济与科技，2009（17）：44－45。

［9］杨林东．民生银行客户关系管理存在问题及对策研究［D］．西安：西安科技大学，2014.

［10］徐桂华，浦毅．商业银行客户关系管理改进研究［J］．现代金融，2010（2）：42－43.

［11］李志雄．我国商业银行客户关系管理的问题及对策［J］．现代营销（学苑版），2010（8）：23－24.

［12］严晓燕．商业银行客户服务管理［M］．北京：中国金融出版社，2009.

［13］付晓蓉．金融业客户关系管理［M］．北京：机械工业出版社，2010.

［14］任颖．我国商业银行客户关系管理现状及对策［J］．合作经济与科技，2012（4）．

［15］楼天阳．证券公司客户关系管理（CRM）实践的反思与转型方向［J］．江西财经大学学报，2006（1）．

［16］杨永恒，王永贵，钟旭东．客户关系管理的内涵、驱动因素及成长维度［J］．南开管理评论，2002（2）．

［17］罗兰·拉斯特，弗莱丽·奇森尔，凯瑟琳·勒门．驾驭顾客资产［M］．张平淡，译．北京：企业管理出版社，2001.

［18］陈明亮．客户忠诚与客户关系生命周期［J］．管理工程学报，2003

(2): 91.

[19] 谢守祥，骆涛涛. CRM 的客户生命周期价值与测度方法探讨 [J]. 现代管理科学，2007 (8): 71.

[20] 汪涛，徐岚. 顾客资产的构成与测量 [J]. 经济管理，2002 (24): 49 - 50.

[21] 蒂娜·哈里森. 金融服务营销 [M]. 北京：机械工业出版社，2004.

[22] 李国峰. 银行客户关系管理 [M]. 北京：企业管理出版社，2013.

[23] 李路阳，张霞. 泰华国际银行：专注中国的中小企业 [J]. 国际融资，2002 (11): 12.

[24] 安贺新，苏朝晖. 商业银行客户关系管理 [M]. 北京：清华大学出版社，2013.

[25] 范志国，付波. 基于客户利润贡献度、贡献增长率和关系可靠性的客户细分研究 [J]. 华北电力大学学报（社会科学版），2010 (2): 32.

[26] 王园. 证券业客户细分模型构建及实证研究 [J]. 上海管理科学，2012 (4).

[27] 安德森. 长尾理论 [M]. 乔江涛，译. 北京：中信出版社，2006.

[28] 菲利普·科特勒. 营销管理 [M]. 11 版. 上海：上海人民出版社，2003.

[29] 潘甜. 我国商业银行客户关系管理差别化研究 [D]. 南京：南京农业大学，2007.

[30] 马睿，屠旭明. 从分析影响客户满意度的因素浅谈客户期望管理 [J]. 长沙通信职业技术学院学报，2009 (12): 42.

[31] 苑毅. 动态变化下的客户期望管理策略 [J]. 商业经济，2016 (5): 88.

[32] 胡瑞静. 顾客感知价值理论文献综述 [J]. 现代商贸工业，2011 (7): 127.

[33] 张跃先，马钦海，刘汝萍. 期望不一致、顾客情绪和顾客满意的关系研究述评 [J]. 管理评论，2010 (4): 58.

[34] 李桂琴，仲伟俊. 商业银行客户满意度影响因素研究 [J]. 南京理工大学学报（社会科学版），2008 (4): 58 - 60.

[35] 李平，刘翠华，阳玉浪，等. 内部营销、员工满意、服务质量与顾客满意关系研究 [J]. 财经理论与实践，2009 (7): 95.

[36] 毋之荣. 基于顾客满意下的顾客感知价值研究 [J]. 企业导报，2013 (17): 179.

[37] 程瑞华. 建行：以客户为中心提升服务质量 [N]. 金融时报，2010 - 4 - 15.

[38] 孟馨. 服务质量、感知价值与顾客满意度的关系研究 [D]. 杭州：浙江理工大学，2012.

[39] 曹文．商业银行服务质量竞争的特点和趋势［N］．金融时报，2012-5-14.

[40] 弗雷德里克·F. 赖克尔．忠诚法则［M］．北京：中信出版社，2002.

[41] 闫涛蔚，付宜强．客户忠诚研究进展评述与前瞻［J］．生产力研究，2008(19)：163.

[42] 管政．企业如何提升客户忠诚度［EB/OL］．China Byte，2003-10-08。

[43] 王永贵．客户关系管理［M］．北京：清华大学出版社，2007.

[44] 闫涛蔚，付宜强．客户忠诚研究中的三个基本问题［J］．经济纵横，2007(7)：130.

[45] 郭伟刚，包凡彪．客户忠诚理论的价值分析和驱动模式研究［J］．商业研究，2007（3）：183.

[46] 马全恩，刘丹，严雯青．基于转换成本的顾客满意与忠诚实证研究［J］．西安理工大学学报，2010，26（2）：237.

[47] 王文贤，金阳，陈道斌．基于 RFM 模型的个人客户忠诚度研究［J］．金融论坛，2012（3）：76.

[48] 朱丽叶，詹金平．客户忠诚类型及营销对策分析［J］．商业经济文荟，2006（2）：22.

[49] 黄琳．基于转换成本的银行优质客户保留策略［J］．商业银行经营管理，2010（2）：52-53.

[50] 李隽琼．保险商的老客户为何快速流失［N］．北京晨报，2007-9-17.

[51] 于小兵，曹杰，巩在武．客户流失问题研究综述［J］．计算机集成制造系统，2012（10）：2255-2256.

[52] 张宇，张之明．一种基于 C5.0 决策树的客户流失预测模型研究［J］．统计与信息论坛，2015（1）：90.

[53] 杜建刚，范秀成．服务补救中情绪对补救后顾客满意和行为的影响——基于情绪感染视角的研究［J］．管理世界，2007（8）：85.

[54] 于晓峰，陈丽清．服务补救与消费者满意度的关系研究［J］．黑龙江对外经贸，2009（6）：125.

[55] 安贺新，苏朝晖．商业银行客户关系管理［M］．北京：清华大学出版社，2013.

[56] 于海澜．保险企业如何实施 CRM［J］．中国金融电脑，2007（11）：10-12.

[57] 张玉颖，姚家奕．浅析数据仓库在客户关系管理中的应用［J］．价值工程，2004（3）：127.

[58] 张汉青，刘丽，田楠楠．万丈金数：激活金融企业的数据基因［N］．经济参考报，2016-4-22.

[59] 董平．假如没有数据仓库 CRM 会怎样——美洲银行 CRM 的成功启示［J］．

信息产业报道，2004（8）：33－34.

［60］陈明亮．基于全生命周期利润的客户细分方法［J］．经济管理，2002（20）：43.

［61］李文龙．客户关系管理实务［M］．北京：清华大学出版社，2010.

［62］RONALD T. RUST，ZEITHAML V A，LEMON K N. Driving customer equity：how customer lifetime value is reshaping corporate strategy［M］. New York：The free press，2000：57.

［63］KOTLER PHILIP. Marketing Management：Analysis，Planning，Implementation and Control［R］. 7th ed.. Prentice－Hall，Englewood Cliffs.，1991.

［64］DOWLING R G RAHAME and UNCELS MARK. Do Customer Loyalty Programs Really Work［J］. Sloan Management Review，1997（4）.

［65］EDWIN T，CREGO JR and PETER D SCHIFFTIN. Customer Centered Reengineering［M］. Homewood，IL：Irwin，1995.

［66］PETERSON，R. A. A Meta－analysis of Cronbach' s Coefficient Alpha［J］. Journal of Consumer Research，1994，1（7）：123－156.

［67］PARASURAMAN A.，ZEITHMAL V. A.，BERRY L. L. SERVQUAL，A Multiple－Item Scale for Measuring Consumer of Perception Service Quality［J］. Journal of Retailing，1988，64（1）：12－40.

［68］REICHHELD FREDERICK F. The Loyalty Effect：The Hidden Force behind Growth，Porfits，and Lasting Value［M］. Boston，Mass：Harvard Business SchoolPress，1996.

［69］OLIVER RICHARD L.. Whence Consumer Loyalty? Journal of Marking［J］. Special Issue，1999：33－34.

［70］FORNELL C. A National Customer Satisfaction Barometer：The Swedish Experience［J］. Journal of Marketing，1992，56（1）：6－21.

［71］KLEMPERER P. Competition When Consumer Shaves Switching Costs：An Overview with Applications to Industrial Organization，Macroeconomic Sand International Trade［J］. Review of Economic Studies，1995，62（4）：515－519.

［72］JONES，MICHAEL A，DAVID L. MOTHERBAUTH and SHARON E，BEATTY. Switching Barriers and Repurchase Intensions in Service［J］. Journal of Retailing，2000，76（2）：259－274.

［73］KAJ STORBACKA and JARMO RLEHTINE，Customer Relationship Management：Creating Competitive Advantage Trough Win－win Relationship Strategies［M］. New York：McGraw－Hill，2001：115.